权威·前沿·原创

皮书系列为
"十二五""十三五""十四五"时期国家重点出版物出版专项规划项目

BLUE BOOK

智库成果出版与传播平台

甘肃蓝皮书

BLUE BOOK OF GANSU

甘肃社会发展分析与预测（2023）

ANALYSIS AND FORECAST ON SOCIAL DEVELOPMENT OF GANSU (2023)

主 编/王 琦 冯乐安 包晓霞

社会科学文献出版社
SOCIAL SCIENCES ACADEMIC PRESS (CHINA)

图书在版编目(CIP)数据

甘肃社会发展分析与预测.2023/王琦,冯乐安,包晓霞主编.--北京:社会科学文献出版社,2023.1
（甘肃蓝皮书）
ISBN 978-7-5228-1182-6

Ⅰ.①甘… Ⅱ.①王…②冯…③包… Ⅲ.①社会分析-甘肃-2022②社会预测-甘肃-2023 Ⅳ.
①D674.2

中国版本图书馆CIP数据核字（2022）第227226号

甘肃蓝皮书
甘肃社会发展分析与预测（2023）

主　　编／王　琦　冯乐安　包晓霞

出 版 人／王利民
组稿编辑／邓泳红
责任编辑／陈　颖
责任印制／王京美

出　　版／社会科学文献出版社·皮书出版分社（010）59367127
　　　　　地址：北京市北三环中路甲29号院华龙大厦　邮编：100029
　　　　　网址：www.ssap.com.cn

发　　行／社会科学文献出版社（010）59367028

印　　装／天津千鹤文化传播有限公司

规　　格／开本：787mm×1092mm　1/16
　　　　　印　张：17　字　数：220千字

版　　次／2023年1月第1版　2023年1月第1次印刷

书　　号／ISBN 978-7-5228-1182-6

定　　价／158.00元

读者服务电话：4008918866

版权所有 翻印必究

甘肃蓝皮书编辑委员会

主　任　李兴文

副主任　周丽宁　陈卫中　王成勇　赵凌云　梁和平
　　　　王炯玉　苏海明　陈　波　郭鹤立　何　东
　　　　苟永平　周　勇　曾月梅　张跃峰　刘永升

总主编　李兴文

成　员　安文华　马廷旭　王俊莲　王　琦　董积生
　　　　刘玉顺　高应恒　杨永志　赵生雄　周小鹃

甘肃蓝皮书编辑委员会办公室

主　任　刘玉顺

副主任　周小鹃

《甘肃社会发展分析与预测（2023）》编辑委员会

主　　任　李兴文

副 主 任　安文华　马廷旭　王俊莲　王　琦　董积生

委　　员　冯乐安　刘玉顺　包晓霞

主　　编　王　琦　冯乐安　包晓霞

首席专家　冯乐安　包晓霞

主编简介

王　琦　甘肃省社会科学院党委委员、纪委书记。历任甘肃省医药管理局医药总公司经贸处副处长、行业管理处副处长、市场营销处副处长，甘肃省岷县副县长，甘肃省医药行业管理办公室规划发展处处长，甘肃省精神文明建设指导委员会办公室秘书处处长、协调处处长、副主任。先后主持完成中央文明办和甘肃省文明委关于农村精神文明建设工作调研、志愿服务工作调研、甘肃省治理高价彩礼专项调研等多项重点课题，调研成果被中央文明办和省文明委采用。在《甘肃日报》发表多篇评论员文章、甘肃省精神文明建设工作实践和典型宣传文章，推出了一批在全国有影响力的先进典型。

冯乐安　甘肃省社会科学院副研究员，公共政策研究所副所长。主要研究领域：城市社会学、人口社会学。主要研究成果：《典型民族地区流动人口状况及特征比较——基于内蒙古自治区的研究》《80后受教育水平与青年人力资本地区差异》等；在《中国青年研究》《甘肃社会科学》《南方人口》等刊物发表论文数篇，先后主持国家社会科学基金项目、甘肃省社会科学规划项目。

包晓霞　甘肃省社会科学院研究员。主要研究领域：社会学理论与方法、人口问题、社会评估、公共政策。主要研究成果：独著及合著《社会制度建构》《边缘化与边际性乡村社会》《甘肃人口发展战略研究》等；发表论文《现代西方社会心理学中关于自我研究的基本理论概述》《中国计划生育协会组织发展的若干理论与实践问题探析》《贫困研究综述》等。担任《甘肃社会发展分析与预测》（2009~2022）主编、首席专家。

总　序

2022年10月16日，中国共产党第二十次全国代表大会在北京召开。这次会议是在全党全国各族人民迈上全面建设社会主义现代化国家新征程、向第二个百年奋斗目标进军的关键时刻召开的一次十分重要的大会。甘肃省社会科学院高举中国特色社会主义伟大旗帜，全面贯彻习近平新时代中国特色社会主义思想，弘扬伟大建党精神，自信自强、守正创新，踔厉奋发、勇毅前行，在甘肃省委、省政府的正确领导和有关部门、单位的大力支持下，倾力打造"甘肃蓝皮书"品牌。

"甘肃蓝皮书"作为甘肃经济社会各领域发展的年度性智库成果，从实证研究的视角记录了甘肃经济社会的巨大变迁和发展历程。2006年《甘肃经济社会发展分析与预测》《甘肃舆情分析与预测》面世，标志着"甘肃蓝皮书"正式诞生。至"十一五"末，《甘肃社会发展分析与预测》《甘肃县域和农村发展报告》《甘肃文化发展分析与预测》相继面世，"甘肃蓝皮书"由原来的2种增加到5种。2011年，我院首倡由陕西、甘肃、宁夏、青海、新疆西北五省区社科院联合编研出版《中国西北发展报告》。从2014年起，我院加强与省直部门和市州合作，先后与省住房和城乡建设厅、省民族事务委员会、省商务厅、省统计局、酒泉市合作编研出版《甘肃住房和城乡建设发展分析与预测》《甘肃民族地区发展报告》《甘肃商贸流通发展报告》《甘肃酒泉经济社会发展报告》。2018年，与省精神文明办、平凉市合作编研出版《甘肃精神文明发展报告》《甘肃平凉经济社会发展报告》。2019年，与省文化和旅游厅、临夏回族自治州合作编研出版《甘肃旅游业发展报告》《临夏回族自治州经济社会发展形势分析与预测》。2020年，与兰州市社会科学院合作编研出版《兰州市经济社会发展形势分析与预测》，与沿黄九省区（青海、四川、甘肃、宁夏、内蒙古、陕西、山西、河南、山东）社科院合作编研出版《黄河流域蓝皮书：黄河流域生态保护和高质量发展报告》。2021年，与省人力资源和社会保障厅合作编研出版《甘肃人力资源和社会保障发展报告》。2022年，与武威市、肃北蒙古族自治县合作编研出版《武威市文化与旅游发展报告》《肃北蒙古族自治县经济社会发展报告》，至此"甘肃蓝皮书"的编研出版规模发展到19种，形成"5+2+N"的格局，涵盖了经济、社会、文化、生态、舆情、住建、商贸、旅游、民族、人力资源和社会保障等领域，地域范围从酒泉、武威、临夏、平凉、兰州等省内市州拓展到"丝绸之路经济带"、黄河流域以及西北五省区等相关区域。

十七年筚路蓝缕，十七年开拓耕耘。如今"甘肃蓝皮书"编研种类不断拓展，社会影响力逐渐扩大，品牌效应日益凸显，已由院内科研平台，发展成为众多省内智库专家学者集聚的学术共享交流平台和省内外智库研究成果传播转化平台，发展成为社会各界全面系统了解甘肃推进"一带一路"建设、西部大开发形成新格局、黄河流域生态保护和高质量发展等国家战略实施，以及甘肃经济发展、生态保护、乡村振兴、文化强省等领域生动实践和发展成就的重要窗口，成为凝结甘肃哲学社会科学最新成果的学术品牌，体现甘肃思想文化创新发展的标志品牌，展示甘肃有关部门、行业和市州崭新成就的工作品牌，在服务省委省政府重大决策和全省经济社会高质量发展中发挥了越来越突出的重要作用。

2022年"甘肃蓝皮书"秉持稳定规模、完善机制、提升质量、扩大影响的编研理念，始终融入大局、服务大局，始终服务党委政府决策，始终坚持目标导向和问题导向，坚定不移走高质量编研之路。在编研过程中遵循原创性、实证性和专业性要求，聚焦省委省政府中心工作和全省经济社会发展中的热点难点问题，充分运用科学方法，深入分析研判全省经济建设、社会建设、生态建设、文化建设总体趋势、进展成效和存在的问题，提出具有前瞻性、针对性的研究结论和政策建议，以便更好地为党委政府决策提供事实依据充分、分析深入准确、结论科学可靠、对策具体可行的参考依据。

2023年，甘肃省社会科学院将认真学习贯彻党的二十大精神和省第十四次党代会精神，全面落实习近平总书记对甘肃重要讲话和指示精神，坚持为人民做学问，以社科之长和智库之为，积极围绕国家发展大局和省委省政府中心工作，进一步厚植"甘肃蓝皮书"沃土，展现陇原特色新型智库新风貌，书写好甘肃高质量发展新篇章，为加快建设幸福美好新甘肃、不断开创富民兴陇新局面贡献社科智慧和力量。

此为序。

李兴文

2022年11月22日

摘 要

《甘肃社会发展分析与预测（2023）》是"甘肃蓝皮书"系列成果之一，由甘肃省社会科学院组织相关科研人员撰写。本书坚持以习近平新时代中国特色社会主义思想为指导，深入贯彻党的二十大精神，立足甘肃实际，全面回顾和总结了2022年甘肃社会建设取得的成就，分析和梳理了当前社会发展中存在的问题，尝试提出对策建议，为进一步思考和把握甘肃社会发展实际与政策导向提供参考。

全书分为总报告、发展篇、专题篇、调查篇四个部分，由15篇报告组成。总报告指出，2022年甘肃坚持把发展作为解决一切问题的基础和关键，不断强化政策供给，扎实推进"四强"行动，统筹疫情防控和经济社会发展。全省经济社会发展稳中有进，发展良好。发展篇通过综合分析，对甘肃社会保障事业发展形势、居民收入和消费形势、就业形势、新型城镇化与乡村振兴融合发展形势展开了分析。专题篇侧重具体领域，对甘肃科技创新能力、"美丽甘肃"、"食安甘肃"、城市人口发展、农村社会救助水平等议题进行了分析。调查篇聚焦社会热点问题，对甘肃城市社区治理创新、基层党建引领农村社会治理、"双减"政策实施效果、青年生育观、社会工作增进居民社会支持等议题展开了调查研究。

本书认为，2022年甘肃经济社会发展稳中求进，"四强"行动提速加力；居民收入稳步发展，收入差距持续缩小；民生事业不断进步，社会保障体系进一步健全；乡村振兴与新型城镇化深度融合，城

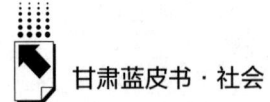

乡一体化建设再上台阶；人口发展迈入新阶段，生育政策进一步优化；"美丽甘肃"建设成效显著，城乡人居环境进一步改善。

2023年甘肃要继续努力推动经济社会高质量发展，持续构建新发展格局；着力促进就业保障工作，提升居民收入水平；努力改善民生福祉，提高人民生活品质；不断优化人口政策，推动人口长期均衡发展；强化科技创新与教育发展，努力推进科教兴省战略；进一步克服新冠肺炎疫情不利影响，营造和谐稳定发展环境，为加速建设幸福美好新甘肃、不断开创富民兴陇新局面做出新的贡献。

关键词： 社会发展　民生事业　社会治理　甘肃省

Abstract

Analysis and Forecast on Social Development of Gansu (2023) is one of the achievements of Gansu Blue Book series, which was organized and written by the sociological researchers of Gansu Provincial Academy of Social Sciences. This book takes the important instructions of Xi Jinping Thought on Socialism with Chinese Characteristics for a New Era, implement the spirit of relevant meetings. It summarizes and reviews the achievements of Gansu's social construction in the past year. And it also analyses and sorts out the problems and challenges existing in Gansu's current social development. These researchers try to provide countermeasures and suggestions for further thinking and grasping the actual and policy orientation of social development in Gansu.

The book is composed of 15 reports. It is divided into four parts: "General Report", "Reports on Social Development", "Reports on Special Subjects" and "Reports on Social Survey". The "General Report" pointed out that in 2022, the social development of Gansu generally showed a trend of stability and progress. The "Reports on Social Development" focuses on the overall situation of social security, the residents income and consumption, the employment situation, the integrated development of urbanization and rural revitalization. The "Reports on Special Subjects" focus on specific areas, including the scientific and technological innovation ability, the construction of "Beautiful Gansu", the construction of "Food Safety Gansu", the population development in the process of urbanization, the improving of rural social assistance. The "Reports on Social Survey" focuses on the innovation of urban community governance, the party building leading rural social governance, the implementation effect of "Double Reduction" policy, the youth's fertility conception, the social work promoting support network of urban low income families.

The book holds that view, Gansu's economy is running steadily in 2022, residents' incomes continue to grow, and consumption contribution increases significantly, the social security system has been further improved, comprehensively promote of rural revitalization and new urbanization, further improvement of human settlements.

The book suggests that, Gansu should strive to cope with the downward pressure of the economy to promote high-quality development, improve the income level of residents and the quality of employment, improve people's livelihood and well-being, and improve the construction of the social security system, actively adjust population policies to promote long-term and balanced population development, promote grassroots social governance innovations and fully implement rural revitalization strategies, strengthen normalized epidemic prevention in 2023. Through these can further build a well-off society, accelerate the construction of a prosperous and beautiful new Gansu!

Keywords: Social Development; People's Well-being; Social Governance; Gansu Province

目 录

Ⅰ 总报告

B.1 坚持在发展中保障和改善民生
　　——2022~2023年甘肃社会发展形势分析与预测
　　………………………………………… 冯乐安 / 001
　　一　2022年甘肃社会发展主要成就 …………… / 002
　　二　甘肃社会发展面临的潜在问题 …………… / 005
　　三　2023年甘肃社会发展形势与对策建议 …… / 009

Ⅱ 发展篇

B.2 2022年甘肃社会保障发展报告 ………… 许振明 / 013
B.3 2022年甘肃居民收入和消费形势发展报告 …… 王　荟 / 028
B.4 2022年甘肃就业形势发展报告 ………… 刘徽翰 / 045
B.5 2022年甘肃新型城镇化与乡村振兴融合发展报告
　　………………………………………… 宋文姬 / 060

001

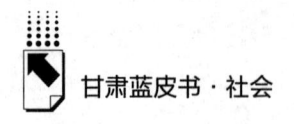

Ⅲ 专题篇

- B.6 甘肃科技创新能力研究报告 …………………… 袁凤香 / 077
- B.7 "美丽甘肃"建设研究报告 …………………… 段翠清 / 097
- B.8 "食安甘肃"建设研究报告 …………………… 马　宁 / 115
- B.9 甘肃城镇化进程中人口发展状况研究报告 ……… 李　晶 / 127
- B.10 甘肃农村社会救助水平提升研究报告 ………… 魏　静 / 146

Ⅳ 调查篇

- B.11 甘肃城市社区治理创新调查报告 ……………… 侯万锋 / 160
- B.12 甘肃基层党建引领农村社会治理调查报告 …… 邓慧君 / 181
- B.13 甘肃"双减"政策实施效果调查报告
　………………………………… 吴绍珍　杨雅玲 / 196
- B.14 甘肃城市青年生育观调查报告
　——基于兰州的个案研究 ……………… 吕思聪 / 216
- B.15 甘肃社会工作推进城市低保家庭社会支持网络调查报告
　——以兰州L小区为例 ………………… 郑　苗 / 228

CONTENTS

I General Report

B.1 Ensuring and Improving People's Livelihood in Development
  —*Analysis and Forecast on Social Development
  Situation of Gansu (2022-2023)* *Feng Lean* / 001
  1. The Overall Situation of Social Development of Gansu in 2022 / 002
  2. Difficulties and Challenges of Social Development of Gansu / 005
  3. Social Development Trends and Policy Recommendations of
   Gansu in 2023 / 009

II Reports on Social Development

B.2 The Report on the Development of Social Security of Gansu (2022)
  Xu Zhenming / 013

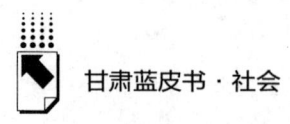

B.3 The Report on the Development of Residents Income and
Consumption of Gansu (2022) *Wang Hui* / 028

B.4 The Report on the Development of Employment
Situation of Gansu (2022) *Liu Huihan* / 045

B.5 The Report on the Integrated Development of Urbanization and
Rural Revitalization of Gansu (2022) *Song Wenji* / 060

III Reports on Special Subjects

B.6 The Report on the Situation of Scientific and Technological
Innovation Ability of Gansu *Yuan Fengxiang* / 077

B.7 The Report on the Construction of "Beautiful Gansu"
Duan Cuiqing / 097

B.8 The Report on the Construction of "Food Safety Gansu"
Ma Ning / 115

B.9 The Report on Population Development in the Process of
Urbanization of Gansu *Li Jing* / 127

B.10 The Report on Improving the Level of Rural Social
Assistance of Gansu *Wei Jing* / 146

IV Reports on Social Survey

B.11 The Report on the Innovation of Urban Community
Governance of Gansu *Hou Wanfeng* / 160

B.12 The Report on the Party Building Leading Rural Social
Governance of Gansu *Deng Huijun* / 181

B.13 The Report on the Implementation Effect of "Double Reduction"
Policy of Gansu *Wu Shaozhen Yang Yaling* / 196

CONTENTS

B.14 The Report on the Urban Youth's Fertility Conception
    —*A Case Study of Lanzhou*   *Lv Sicong* / 216

B.15 The Report on the Social Work Promoting Support Network of Urban Low Income Families
    —*A Case Study of Lanzhou*   *Zheng Miao* / 228

总报告

General Report

B.1
坚持在发展中保障和改善民生

——2022~2023年甘肃社会发展形势分析与预测

冯乐安*

摘　要： 2022年，甘肃坚持把发展作为解决一切问题的基础和关键，全省经济社会发展稳中有进、民生事业不断进步、乡村振兴与新型城镇化深度融合、人口政策不断调整、"美丽甘肃"建设成效显著。当前，全省社会发展面临新冠肺炎疫情持续影响、科技创新能力整体不足等问题。2023年，甘肃要持续做好就业增收等重点工作、不断提升民生福祉、推动人口人才均衡发展、强化科技创新与教育发展、进一步克服疫情不利影响，坚持把发展作为解决一切问题的基础和关键，促进经济社会发展行稳致远。

---

* 冯乐安，甘肃省社会科学院公共政策研究所副研究员，主要研究方向为城市社会学、人口社会学。

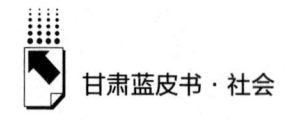

关键词： 社会发展　社会治理　改善民生　甘肃省

2022年面对复杂严峻的国内外发展环境，甘肃全省上下坚持以习近平新时代中国特色社会主义思想为指导，深入学习贯彻党的二十大精神，坚持稳中求进工作总基调，立足新发展阶段，贯彻新发展理念，构建新发展格局，着力推动高质量发展。坚持把发展作为解决一切问题的基础和关键，扎实做好"六稳"工作，全面落实"六保"任务，统筹疫情防控和经济社会发展，全省经济运行稳中有进，发展质效显著提升，民生福祉不断增进，各项社会事业蓬勃发展。

一　2022年甘肃社会发展主要成就

（一）经济发展稳中向好

2022年甘肃经济继续向高质量发展阶段迈进，统筹稳增长、促改革、调结构、惠民生、防风险、保稳定等各项工作，全省经济运行稳中向好、稳中有进。突出表现为综合实力大幅提升，经济结构持续优化，增长动能加速转换，基础设施改善明显。特别是"四强"行动全面推进，发展基础明显增强。

2021年甘肃地区生产总值10243.3亿元，历史上首次超过1万亿元，比上年增长6.9%，两年平均增长5.3%。按常住人口计算，全年人均地区生产总值41046元，比上年增长7.3%。2022年上半年，全省地区生产总值5235.3亿元，按不变价格计算，同比增长4.2%。分产业看，第一产业增加值355.0亿元，同比增长7.6%；第二产业增加值1954.0亿元，同比增长4.1%；第三产业增加值2926.3亿元，同比增长3.8%。①

（二）民生事业不断进步

2022年甘肃各项民生事业全面进步，人民生活品质不断提升。全省就业形势总体稳定，省内高校毕业生和省外高校毕业回甘学生总数接近23万人，规模和增量均创历史新高。面对空前的就业压力，全省各级就业部门围绕经济发展大局，坚持强化政府责任和完善市场机制相结合，进一步健全完善政策服务体系，全力以赴促进高校毕业生更加充分、更高质量就业创业。2021年城镇新增就业33.25万人，其中失业人员再就业13.97万人。城镇登记失业率为3.4%，全年输转城乡富余劳动力528.2万人。

甘肃省委省政府《关于做好二〇二二年全面推进乡村振兴重点工作的实施意见》指出要完善监测帮扶机制，精准监测扶贫对象和返贫风险群体，落实医疗保障、社会救助等帮扶措施。《甘肃省"十四五"公共服务规划》指出要健全社会救助制度和完善社会救助格局，对符合条件的困难群众，应及时纳入保障范围，给予相应救助措施。有效应对临时突发性公共事件，加大城乡临时救助力度。为困难群体提供无偿法律服务。加快社会福利服务设施和关爱服务体系建设，为有创业就业需求的残疾人提供就业培训服务②。

---

① 甘肃省统计局、国家统计局甘肃调查总队：《2022年上半年全省经济运行情况》，《甘肃日报》2022年7月28日。
② 《甘肃省"十四五"公共服务规划》，甘肃省人民政府网，https://zwfw.gansu.gov.cn/gaotai/xwfb/zcwj/art/2022/art_e7a7e9397d2640b28d413c95c1309658.html，最后检索时间：2022年10月20日。

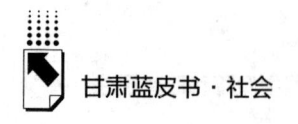

（三）乡村振兴与新型城镇化深度融合

2022年，甘肃不断推进乡村振兴与新型城镇化深度融合，城乡一体化建设再上台阶。通过"强县域"行动，推进以县城为重要载体的城镇化建设；通过提升县域经济实力，实现城乡融合发展、推动乡村振兴。全省以户籍制度改革为突破口，以公共服务提升为重点，大力推进城乡融合协同发展，保障进城落户居民的各项权益，提前完成240万转移人口市民化目标，农业转移人口市民化成效明显。

2021年，甘肃乡村旅游打响"陇上乡遇"乡村旅游品牌，游客接待量达1.31亿人次，实现乡村旅游收入390.33亿元，分别恢复至疫情前的103.2%和114.8%，显著高于国内旅游的整体恢复比例，创建乡村旅游示范县8个、文旅振兴乡村样板村60个、合作社80个，3个乡镇入选全国首批乡村旅游重点乡镇、6个村入选第三批全国乡村旅游重点村名录，乡村旅游的品牌性、影响力得到显著提升。

（四）人口发展进入新阶段

近年来，甘肃人口发展逐步迈入新阶段。2010~2020年十年间，全省常住人口减少55万人；0~14岁人口的比重上升1.24个百分点，15~59岁人口的比重下降5.83个百分点，60岁及以上人口的比重上升4.59个百分点；15岁及以上人口的平均受教育年限为9.13年，与2010年相比增加了0.94年；全省每10万人口中拥有大专及以上文化程度的为14506人，比2010年增加6986人；全省文盲率为6.72%，与2010年相比降低1.97个百分点。

全省14个市（州）中，人口城镇化发展水平均有不同程度的提升，提升幅度介于1.12%~19.45%。以2020年第七次人口普查结果为例，嘉峪关市人口城镇化率为全省最高，其次为兰州市，金昌市、酒泉市、白银市和张掖市也具有较高的人口城镇化水平。

(五)"美丽甘肃"建设成效显著

甘肃以生态文明建设为契机,在全省各市州积极实施大气污染防治行动,强化"蓝天治理"行动,使得全省大气环境有了明显改善。2022年1~7月,全省14个市(州)优良天数比例为87.9%,PM2.5平均浓度为26ug/m³,PM10平均浓度为58ug/m³。1~7月,14个市(州)空气质量排名前三的是陇南市、甘南州和嘉峪关市,改善幅度排名前三的是陇南市、兰州市和天水市。

2021年,全省142个国家重点镇已初步具备污水收集处理能力,全省城市、县城污水处理率及地级城市污泥无害化处理处置率明显提升。全省持续推进农村环境整治、农村生活污水治理、农村黑臭水体治理、农业面源污染治理与监督。2021年全省新增完成185个行政村环境整治,农村污水治理率达到21.8%,接续推进农村改厕等"三大革命"和"六大行动",实施改厕50万座,全省行政村卫生公厕覆盖率达到97%。通过常态化开展村庄清洁行动和绿化美化,农村生活污水治理率达21.8%,农村黑臭水体整治率达60.29%,全省90%的行政村生活垃圾得到有效处理。

二 甘肃社会发展面临的潜在问题

(一)新冠肺炎疫情影响持续存在

过去一年,全省已经连续遭遇几轮疫情暴发,由此带来的供应链、产业链不定期断裂和市场主体的预期转弱在很大程度上造成了经济发展困境和就业状况不稳定,导致发展不确定性增强,影响了政策措施正常效力的发挥,挤占了财政和社会资源。市场预期转弱,进一

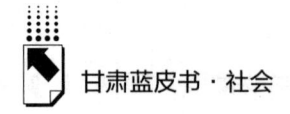

步导致有效需求不足，部分企业、行业经营困难，用工需求减少，就业空间被动缩减，劳动者"内卷化"程度加深。

新冠肺炎疫情防控政策有效减少了疫情传播风险，但也不可避免地影响经济的平稳运行，尤其是对旅游、交通运输、餐饮、文体、住宿、购物等传统服务业产生负面影响。2022年全省高校毕业生人数19万，较上年增加了近3.6万，创历史新高。然而，企业招聘需求因为疫情冲击缩小，供需差距持续扩大。省内的初创企业、个体工商户等受挫严重，就业带动量下降。就业结构的持续失衡导致居民收入下降，使得预防性储蓄动机提高，导致实际消费需求和消费能力受到影响。

（二）发展不平衡不充分问题依然明显

甘肃是一个发展潜力和困难都比较突出、优势和劣势都比较明显的内陆省份，只有不断挖掘潜力、扬长避短、趋利避害，才能在加快发展上迈出新步伐、取得新成效[①]。2021年，甘肃城镇化率提升到53.33%，较全国64.72%的城镇化率低11.39个百分点。总体看来，甘肃城镇化率在持续上升，但农村人口规模依然较大，加之农业现代化水平不高，农业附加值较低，农村居民的收入水平仍然处于较低状态，城乡收入差距虽然逐年缩小，但弥合速度有限。

甘肃城镇居民人均可支配收入中，工资性收入占主要部分。2020年，甘肃城镇居民的工资收入为22903.6元，占总收入的67.72%。农村居民人均可支配收入中，工资性收入和经营性收入占主导地位，两者约占农村居民可支配收入的75%。可见，甘肃城乡居民收入结构还不合理，收入来源比较单一。

---

① 任振鹤：《2021年甘肃省政府工作报告》，《甘肃日报》2021年2月1日。

（三）人口发展形势持续转变

第七次全国人口普查结果显示，甘肃60岁及以上人口占总人口的比重达到17.03%，65岁及以上人口占比达12.58%，已经接近中等老龄化阶段。与2010年第六次全国人口普查结果相比，60岁及以上人口、65岁及以上人口的比重分别上升4.59个百分点和4.35个百分点；15~64岁劳动年龄人口占比从2010年的73.61%下降到2020年的68.02%。可见，甘肃人口老龄化正在加速发展，青壮年劳动力数量呈加速下降趋势。人口规模缩小、人口老龄化加重致使农村青壮年劳动力数量持续下降，降低了农村人口向城市迁移的速度，进而减缓了城镇化的进程。因此，甘肃在加速推进城市化的过程中，应注意防范人口年龄结构风险。

对甘肃而言，大量学生选择发达城市上学并留在外省工作，高校毕业生外出就业的比例也逐年上升。人口发展的新形势也给甘肃人才供给能力、人才队伍建设、人才生态系统建设带来一些风险和挑战。甘肃高学历人口占比与全国平均水平存在一定差距，展现出区域发展的不平衡和人力资本的地区差异。对于欠发达地区，要想进一步提升创新发展的驱动力，必须着力提升地区人力资本，特别是青年人力资本。如何进一步加大高层次人才培养力度、构建高层次人才吸引机制等，都是事关甘肃高质量发展的重要议题。

（四）社区治理格局面临多重困难

当前，社会变革给人际关系、家庭构成、社会阶层带来了前所未有的变化，各种社会矛盾和问题相互叠加，给社会治理提出了新的要求。例如，社区治理仍面临资源不足、链接不足、共享不够的困境。城市化进程不断加速，城市治理已经从以往的注重数量、规模等"物的城镇化"粗放型发展模式转向了注重质量和效能的"人的城镇

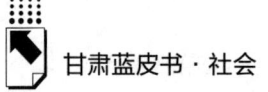

化"的高质量发展阶段,这对社区治理工作提出了越来越高的要求。各种治理任务不断下沉,而相应的"资源下基层"严重滞后。在街道社区,上级资源的配置基本上按照"项目制"方式运作,资源的分配必然包含着用途限制、进度要求、规范标准、监督考核等各种限制性要求,而社区事务又在很大程度上具有时间紧、任务重、灵活性高和变化性大的内在特点,以致多个社区普遍面临"钱不好要,也不够用,还不好花"的现实难题。

随着社会管理创新的深入推进,各个系统的工作纷纷"落户"社区,但是并没有"权随责走、费随事转",城乡社区既要完成政府延伸交办的任务,又要满足群众需求,还要设法争取资源兴办实事,任务十分繁重,而人员数量和工作经费却未曾调整。特别是城市社区治理队伍的工作范围和工作强度也与日俱增,与城乡社区居民利益密切相关的劳动就业、社会保障、卫生教育、公共服务、社会救助、住房保障、文体服务、惠民政策等公共服务事项都需要社区工作者去落实,社区工作力量显得极为不足。

(五)科技创新能力存在整体不足

甘肃的战略性新兴产业和高新技术产业规模偏小,企业数量和创新能力不高。受全球经济下行压力加大、新冠肺炎疫情反复及生产成本上升、市场需求缩减、投资收益率降低等因素影响,许多企业生产经营压力加大,面临转型难题,企业投资动力不足,产品创新能力薄弱。全省规上企业数量下降,整体削弱了全省企业规模和研发水平,在"量"和"质"上都拉大了与全国的差距。

在全省14个市州中,兰州科技创新能力稳居高位持续领跑,嘉峪关、张掖、金昌、天水、酒泉均排在全省前列,东部地区除了天水外,其余地市科技创新能力都较弱,南部的陇南、甘南及临夏都比较弱,全省科技创新呈现"中强西高东低南弱"的发展态势。从2020

年甘肃区域科技创新研究与试验发展投入经费强度来看，兰州、嘉峪关、金昌、天水、张掖等超过了全省1.22%的平均投入强度，而其余市州均低于1%。

三 2023年甘肃社会发展形势与对策建议

（一）持续做好就业增收等重点工作

要坚持把发展作为解决一切问题的基础和关键，扎实做好"六稳"工作，全面落实"六保"任务，统筹疫情防控和经济社会发展，努力做好就业、增收等重点工作。继续将高校毕业生、城乡就业困难群体和农民工等群体的就业工作作为"重中之重"。继续实施好"三支一扶""特岗教师""万名高校毕业生下基层、进社区"等国家和省级项目，鼓励、引导高校毕业生到基层就业创业。通过多种方式，开拓多种渠道，利用各种时间节点和经济周期，开展线上线下招聘活动，优先为重点就业群体安排主题招聘活动。针对农民工特别是新生代农民工，重点结合产业升级、产业布局和产业链延伸，实施乡村振兴和以工代赈项目，带动农村富余劳动力实现就近就地就业。

要通过多种方式，引导鼓励扶持居民收入不断增长。特别是要健全低收入人口动态监测和救助帮扶机制，持续加大监测预警力度，及时开展数据共享比对，将符合条件的低收入人口全部纳入救助帮扶范围，实现对低收入人口风险点的早发现和早救助。通过公益性岗位优先安置市场活动能力弱的就业人员，实现托底保障。统筹做好妇女、农民工、退役军人等劳动者群体的就业工作。

（二）不断努力提升民生福祉

保障基本民生、兜牢民生底线，是时代赋予中国特色社会保障的重要职责使命，要按照兜底线、保基本、救急难、促发展、可持续的总体思路，切实解决好特殊困难群体的"急难愁盼"问题。要畅通失业人员服务渠道，健全统筹城乡的就业援助制度，优先扶持和重点帮助城乡就业困难人员，特别是残疾人、零就业家庭和其他特殊困难人员。要健全完善分类分层的救助模式，将符合救助条件的困难群众及时纳入相对应的救助范围；对困难家庭中的重病患者、重度残疾人，进一步落实"单人户"救助政策；对基本生活发生困难的家庭以及流浪无着人员给予急难救助。

要完善食品安全责任制，做好食品监管工作，督促经营者切实落实食品安全主体责任。同时促进各管理部门之间的协调配合，及时通气发挥各监管部门职能的最大效能。完善监管机制体制，制定严厉有效的惩罚制度，加强对食品安全的管理，切实保障食品安全。

（三）推动人口人才长期均衡发展

人口转变带来的影响是深远的，针对甘肃人口中的常住人口规模缩小、人口老龄化、农村空心化、生育水平降低等问题，需要理性看待和谨慎应对。人口转变是大势所趋，应该正视这种变化带来的深远影响，积极调整相关政策。要完善降低生育成本的配套政策，切实降低生育养育成本。要按照区划发展、人口数量等合理设置托育机构数量和规模，加强社区婴幼儿照护设施与社区卫生、文化、体育等设施的功能衔接，支持有条件的幼儿园延伸开展或转型发展托育服务。

要坚持人才生产支持和生活支持双轮驱动，持续优化就业创业环境和生活环境，提升区域整体发展水平和人才竞争力，不断创新大学毕业生和留学生在甘工作支持体系，强化人才储备；积极推动高端人才引进工作，制定高端人才税收优惠政策，强化高端人才柔性引进工作和人才离岸工作，从而为"强工业""强省会"等"四强"行动做好人才储备和人才支撑。

（四）强化科技创新与基础教育建设

要深入推进"强科技"行动，坚持面向世界科技前沿、面向国家和全省重大战略需求、面向经济社会发展主战场，整合区域创新资源和要素，推动创新要素合理流动，着力构建协同有序、优势互补、科学高效的区域创新体系。要构建多元科技投入体系，充分发挥有为政府和有效市场的作用，构建以财政投入为引导，企业投入为主体，银行信贷和风险投资等金融资本为支撑，社会资本为补充的多元化、多渠道、多层次科技创新投融资体系，促进金融与科技、产业、经济深度融合。

要围绕全省"强县域"行动，巩固拓展义务教育基本均衡成果，完善基础教育保障体系，积极开展义务教育优质均衡县、区创建工作，全力推进县域内义务教育均衡发展。实施义务教育学校扩容增位工程，新建、改扩建必要的义务教育学校。深入推进义务教育薄弱环节改善与能力提升工作，继续改善乡镇寄宿制学校、偏远学校和教学点等基本办学条件。推进"双减"工作监管与课后服务平台建设，稳步推进义务教育优质均衡发展取得新成效，以义务教育学校整体提质特效加快满足学生"上好学"的愿望。

（五）进一步克服新冠肺炎疫情不利影响

党的二十大报告指出，必须坚持在发展中保障和改善民生，鼓励共同奋斗，创造美好生活，不断实现人民对美好生活的向往。要按照中央部署，统筹疫情防控和经济社会发展，全面落实"疫情要防住、经济要稳住、发展要安全"的总体要求，切实压实主体责任，毫不松懈抓好疫情防控、经济发展、民生保障等各项工作。实施好低保扩围、失业补助救助，落实好价格补贴联动机制，兜牢基本民生底线。

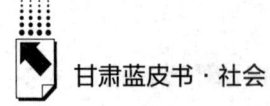

2022年甘肃克服多重压力挑战，经济社会发展保持稳中向好态势。但也要看到，复杂严峻的外部环境、不稳定不确定因素的增加、疫情的不确定性将给经济发展带来很大制约，给社会治理带来消极影响。2023年，要深入学习贯彻落实党的二十大会议精神，落实省第十四次党代会精神，按照省委、省政府各项部署要求，坚持稳中求进工作总基调，高效统筹疫情防控和经济社会发展，坚持把发展作为解决一切问题的基础和关键，促进经济社会发展行稳致远。

参考文献

甘肃省统计局、国家统计局甘肃调查总队：《2021年甘肃省国民经济和社会发展统计公报》，《甘肃日报》2022年3月30日。

甘肃省统计局、国家统计局甘肃调查总队：《2022年上半年全省经济运行情况》，《甘肃日报》2022年7月28日。

发展篇

Reports on Social Development

B.2
2022年甘肃社会保障发展报告

许振明*

摘　要： 2022年以来，甘肃扎实推进社会保障高质量发展，实现了社会保障覆盖面逐步扩大，保证了社会保障服务特殊困难群体的能力水平持续提升，推进了社会保障同乡村振兴有效衔接，加强了社会保障的基层服务能力。在肯定成绩的同时，还必须看到甘肃社会保障存在的问题和不足，要坚决守住基本民生保障底线，大力改善特殊困难群体民生福祉，持续提升甘肃社会保障高质量发展的内涵和水平。

关键词： 社会保障　民生保障　城乡统筹　甘肃省

---

* 许振明，甘肃省社会科学院马克思主义研究所副研究员，主要研究方向为社会学理论与方法。

"社会保障是国家依法强制建立的、具有经济福利性的国民生活保障和社会稳定系统；在中国，社会保障是各种社会保险、社会救助、社会福利、军人保障、医疗保健、福利服务以及各种政府或企业补助、社会互助保障等社会措施的总称"①。社会保障作为我国一项基本的社会制度，在保障和改善民生、增进人民福祉方面发挥着不可替代的作用。2021年甘肃社会保障所取得的成绩再一次证明了坚持和发展党的领导、持续推进社会保障高质量发展的正确性。

一 2022年甘肃社会保障发展基本状况

（一）社会保障服务特殊困难群体的能力水平持续提升

2022年，甘肃围绕社会保障高质量发展，在持续保障和改善民生、进一步增进民生福祉、促进共同富裕上实现新作为、取得新进步，特殊困难群体的获得感进一步增强。

1. 社会救助体系逐步健全

2021年以来，甘肃先后制定实施了《关于改革完善社会救助制度的若干措施》《加强和改进临时救助工作的意见》《甘肃省社会救助工作经费管理办法》等措施办法。从制度上细化对低保救助对象等的审核确认细则和对救助人员的认定办法，从保障经费上切实保证救助标准逐年提高，做到了对救助对象精准施救、应保尽保。2022年，低保指导标准同比提高8%，城市特困对象基本生活标准提高至9732元/年，农村特困对象基本生活标准提高到6216元/年，两类共涉及城乡178.1万低保对象以及9.5万特困人员。此外，截至2022

---

① 郑功成：《社会保障学：理念、制度、实践与思辨》，商务印书馆，2000。

年8月，共实施临时救助113.6万人次，支出资金达到16.6亿元①。

2. 基本养老服务体系功能日趋完善

2022年，甘肃省政府出台《甘肃省"十四五"养老服务体系建设规划》等，对"十四五"期间甘肃养老服务体系建设作出全面规划指导，推动建设更加均衡、更加充分的基本养老服务体系。在具体实施项目上，2021~2022年，甘肃高标准完成"建设100个城市街道综合养老服务中心"，该项目的完成，实现新增养老床位2306张，新增养老服务设施13.2万平方米。完成县级特困供养机构护理型床位改造，提高护理型床位占比（达到60.3%）。此外，甘肃持续强化养老护理员能力建设，实施为期三年的养老护理员技能培训计划，2022年计划培训3.2万人。经过积极争取，2022年甘肃被列为彩票公益金重点鼓励支持的5个省份之一，兰州、武威被确定为"全国居家和社区基本养老服务提升行动项目"试点地区，目前试点工作取得较好成效。

3. 未成年人救助保护全面加强

甘肃高度重视未成年人救助保护工作，成立甘肃省未成年人保护工作领导小组，由分管副省长任组长，近年先后出台了《关于加强未成年人保护工作的实施意见》《甘肃省未成年人保护强制报告制度实施办法》《甘肃省实施〈中华人民共和国未成年人保护法〉办法（修订）》等政策文件，全面保障未成年人合法权益，全面保护未成年人身心健康，全面促进未成年人德智体美劳全面发展。截至2021年底，全省14个市（州）及兰州新区、86个县（市）区均组建完成本级未成年人保护工作领导小组、办公室，实现了全覆盖。形成了党委领导、政府负责、民政牵头、部门协调、社会参与的未成年人保护工作推进机制，切实促进全省未成年人保护工作落地见效。

① 注：文中所用数据，未标明出处的均为甘肃省民政厅相关统计数据。

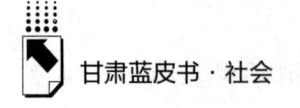

4. 残疾人相关福利政策扎实落地

近年来，甘肃切实加强民政、人社、医保、住建等行业内大数据主动共享对接，及时将符合条件的残疾人纳入补贴范围，推进残疾人福利政策"应享尽享"。积极稳妥推动残疾人"两项补贴"申请认定"跨省通办"，并提高残疾人"两项补贴"的省级标准，2022年提高后月人均补贴达到110元，此项福利政策惠及重度残疾人36.7万人、困难残疾人27万人。

5. 流浪乞讨人员等特殊群体救助规范展开

加强救助管理机构规范化运作、提升救助管理质量，以"互联网+救助寻亲"为主要切入点，积极提升救助工作的实效和水平，2021年以来，共计救助1.4万人次的流浪乞讨和遇困人员。2022年，先后开展了事实无人抚养儿童以及孤儿资格认定申请的"跨省通办"，并为在大中专院校就读的1605名孤儿实施"福彩圆梦·孤儿助学工程"，共资助学费、生活费1496万元。

（二）社会保障助力乡村振兴扎实推进

甘肃按照兜底线、保基本、救急难、促发展、可持续的总体思路，把促进社会保障同乡村振兴有效衔接作为重要任务来抓，强化政策落实，凝心聚力、扎实推进，取得了积极成效。

1. 政策衔接强化优化

甘肃省委省政府出台了《关于实现巩固拓展脱贫攻坚成果同乡村振兴有效衔接的实施意见》，明确规定必须加强农村低收入人口动态监测、分层分类实施社会救助、合理确定农村医疗保障待遇水平、完善养老保障和儿童关爱服务、织密兜牢丧失劳动能力人口基本生活保障底线等措施意见，扎实推动社会保障同乡村振兴的政策衔接，为困难群众提供相应的救助政策。

2. 经费保障逐年加强

截至2022年8月，甘肃共下拨123.8亿元救助资金补助困难群众，其中中央下拨资金104.6亿元，较上年增加5.8亿元，增长比例达到5.9%，这些救助资金，为社会保障助力乡村振兴奠定了坚实的基础。

3. 监测预警全面覆盖

建立低收入人口动态监测和常态救助相结合的帮扶监测机制，将10类400多万低收入人口纳入动态监测预警系统，实时监测、实时发现，做到发现一户、监测一户、救助一户、动态清零一户。累计预警监测3.77万人，并及时落实相应救助政策。

4. 服务模式有效拓展

2022年甘肃以政府购买服务的模式，出资3.5亿元，对农村特困人员落实"资金+物资+服务"的救助模式，推行"四个一"服务，即每月理发一次、每半月洗衣一次、每周打扫卫生一次、每半年发放衣物一次，为农村分散供养特困人员提供清扫环境、清洁个人卫生、清洗衣物被褥、监测健康状况、心理慰藉等上门服务，有效改善提升了农村特困供养人员生活质量。

（三）社会保障在疫情防控工作中精准发力

自2021年10月省内发生新一轮疫情以来，甘肃及时下发了《关于切实做好疫情防控期间困难群众基本生活救助工作的通知》，对于因疫情影响基本生活出现困难的城乡群众，各地各级社保部门采取有力有效措施积极应对，通过畅通申请渠道、优化办理程序、快速审批当月发放等办法措施，为因疫情隔离和受疫情影响而基本生活发生困难的群众发放临时救助金1589.3万元，共涉及2.1万户，确保困难群众基本生活不发生问题。同时引导组织各类社工服务机构、社会组织、志愿服务组织及社会工作者，积极参与社区疫情防控，参与人数达到7980名，开通心理热线118条，为7625人次提供心理服务。各类慈善组织累计接受捐赠款物1.9亿多元，在年度"甘肃好人榜""疫情防控优秀志愿者、志愿服务组织"云发布仪式上，10个志愿服务组织、31名志愿者荣获优秀称号。

（四）社会保障基层服务能力显著增强

2022年以来，甘肃先后出台了《关于加快推进全省社会工作发展提升基层服务能力的意见》《关于加快推进全省基层志愿服务工作的指导意见》等一系列指导性强的政策性文件，为社会保障基层服务能力建设打下坚实基础。部署开展乡镇（街道）省级示范社工服务站建设，建成109个，其中省级示范点50个。加强志愿服务工作，截至目前，全省注册社保志愿服务团体2.9万个、志愿者282.3万人，开展志愿服务项目11.1万个，服务时间总数3637.3万小时。

二　甘肃社会保障发展的特点

甘肃社会保障建设取得的主要特点，可以归纳为以下几个方面。

（一）基本形成了完备的社会保障制度框架体系

众所周知，在设立之初，我国社会保障由三个方面构成，即社会保险、社会救助、社会福利，后来因为经济社会的快速发展，衍生出现了一些新的保障形式，有优抚安置、基本养老保险、基本医疗保险、最低生活保障，所有这些被称为法定社会保障。再后来，作为社会保障的有益补充形式，慈善事业、互助保障以及商业保险等也发挥着不可替代的作用，被称为补充保障。从目前来看，这些保障形式均有相应的比较完备的法律制度体系，涵盖全体公民社会生活的方方面面，有力地满足了民众的保障需求。

（二）社会保障覆盖面逐步扩大

2021年，甘肃城镇职工基本养老保险参保人数为502.5万人，比十年前的2012年增加了225.1万人；城乡居民基本医疗保险参保人数为2587.1万人，较十年前增加1970.6万人；城乡居民基本养老保险参保人数为1387.9万人，较十年前增加了166.5万人；失业保险参保人数为196.1万人，生育保险参保人数为250.7万人，工伤保险参保人数为278.7万人，分别较十年前增加32.5万人、121.2万人、120.2万人。"一老一小"牵扯问题得到根本改善，95%的城市社区和55%的行政村养老服务设施实现覆盖，92.93%的普惠性幼儿园覆盖城乡。军人及军烈属保障和残疾人福利均有所发展。

（三）社会保障待遇标准连续提高

2022年，甘肃城乡低保标准实现十六连增，分别达到8076元、5268元，实现了对困难群众应保尽保和精准施救。截至2022年8月，甘肃享受农村低保人数为145.3万人，享受城市低保人数为31.9万人，切实保障了城乡困难群众的基本生活。

表1 2018~2022年甘肃城市低保季度变化

单位：元/月

年份	一季度	二季度	三季度	四季度
2018	—	483	487.5	489.1
2019	506.3	523.7	527.2	530.2
2020	547.0	575.2	576.4	577.6
2021	597.9	631.9	646.4	650.6
2022	658.4	—	—	—

资料来源：甘肃省民政厅相关统计数据。

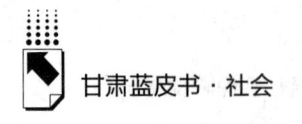

（四）社会保障在改善困难群众生活条件方面发挥有效作用

2017~2022年，甘肃共完成农村危旧房改造22.56万户，实施城市棚户区改造76.47万套。这些项目的大力实施，不仅改善了困难群众的基本生活条件，而且助力全省经济社会实现更好发展，对全省稳增长、促改革、调结构、惠民生、防风险、保稳定发挥了积极作用。

（五）社会保障实现了由覆盖城乡向城乡统筹转变

以最基本的保险制度为例，在改革优化之前，农村有新型农村养老保险，城市有城镇居民基本养老保险。在医疗保障方面，农村是新型农村合作医疗保险，城市为城镇居民社会医疗保险。至2018年前后，根据国务院《关于建立统一的城乡居民基本养老保险制度的意见》和《关于整合城乡居民基本医疗保险制度的意见》，明确规定了保险制度在统筹城乡、平衡群体待遇方面的根本要求，整合形成了城乡居民基本医疗保险和城乡居民基本养老保险，实现了城乡统筹，体现了公平公正，实现了由高速度发展到高质量发展的演进。

甘肃社会保障的发展历程，尤其是党的十八大以来的发展经验告诉我们：第一，社会保障制度快速发展的根本基础，是中国特色社会主义制度的优越性，离开社会主义的优越性，社会保障就无从谈起。第二，立足甘肃省情实际，对社会保障的项目、内容、平台等进行渐进式改革，同时兼顾城乡、不同群体利益，是甘肃社会保障体系稳健向前的根本保障。第三，坚持与经济发展协调推进是社会保障发展的基本条件。第四，坚持量力而行、尽力而为是社会保障实现可持续发展的重要条件。

三 甘肃社会保障发展面临的问题与挑战

从面临的问题与挑战来看，主要体现在四个方面。

（一）社会保障服务对象不断拓展带来新的压力

保障服务对象不断扩大是社会保障发展的必然要求，是经济社会发展的必经过程。尤其是在党的十九大以后，社会保障服务对象更是持续扩大、不断拓展。养老服务方面，服务对象由之前的特殊困难老年人转为面向全体老年人；儿童服务保障对象由孤残儿童等转向所有未成年人；残疾人保障对象由重度、困难残疾人向全体残疾人扩展；流浪乞讨人员服务对象转为向生活无着的临时遇困流动人员延伸；等等。保障服务对象的不断扩大拓展，对政策的边界、服务保障措施、保障办法等都提出了新的更高要求，需要把保障对象覆盖得更全面、服务得更精细。因此，对全面做好社会保障工作提出了更高更重的要求。

（二）社会保障不平衡不充分问题依然存在

主要集中在基本民生保障存在短板、社会治理还有弱项、城乡区域发展不平衡等方面。例如，机构养老在城乡之间、区域之间发展不平衡，存在养老床位"一床难求"和闲置并存的现象；部分县区县级特困供养机构和农村养老服务还存在缺项，社区养老服务设施作用发挥还不明显；公办养老机构活力不足，特别是农村敬老院管理服务水平较低。还有，慈善事业发展活力不足，慈善组织自我发展能力参差不齐，人人向善、人人行善的氛围还不浓厚，与中央要求重视发挥慈善在第三次分配中的作用还有差距，等等。

（三）社会保障基层基础还比较薄弱

第一，社会保障队伍职业化程度还不高。2020年前后，甘肃各市县换届后，一些地方的社会保障部门负责同志对民政政策法规、具体业务等还有一个熟悉的过程。尤其是一线的社会保障服务管理队伍知识化、专业化程度不高，对新知识、新技能的学习、掌握和运用还比较薄弱，高素质人才短缺。第二，社会保障基本服务供给还相对粗放。虽然近些年在向精细化服务方向努力，但服务不够精准、不够精细的总体态势尚未彻底改变，社会保障工作人员在工作中容易对已有经验形成路径依赖，缺乏规范性、灵活性、精确性的服务意识，服务质量不高的短板较为明显。第三，社会保障信息化水平还比较低。随着现代科技加速发展，越来越多的社会保障工作需要引入网络和数字技术，社会救助、社会服务等服务对象筛查和信息比对也客观上需要采用大数据和云计算等现代科技手段。但从实际工作来看，目前不少社会保障工作仍然更多采用传统模式运作，与现代科技创新成果融合度不高，一定程度上影响了社会保障惠民政策"最后一公里"的落实。

（四）社会保障的多层次发展存在问题

社会保障的多层次发展不仅是社会保障发展的内在要求，也是满足不同群体多元化保障需求的重要途径。近些年来，甘肃虽然在社会保障多层次发展方面做了一些有益的探索和实践，但客观来说，成效不大，主要集中在法定的养老保险和医疗保险领域。作为补充保险的商业保险、互助保险、慈善事业等发展明显不足，甚至停滞，这不但加大了政府压力，还不能满足群众日益多样的保障需求。同时，在保障形式上，更多的是经济保障，缺失的是服务保障。

四 甘肃社会保障高质量发展的对策建议

"问题是最好的老师。"需要清醒认识甘肃当前社会保障工作存在的短板弱项，要坚持改革创新，统筹好城市与农村、发展和安全的关系，切实兜牢基本民生底线，不断提升社会保障服务水平，持续推进甘肃社会保障事业高质量发展。

（一）坚决守住基本民生保障底线

保障基本民生、兜牢民生底线，是时代赋予中国特色社会保障的重要职责使命，要按照兜底线、保基本、救急难、促发展、可持续的总体思路，切实解决好特殊困难群体的"急难愁盼"问题。第一，健全完善分类分层的救助模式，将符合救助条件的困难群众，及时纳入相对应的救助范围；对困难家庭中的重病患者、重度残疾人，进一步落实"单人户"救助政策；对基本生活发生困难家庭以及流浪无着人员给予急难救助。第二，健全低收入人口动态监测和救助帮扶机制，持续加大监测预警力度，及时开展数据共享比对，将符合条件的低收入人口全部纳入救助帮扶范围，实现对低收入人口风险点的早发现和早救助。针对城镇困难居民的实际需求，细化完善脱困解困工作措施，帮助他们解决基本生活当中的实际困难。第三，健全完善社会救助标准动态调整机制，综合考虑城乡居民人均可支配收入、城乡居民人均消费支出等因素，科学确定城乡低保保障标准和补助水平。第四，持续推广"资金+物资+服务"的救助模式，加大政府购买服务力度，推行"四个一"服务，适度拓展服务范围，对低保和低保边缘家庭中生活不能自理的老年人、未成年人、残疾人等提供必要的访视照料、心理慰藉等服务。第五，不断完善全省一体化核对信息网络，拓宽核对数据横向资源对接，实现多层次互联互通，为精准落实社会救助政策提供有力保障。第六，积极推进残疾人福利体系建设，加大精神卫生福利机构建设力度，精准落实残疾人"两项补贴"和资格认定申请"跨省通办"政策。持续深化救助管理服务质量大提升专项行动，拓展"互联网+救助寻亲"工作，持续推进落户安置、源头治理工作。

（二）积极应对人口老龄化

党的十九届五中全会将积极应对人口老龄化上升为国家战略，要以加快发展养老服务为根本指引，优化结构、提升质量，不断满足老年人多样化多层次养老服务需求。一是完善基本养老服务制度。认真贯彻落实养老服务法律法规和相关规划。制定基本养老服务清单和综合监管制度，出台公办养老机构公建民营或委托运营管理办法。完善特殊困难、失能留守老年人探访关爱制度。二是健全农村养老服务体系。充分发挥村级互助幸福院等养老服务设施功能，健全完善县、乡、村衔接的三级养老服务网络，发展农村互助性养老和普惠型养老。三是加快发展社区居家养老服务。持续推进街道和社区养老服务设施建设，做好居家适老化改造工作，为社区老年人提供方便可及的社区居家养老服务。四是提升机构养老服务质量水平。巩固拓展农村养老院质量建设专项行动，确保其质量以及消防标准等达到国家强制性标准。全面推开养老机构等级认定，促进机构养老服务质量从基准线向等级线迈进。加快针对失能特困人员养老服务设施的改造提升步伐，提高护理型床位的比例，对失能特困对象按需全部实现集中供养。五是加强养老服务技能培训。认真实施《关于加强全省养老护理员职业技能培训实施方案》，落实分级培训计划，开展养老护理员职业技能大赛，加快打造一支高素质的养老服务从业人员队伍。

（三）持续提升特殊群体保障水平

做好儿童、残疾人和流浪乞讨人员等特殊群体的服务保障工作，是党和政府赋予民政部门的重要职责。要把这部分群体的安危冷暖放在心上，千方百计解决他们最盼最急最忧的"痛点""难点"。一是健全未成年人救助保护网络。认真贯彻新修订的《未成年人保护法》，切实履行民政部门在建立未成年人保护工作协调机制中的统筹、协调、督促和指导职责，加快建立各级未成年人保护工作领导协调机制，制定配套政策措施，开通未成年人救助保护热线，健全市县乡未成年人救助保护网络。二是改进儿童福利服务。持续开展农村留守儿童和困境儿童关爱保护政策宣讲进村居专项行动，全面落实孤儿、事实无人抚养儿童保障政策。推进儿童福利机构优化提质和转型发展。实施孤儿助医助学工程。切实落实农村留守妇女关爱服务政策。三是强化残疾人和流浪乞讨人员救助服务。支持空白市州建设精神卫生服务机构，精准落实残疾人"两项补贴"，推进贫困重度残疾人照护服务，积极实施"福康工程""福彩助残"项目。深化救助管理服务大提升专项行动，完善救助管理信息系统，加大"互联网+救助寻亲"合作力度，增强救助的针对性和主动性。

（四）持续推动巩固拓展脱贫成果同乡村振兴有效衔接

打赢脱贫攻坚战不是终点，而是新生活新奋斗的起点。按照兜底线、保基本、救急难、促发展、可持续的总体思路，以统筹救助资源、增强兜底功能、提升服务能力为重点，完善法规制度，健全体制机制，强化政策落实。第一，巩固拓展脱贫攻坚兜底保障成果。保持社会救助兜底保障政策总体稳定，对完全或部分丧失劳动能力且无法依靠产业就业获得稳定收入的脱贫人口，继续按规定将其纳入农村低保或特困人员救助供养范围，并按困难类型给予专项救助或临时救助。完善困难人员监测预警、主动发现和家庭收入核对机制，做到应保尽保、应救尽救。第二，持续优化政策供给。出台改革完善社会救助制度、加强和改进临时救助工作的政策文件，健全完善低保审核确认、特困人员认定、低收入家庭救助办法；制定加强城镇困难群众脱困解困政策措施，健全照料护理标准认定机制，完善社会救助保障标准和补助水平与物价上涨挂钩联动机制，加快构建分层分类社会救助制度体系，对困难群众及时精准救助。第三，深入推进改革创新。开通全省统一的社会救助服务热线，落实部门协同、市县落实、全程督办的工作机制，拓展社会救助申请、咨询和举报渠道，提升社会救助经办服务能力，开展社会救助创新试点。

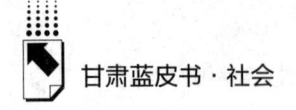

（五）不断优化社保为民服务环境

社会保障工作关系民生、连着民心，件件与群众打交道，事事关乎人民群众特别是广大特殊困难群体的切身利益，桩桩体现着社会主义制度的优越性。要从满足人民群众日益增长的物质文化需求为出发点，持续改善服务环境、提升服务质效。深入推进社会保障领域"放管服"改革，把该放的放给市场和社会，破解民政服务供给不足的难题。持续开展便民利民专项行动，进一步强化责任担当、改进工作方法，及时提炼总结工作中的好经验、好做法，挖掘行动当中涌现出的典型人物和事例，分析研判存在的不足和问题，真正把便民利民服务事项落实落细，为人民群众提供更方便、更快捷、更便利的办事环境。推进慈善事业和社工志愿服务发展。深入贯彻落实《慈善法》，加大慈善捐赠等信息公开力度，健全完善慈善捐赠政策法规和管理机制。积极开展乡镇（街道）社工站建设，实施社工督导人才"成长计划"；完善志愿服务配套政策，不断壮大专业社工人才和志愿者队伍。

（六）推进社会保障领域创新驱动转型

第一，以落实《民法典》和《法治中国建设规划（2020—2025年）》为主线，制定完善社会救助、流浪乞讨救助管理等方面的法规制度；推进养老、儿童、残疾人服务等领域的标准规范制定工作。第二，加强社会保障信息化建设。坚持"一盘棋"布局、"一张网"建设、一体化发展，统筹推进社会保障网络安全和信息化工作。完善民政一体化政务服务平台，推动"掌上民政"项目建设，促进系统互通、数据共享、业务协同，为实现"一网通办""跨省通办""全省联办""指尖可办"提供支撑保障。第三，推进社会保障服务能力建设。加强与高校和科研院所等智库的深度合作，广泛动员专家学者等社会力量参与，充分整合多方资源开展理论研究；深入开展蹲点调研，全面掌握和破解突出问题，大力推进社会保障事业守正创新。积极通过政府购买服务等方式，提升基层社会保障服务能力。统筹争取和用好预算内资金、福彩公益金、地方债等资源，加强社会保障服务设施建设。加大新闻发布和政策解读力度，健全舆情监测和分析研判机制。

B.3
2022年甘肃居民收入和消费形势发展报告

王 荟[*]

摘 要： 党的十八大以来，甘肃经济社会获得长足发展。甘肃居民可支配收入持续增高，城乡差距逐年缩小。居民消费支出稳定增长，消费市场保持活力，消费潜力依然向好。通过调研并结合主要指标进行分析，课题组认为：2021年，甘肃收入和消费呈稳定增长态势；进入2022年，受新冠肺炎疫情影响，甘肃整体的收入和消费增长速度对比同期有所放缓，但依然保持良性增长。预测认为：2022~2023年，受新冠肺炎疫情影响，居民收入大幅上升的难度较大，但仍将保持中速增长；以居住支出为主的大额度消费倾向将受到明显抑制；传统渠道消费领域大规模增长的可能性不高，但以网络渠道开展的批零住餐业或将迎来大幅增长。基于此，甘肃还需在促进充分就业、推动城乡融合、提振收入水平、增强县域经济活力等方面积极作为，以实现高质量提振收入、促进消费的发展目标。

关键词： 收入增长 消费倾向 高质量发展 充分就业 甘肃省

---

[*] 王荟，甘肃省社会科学院社会学研究所副研究员，主要研究方向为区域经济发展。

一 甘肃居民收入发展态势分析

（一）居民收入稳定增长且城乡差距持续缩小

党的十八大以来，甘肃城乡居民收入持续增长。2021年，城镇和农村居民可支配收入对比2012年，均实现了翻一番。2021年，甘肃全体居民人均可支配收入为22066.0元，比上年增长8.5%。其中，城镇居民人均可支配收入为36187.0元，同比增长7.0%；农村居民人均可支配收入为11433.0元，同比增长10.5%（见表1）。此外，2020年、2021年农村居民收入增速连续两年高于全国平均水平，农民增收实效明显。2021年，甘肃城乡居民人均可支配收入比值为3.17，比上年缩小0.10，城乡差距进一步缩小。

表1 2012~2021年甘肃城乡居民收入

项目	2012年	2013年	2014年	2015年	2016年
城镇居民人均可支配收入（元）	17156.9	18964.8	20804	23767	25693.5
以上一年为基期的增长率（%）	14.5	10.5	9.7	14.2	8.1
农村居民人均可支配收入（元）	4506.7	5107.8	5736	6936	7456.9
以上一年为基期的增长率（%）	15.3	13.3	12.3	20.9	7.5
项目	2017年	2018年	2019年	2020年	2021年
城镇居民人均可支配收入（元）	27763.4	29957.0	32323.4	33821.8	36187.0
以上一年为基期的增长率（%）	8.1	7.9	7.9	4.6	7.0

续表

项目	2017年	2018年	2019年	2020年	2021年
农村居民人均可支配收入(元)	8076.1	8804.1	9628.9	10344.3	11433.0
以上一年为基期的增长率(%)	8.3	9.0	9.4	7.4	10.5

资料来源：根据历年甘肃发展年鉴及统计公报数据整理测算。

（二）城乡居民收入构成保持稳定

2021年，甘肃城镇居民收入中，工资性收入占67.60%，经营净收入占7.46%，财产净收入占7.82%，转移净收入占17.11%。对比近五年的相关数据可见，工资性收入占比和转移净收入占比略有上升，其他两项收入占比略有下降（见表2）。农村居民收入中，工资性收入占29.19%，经营净收入占44.82%，财产净收入占1.31%，转移净收入占24.68%。对比近五年相关数据，农村居民的工资性收入和经营净收入占比呈现小幅增长态势（见表3）。综合而言，甘肃城乡居民收入构成保持稳定。

表2 近年来甘肃城镇居民人均可支配收入构成

项目	2017年		2018年		2019年		2020年		2021年	
城镇居民人均可支配收入(元)	27763.4		29957.0		32323.4		33821.8		36187.0	
工资性收入（元）及占比(%)	18459.6	66.62	19930.1	66.51	21707.5	67.16	22903.6	67.72	24463.0	67.60
经营净收入（元）及占比(%)	2132.1	7.78	2333.8	7.79	2483.9	7.68	2489.1	7.36	2700.0	7.46

续表

项目	2017年		2018年		2019年		2020年		2021年	
财产净收入（元）及占比(%)	2378.7	8.57	2527.5	8.43	2539.2	7.86	2627.4	7.77	2831.0	7.82
转移净收入（元）及占比(%)	4793.0	17.07	5165.5	17.24	5592.9	17.30	5801.8	17.15	6193.0	17.11

资料来源：根据历年甘肃发展年鉴及统计公报数据整理测算。

表3 甘肃农村居民人均可支配收入构成

项目	2017年		2018年		2019年		2020年		2021年	
农村居民人均可支配收入(元)	8076.1		8804.1		9629.0		10344.4		11433.0	
工资性收入（元）及占比(%)	2275.4	28.17	2534.7	28.79	2769.2	28.76	2985.9	28.86	3337.0	29.19
经营净收入（元）及占比(%)	3556.2	44.03	3823.7	44.43	4322.0	44.89	4650.5	44.96	5124.0	44.82
财产净收入（元）及占比(%)	142.3	1.76	211.5	2.41	129.5	1.34	135.3	1.31	150.0	1.31
转移净收入（元）及占比(%)	2102.2	26.03	2234.1	25.37	2408.3	25.01	2572.6	24.87	2822.0	24.68

资料来源：根据历年甘肃发展年鉴及统计公报数据整理测算。

（三）各市州收入增长率基本持平

甘肃14个地州市城乡居民收入增长较稳定。2021年，各地区城

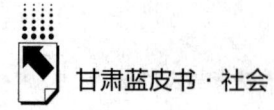

镇居民人均可支配收入增长率保持在6.6%~7.7%，农村居民人均可支配收入增长率保持在10.0%~11.2%，各地区基本保持趋同的增长速度（见表4、表5）。

表4 2020~2021年甘肃各市州城镇居民人均可支配收入

地区	2020年城镇居民人均可支配收入(元)	2021年城镇居民人均可支配收入(元)	增长率(%)
全国	43834	47412	8.2
甘肃	33822	36187	7.0
兰州市	40152	43244	7.7
嘉峪关市	44774	47863	6.9
金昌市	42662	45649	7.0
白银市	33103	35586	7.5
天水市	30057	32251	7.3
武威市	31580	33791	7.0
张掖市	28976	31091	7.3
平凉市	31096	33398	7.4
酒泉市	40070	42794	6.8
定西市	27600	29711	7.6
陇南市	26791	28694	7.1
临夏州	22376	24902	6.7
甘南州	27656	29481	6.6

资料来源：根据2020年、2021年各地州市政府工作报告汇总。

表5 2020~2021年甘肃各市州农村居民人均可支配收入

地区	2020年农村居民人均可支配收入(元)	2021年农村居民人均可支配收入(元)	增长率(%)
全国	17131	18931	9.7
甘肃	10344	11433	10.5
兰州市	14652	16191	10.5
嘉峪关市	22478	24726	10.0
金昌市	16789	18500	10.2
白银市	10711	11878	10.9
天水市	9072	10034	10.6

续表

地区	2020年农村居民人均可支配收入(元)	2021年农村居民人均可支配收入(元)	增长率(%)
武威市	13471	14859	10.3
张掖市	16020	17670	10.3
平凉市	9756	10800	10.7
酒泉市	19912	21923	10.1
庆阳市	10422	11538	10.7
定西市	8843	9798	10.8
陇南市	8376	9314	11.2
临夏州	8113	9006	11.0
甘南州	9129	10142	11.1

资料来源：根据2020年、2021年各地州市政府工作报告汇总。

（四）2022年上半年居民收入虽有所增加但增速较上年同期明显下降

2022年上半年，甘肃居民收入有所增长，其中全体居民人均可支配收入10672.0元，同比增长5.2%。城镇居民人均可支配收入17782.0元，同比增长3.7%。农村居民人均可支配收入5283.0元，同比增长5.4%。城乡居民人均可支配收入比值为3.37，比上年同期缩小0.05。但受经济下行压力和新冠肺炎疫情等因素影响，2022年上半年城乡居民收入增速明显低于上年同期水平，其中全体居民人均可支配收入增速下降了5.0个百分点，城镇居民收入增速下降了4.5个百分点，农村居民收入增速下降了7.9个百分点（见表6）。

表6 2021年上半年至2022年上半年城乡居民收入

项目	2021年上半年	2022年上半年
全体居民人均可支配收入(元)	10149.0	10672.0
同比增长率(%)	10.2	5.2

续表

项目	2021年上半年	2022年上半年
城镇居民人均可支配收入(元)	17142.0	17782.0
同比增长率(%)	8.2	3.7
农村居民人均可支配收入(元)	5011.0	5283.0
同比增长率(%)	13.3	5.4

资料来源：根据2021年、2022上半年甘肃省统计局经济运行情况数据汇总测算。

二 甘肃城乡居民消费发展形势分析

（一）居民消费支出持续增长，城乡消费各有特点

结合近五年的城乡居民消费主要数据，可以看出，甘肃居民消费逐年增长。2021年，全省居民人均消费支出17456元，比上年增长7.9%。其中，城镇居民人均消费支出25757.0元，增长4.6%；农村居民人均消费支出11206.0元，增长12.9%。全省居民恩格尔系数为29.9%，其中城镇居民为29.3%，农村居民为30.9%（见表7）。具体而言，城镇居民与农村居民的消费变化各有特点。2021年，甘肃城镇居民消费支出增幅最大的三项为教育文化娱乐、医疗保健和交通通信；而农村居民消费支出增幅最大的三项为医疗保健、其他用品和服务、居住（见表8）。

表7 2017~2021年甘肃城乡居民消费情况

项目	2017年	2018年	2019年	2020年	2021年
城镇居民消费支出(元)	20659.4	22606.0	24453.9	24614.6	25757.0
城镇居民恩格尔系数(%)	29.2	28.7	28.6	28.7	29.3
农村居民消费支出(元)	8029.7	9064.6	9693.9	9922.9	11206.0
农村居民恩格尔系数(%)	30.4	29.7	29.2	30.9	30.9

资料来源：根据历年甘肃发展年鉴及统计公报数据整理测算。

表8　2021年甘肃居民消费增长情况

项目	全体居民	比上年增长(%)	城镇	比上年增长(%)	农村	比上年增长(%)
居民生活消费支出(元)	17456	7.9	25757	4.6	11206	12.9
食品烟酒(元)	5218	9.4	7543	6.7	3467	13.1
衣着(元)	1217	6.7	1939	4.3	674	10.8
居住(元)	3706	4.2	5732	-0.9	2180	14.4
生活用品及服务(元)	1068	2.1	1648	-0.8	631	7.1
交通通信(元)	2215	9.7	3296	7.0	1402	13.6
教育文化娱乐(元)	1894	9.6	2692	10.9	1293	6.7
医疗保健(元)	1761	14.0	2292	9.6	1362	19.4
其他用品和服务(元)	377	2.0	615	-3.8	197	16.8

资料来源：根据甘肃发展年鉴及统计公报数据整理测算。

（二）城镇居民居住支出下降较明显，其他消费结构变化不大

对比2020年、2021年城乡居民各类消费支出占比情况，可以发现，一是农村居民消费结构变化不大，城乡恩格尔系数均有微弱增幅。二是城镇居民消费结构中居住支出占比下降较明显，居住支出占比从23.51%降至22.25%，下降了1.26个百分点（见表9）。

表9　2020~2021年甘肃城乡居民消费结构

单位：%

项目	城镇 2020年	城镇 2021年	农村 2020年	农村 2021年
食品烟酒	28.72	29.29	30.89	30.94
衣着	7.55	7.53	6.13	6.00
居住	23.51	22.25	19.21	19.45
生活用品及服务	6.75	6.40	5.93	5.63
交通通信	12.52	12.80	12.44	12.51

续表

项目	城镇		农村	
	2020年	2021年	2020年	2021年
教育文化娱乐	9.86	10.45	12.21	11.54
医疗保健	8.49	8.90	11.49	12.15
其他用品和服务	2.60	2.39	1.70	1.76

资料来源：根据历年甘肃发展年鉴及统计公报数据整理测算。

（三）居民消费价格小幅温和上涨，工业生产者价格涨幅明显

居民消费价格方面，2021年，甘肃居民消费价格指数上涨0.9%，其中，城市上涨1.1%，农村上涨0.5%；食品价格下降0.7%，非食品价格上涨1.3%；消费品价格上涨1.1%，服务价格上涨0.5%，工业消费品价格上涨2.0%。2022年1~8月，全省居民消费价格同比上涨1.8%，总体呈温和上涨态势。工业生产者价格方面，2021年甘肃工业生产者出厂价格同比上涨16.4%，涨幅较2020年扩大22.5个百分点。2022年1~8月，工业生产者出厂价格同比上涨15.6%，购进价格同比上涨19.6%，涨幅较明显。总体看来，甘肃工业生产与生活资料的价格走势虽具分化特点，但CPI变动仍保持在合理区间内。

（四）消费市场保持活力，呈稳定发展态势

2021年，甘肃社会消费品零售总额实现4037.1亿元，比上年增长11.1%。其中城镇消费品零售额3309.2亿元，增长10.6%；乡村消费品零售额727.9亿元，增长13.5%。按消费类型统计，商品零售额3567.2亿元，增长11.0%；餐饮收入额469.9亿元，增长12.4%。2022年1~7月，全省社会消费品零售总额2309.0亿元，同比下降

1.9%。限额以上批零住餐业通过公共网络实现零售额同比增长33.6%。总体看来，近两年来，甘肃消费市场保持活力，呈稳定发展态势。

（五）金融存贷平稳运行，消费潜力依然向好

2020年末，甘肃金融机构本外币各项存款余额为20992.67亿元，其中城乡居民人民币储蓄存款年底余额为12419.62亿元，年增加额1941.80亿元；金融机构本外币各项贷款余额为22159.41亿元。2021年末，全省金融机构本外币各项存款余额22614.6亿元，比上年末增长7.7%。金融机构本外币各项贷款余额为23905.3亿元，比上年末增长7.9%。截至2022年8月末，全省金融机构本外币各项存款余额为24605.1亿元，同比增长10.0%。金融机构本外币各项贷款余额25086.2亿元，同比增长6.1%。近三年来，甘肃金融存贷总体平稳运行，消费潜力依然向好。

三 甘肃城乡居民收入与消费发展形势研判与预测

近年来，受经济下行压力和新冠肺炎疫情等因素影响，甘肃城乡居民收入与消费总体在承压下发展，结合上文分析，就甘肃2022~2023年居民收入与消费发展形势作进一步研判与预测。

（一）2021~2022年甘肃城乡居民收入与消费发展态势研判

2021年，在实现全面脱贫、谋划经济社会高质量发展的基础上，甘肃城乡居民收入与消费水平稳步提高。

收入方面，甘肃全体居民人均可支配收入为22066元，比上年增长8.5%。其中，城镇居民人均可支配收入同比增长7.0%，农村居民人均可支配收入同比增长10.5%，总体保持稳定增长态势。值得

一提的是，近两年来甘肃农村居民人均可支配收入增速高于全国平均增速，从侧面反映甘肃乡村振兴发展确有实效。

消费结构方面，2021年，全省居民恩格尔系数为29.9%，其中城镇为29.3%，略低于上年；农村为30.9%，与上年持平。值得注意的是城镇居民的居住支出有所下降，主要因素在于疫情影响和楼市低迷。除此之外，整体消费结构变化不大。

消费市场方面，虽然有新冠肺炎疫情带来的负面影响，但CPI在合理区间内保持温和上涨，市场消费依旧保持活力。

总体看来，2021年全年，甘肃在收入和消费方面延续了发展惯性，各方面呈现稳定增长的宏观特点。进入2022年，新冠肺炎疫情反复，需要应对自2020年第二季度以来最为严重的疫情冲击，加之宏观经济的诸多不确定因素影响，甘肃整体的收入和消费增长速度对比同期虽有所放缓，但依然保持良性增长态势。

（二）2022~2023年甘肃城乡居民收入与消费发展态势预测

一是新冠肺炎疫情虽有反复，但总体可控。由于新冠肺炎疫情对就业的负面影响可能维持一段时间，人民收入大幅上升的难度较大，其对居民收入的影响客观存在但影响程度有限。

二是面对疫情造成的不确定性以及对未来收入下降的担忧可能造成微观主体预期较弱，近三年来甘肃金融机构居民储蓄存款余额的增长率持续增高亦从侧面反映出微观主体对经济的预期以规避风险为主。基于此，未来甘肃城乡居民的大额度支出（以购房消费为主）的消费倾向会受到明显抑制，但总体仍将维持较为稳定的增长。

三是传统渠道消费领域大规模增长的可能性不大，但以网络渠道开展的批零住餐业或将迎来大幅增长。

四 甘肃提振收入和消费水平面临的主要困难

近年来,甘肃着力提升城乡居民收入水平,促进消费市场发展,取得明显成效,但对比全国依然处于相对较低水平。为实现经济社会高质量发展目标、进一步提振收入和消费水平,还需克服诸多困难。

(一)新冠肺炎疫情带来诸多负面影响

一是新冠肺炎疫情对经济发展造成严重影响。严格的防控政策有效地减少了传播的风险,但封区封城的政策也不可避免影响经济的平稳运行,尤其对甘肃的旅游、交通运输、餐饮、文体、住宿、购物等传统服务业产生负面影响。二是新冠肺炎疫情对就业产生不良影响。2022年,全省高校毕业生人数19万,较上年增加了近3.6万,创历史新高。企业招聘需求却因为疫情冲击缩小,供需差距持续扩大。省内的初创企业、个体工商户等受挫严重,就业带动力下降。就业结构的持续失衡导致居民收入下降,使得预防性储蓄动机提高,必然导致实际消费需求和消费能力受到影响。

(二)城乡融合期待高质量发展

2020年,甘肃的城镇化率为48.49%,比全国63.89%的平均水平低15.40个百分点。2021年,甘肃城镇化率提升到53.33%,比全国64.72%的城镇化率低11.39个百分点。总体看来,甘肃城镇化率在持续上升,但农村人口规模依然较大,加之农业现代化水平不高,农业附加值较低,农村居民的收入水平仍然处于较低的状态,城乡收入差距虽然逐年缩小,但弥合速度有限。

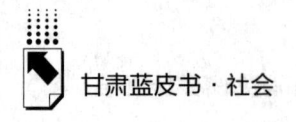

（三）区域间收入增长不平衡

近年来，甘肃经济协同联动发展，缩小了地区发展差距，地区人均生产总值差异系数由2012的0.92缩小到2021的0.58，经济总量最大的兰州与最小的甘南地区生产总值之比由16.17缩小到14.05。但是各市州收入绝对值差距依然较大。从2021年城镇居民人均可支配收入来看，最高的是嘉峪关市，为47863元，最低的是临夏州，为24902元，临夏仅为嘉峪关的52.03%。从农村居民人均可支配收入来看，最高的为嘉峪关市，为24726元，最低的是临夏州，为9006元，临夏仅为嘉峪关的36.42%。可见，甘肃各地区居民收入差距十分明显，收入不平衡问题依然突出（见图1）。

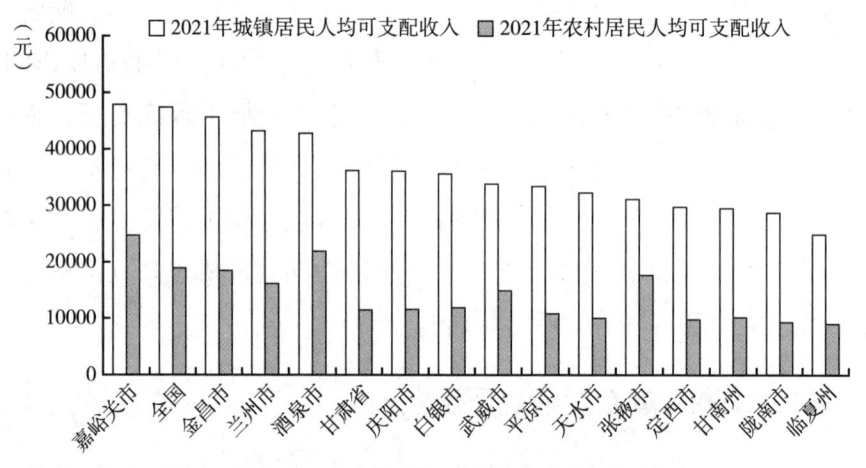

图1 2021年各市州城乡居民人均可支配收入

资料来源：根据甘肃发展年鉴及各地区统计公报数据整理测算。

（四）民营经济发展较弱，工资收入整体偏低

一方面，甘肃城镇非私营单位就业人员工资收入低于全国平均水平。2021年，甘肃城镇非私营单位就业人员年平均工资为84500元，

是全国平均水平（106837元）的79.09%。其中最高的是嘉峪关市，为92408元，也未达到全国平均水平。另一方面，甘肃城镇非私营单位就业人员工资收入明显低于全国平均水平。2021年，甘肃城镇私营单位就业人员年平均工资仅为47212元，是全国平均水平（62884元）的75.08%，是西部地区平均水平（54278元）的86.98%。可见，甘肃居民工资收入作为其主要收入来源，整体水平偏低，且甘肃民营经济发展较弱，城镇私营单位就业人员的工资收入水平提高难度较大。

五 高质量发展目标下提振收入水平的几点建议

为进一步实现高质量发展目标，提振收入消费，未来还需在以下几个方面积极谋划。

（一）进一步克服新冠肺炎疫情不利影响，高质量促进充分就业

一是要进一步延伸就业服务工作链条。积极健全和完善就业服务网络，服务农民就近就地就业，加强农村劳动力转移就业培训和创业培训，以促进农村劳动力就业作为乡村振兴的关键抓手，带动农民就业增收。二是要结合当地产业升级和结构调整的变化，强化职业培训，加大对大中专毕业生的就业指导力度。发挥兰州新区、其他地市各产业园区的优势，设立小微企业园、大学生创业园、大学生返乡创业园等带动就业，实施高校毕业生就业新政策，提高本地区生源高校毕业生就业率，实现多渠道就业。三是要优先发展吸纳就业能力强的行业产业，积极培育就业新增长极。当前，甘肃招工难与就业难并存，一线的高级生产服务人员和技工"两头短缺"，加快提升劳动者技能水平和工资待遇既是当务之急，也是长远之计。要紧贴社会、产

业、企业、个人发展需求，完善和推广技能培训来破解结构矛盾，提升劳动者技能水平、劳动素质，从而破解结构性就业矛盾，促进高质量充分就业。

（二）进一步实现产业联动发展，高质量推动城乡融合

高质量城乡融合发展是市场经济制度下城市与乡村互促互进、共生共荣，为实现这一发展目标进而提振收入，还需促进产业联动发展，破解城乡二元结构问题。一是要打通城乡要素合理流动的渠道，奠定产业联动发展基础。坚持以市场化思维促进形成城乡要素配置新格局，促进城乡资源要素自由流动，解决好"人、地、钱"三个问题。二是要锻造城乡产业融合发展新格局。要高标准统筹推动城、乡、园在工业领域的融合发展，促进"产、城、人、文、旅"融合式城乡一体化发展。着力建设现代化宜居宜业的新型市、县、乡，大力培育新产业、新业态，强化以工补农、以城带乡，发展精细农业，加快农业农村现代化，加速农业产业转型升级，促进一二三产业融合发展。三是要加快推进乡村振兴战略，逐步实现城乡居民权利平等、福利并轨。要着力补齐农民收入、农村基础设施短板。不断建立健全城乡融合发展体制机制，在交通、教育、医疗等领域统筹城乡公共设施建设，提高服务业水平，推进社会治理，高质量推进城乡融合。

（三）进一步助力民营经济发展，高质量提振收入水平

民营经济作为转型升级的排头兵、创新创业的主阵地、人民收入的重要来源，为推动经济社会发展提供了不可或缺的新动能。为进一步助力民营经济发展，实现收入水平高质量提升，还需在以下几个方面持续发力。一是要持续优化营商环境。良好的营商环境，是民营企业高质量发展的肥沃土壤。要加快打造更具吸引力、更具活力的营商环境，加大助企纾困力度。要打造最优政策、政务和法制环境，推进公平市场建设。要打造最优金融、信贷环境，优化企业孵化和创新环境。二是要紧抓产业发展，提高民营经济在各产业中的比重。要结合甘肃省情，重点助推民营经济在"三农"事业中贡献更多力量，促进农业升级、农村进步、农民增收。要抢抓数字经济、新能源、新材料等产业发展机遇，积极引导甘肃民营在促转型、重育新、扩开放上下功夫、见实效。

（四）进一步培育消费市场，高质量增强县域经济活力

消费是拉动经济增长的"三驾马车"之一，要充分发挥县域消费对县域经济的拉动作用，需进一步培育消费市场，高质量增强县域经济活力。一是培育新型消费模式，探索零售新业态。在县域层面，积极培育以即时零售、24小时便利店、网上菜场、网上餐厅、网上超市等为代表的新业态，丰富发展消费模式，推动便利消费，在吸引大量年轻人返乡生活、就业的同时，还可以提高县城居民消费水平及生活品质，为甘肃县域经济增长注入新活力、新动力。二是积极开展县域层面中高档商品促销活动。中高档商品的价格需求弹性一般偏高，可以通过降价促销进一步刺激居民消费，扩大县域消费需求，构建县城消费新格局。三是要创造良好消费环境，丰富县城消费场景，改善县城消费环境。要推动商业综合体建设和商圈的形成，要注重打击假冒伪劣商品，保证消费信心和市场繁荣。要加快发展农村商贸，进一步提高农村的消费便利程度。

参考文献

徐英：《湖南省农村经济发展对居民收入增长的影响与研究》，《中外企业家》2020年第10期。

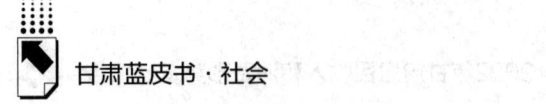

夏玉慧：《基于价值网络的农村居民收入增长模式探究》，《农村经济与科技》2021年第5期。

于法稳、林珊：《实现民族地区共同富裕：特征、问题及路径》，《中州学刊》2022年第9期。

王东洋：《后疫情时代促进产业经济发展仍然是重中之重》，《中国产经》2022年第12期。

B.4
2022年甘肃就业形势发展报告

刘徽翰*

摘　要： "稳就业、保就业"是当前及今后一段时期内党和政府的重点工作。甘肃就业形势总体稳定，呈现稳中有进、稳中向好的态势。但从目前发展形势而言，还面临着疫情反复波动、经济发展方式转变、老龄化、少子化、城镇化与人口高速流动等因素的多方面影响。为此要从坚持就业优先政策导向、健全就业创业服务体系、做好重点群体就业工作、积极支持新就业形态、重视技能培训等方面入手，实现更充分更高质量就业。

关键词： 就业创业　就业优先　高质量发展　甘肃省

就业是百姓幸福生活之基，也是保民生、稳大局之首。更加充分更高质量的就业，不仅对保障广大人民群众的生存权、发展权具有十分重要的作用，更是扎实推动高质量发展和共同富裕的重要前提和基础。"十三五"以来，甘肃始终坚持将就业工作放在经济社会发展的优先位置，不断健全完善就业政策和工作机制，想方设法稳定就业岗位，千方百计拓展就业渠道，积极推进创业带动就业，完善重点群体就业支持体系，分类施策促进重点群体就业，持续加大就业创业扶持

---

* 刘徽翰，甘肃省社会科学院社会学研究所助理研究员，主要研究方向为社会问题与社会治理。

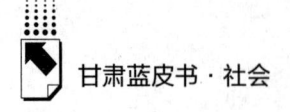

力度，实施高校毕业生就业创业促进计划，鼓励多渠道灵活就业，实施职业技能提升行动，保证了城镇新增就业逐年增加，就业容量不断扩大，就业形势保持总体稳定。

一 "十三五"以来甘肃就业形势与成就

"十三五"以来，甘肃整合产业、金融、财税、教育、扶贫等多领域就业创业政策，实施就业优先、鼓励创业等一揽子就业扶持政策，就业政策落实有力，就业创业质量不断提高。2016年城镇新增就业43.75万人，完成年度目标任务的109.38%；城镇登记失业率2.20%，低于年度控制计划1.8个百分点。2017年城镇新增就业43.78万人，完成年度目标任务的109.50%，城镇登记失业率2.71%，低于年度控制计划1.29个百分点。2018年城镇新增就业43.13万人，完成年度目标任务的107.80%，城镇登记失业率2.78%，低于年度控制计划（4%）。2019年城镇新增就业39.22万人，完成年度目标任务的103.00%，城镇登记失业率3.00%，低于年度控制计划（4%）。2020年，全省城镇新增就业35.68万人，完成年度任务的104.90%，城镇登记失业率3.27%，低于年度控制计划（4.5%）。2021年，全省城镇新增就业33.25万人，其中失业人员再就业13.97万人。城镇登记失业率为3.40%（见表1）。

表1 2016~2021年甘肃就业和失业情况

单位：万人，%

年度	城镇新增就业人数	完成年度就业目标情况	城镇登记失业率
2016	43.75	109.38	2.20
2017	43.78	109.50	2.71
2018	43.13	107.80	2.78
2019	39.22	103.00	3.00
2020	35.68	104.90	3.27
2021	33.25	103.90	3.40

资料来源：综合各年度甘肃发展年鉴、甘肃省人力资源和社会保障工作年鉴内容。

（一）就业规模不断扩大，就业数量稳中有增

1. 高校毕业生就业稳中向好

"十三五"以来，甘肃实施高校毕业生就业促进计划和创业引领计划统筹推进高校毕业生就业。2016年，实施扶持1万名普通高校毕业生就业民生实事项目，统筹实施"三支一扶"等基层服务项目，应届高校毕业生就业率91.8%，同比提高2.2个百分点；对毕业5年内符合条件的高校毕业生给予5万元的一次性初始创业补助，为3397名大中专毕业生发放创业担保贷款2.64亿元，为省内高校获得国家助学贷款的24350名应届毕业生，每人发放了1000元求职创业补贴。2017年，选拔1.7万名高校毕业生到基层就业，为26095名应届高校毕业生发放了求职创业补贴。2018年，选拔6488名高校毕业生到基层服务，引导1万名毕业生到市县所属企业和战略性新兴产业骨干企业服务，为3.4万名困难高校毕业生每人发放了1000元求职创业补贴。2019年，选拔6574名高校毕业生到基层服务，通过项目引领支持1万名毕业生到各类企业就业，组织3946人参加青年就业见习。2020年，统筹实施"三支一扶""特岗教师""西部计划基层服务"项目招募基层服务人员7477名；引导万名高校毕业生到企业就业；推动事业单位专项招聘高校毕业生9993人；青年就业见习实际到岗1.17万人；向6.1万名困难家庭毕业生发放求职创业补贴0.61亿元。2021年，继续统筹实施"三支一扶"计划、"特岗计划"和大学生志愿服务西部计划三个基层服务项目7499人；扎实推进"1万名未就业普通高校毕业生到基层就业"为民实事项目；全省各地按照每人1000元标准共为62829名困难毕业生发放了求职创业补贴。（见表2）。

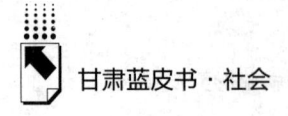

表2　2016~2021年甘肃高校毕业生就业情况

年份	实施就业创业政策和项目
2016	继续实施扶持1万名普通高校毕业生就业民生实事项目、"三支一扶"等基层服务项目;对毕业5年内符合条件的高校毕业生给予5万元初始创业补助,为3397名大中专毕业生发放创业担保贷款2.64亿元;为省内高校获得国家助学贷款的24350名应届毕业生每人发放1000元求职创业补贴
2017	选拔1.7万名高校毕业生到基层就业,为26095名应届高校毕业生每人发放1000元求职创业补贴
2018	选拔6488名高校毕业生到基层服务,引导1万名毕业生到市县所属企业和战略性新兴产业骨干企业服务;为3.4万名困难高校毕业生每人发放1000元求职创业补贴
2019	选拔6574名高校毕业生到基层服务,通过项目引领支持1万名毕业生到各类企业就业,组织3946人参加青年就业见习
2020	统筹实施"三支一扶""特岗教师""西部计划基层服务"项目招募基层服务人员7477名;引导万名高校毕业生到企业就业;推动事业单位专项招聘高校毕业生9993人;青年就业见习实际到岗1.17万人;向6.1万名困难家庭毕业生发放创业补贴0.61亿元
2021	继续统筹实施"三支一扶"计划、"特岗计划"和大学生志愿服务西部计划三个基层服务项目7499人;扎实推进"1万名未就业普通高校毕业生到基层就业"为民实事项目;全省各地按照每人1000元标准共为62829名困难毕业生发放了求职创业补贴

资料来源:综合各年度甘肃发展年鉴、甘肃省人力资源和社会保障工作年鉴内容。

2.劳动力转移就业稳中有增

"十三五"以来,甘肃积极构建集培训鉴定、输转维权于一体的劳动力转移就业机制,促进富余劳动力转移就业。在75个贫困县建立了150个劳务输转国家级和省级监测点,与16个省市区建立了劳务协作关系并签订合作协议,加强劳务对接。2016年,输转城乡富余劳动力527.4万人,其中就近就地转移就业336.9万人;在全省建立了4个国家级、3个省级农民工创业示范县,在贫困县筛选150个村建立了劳务输转省级监测点。2017年,输转城乡富余劳动力529.5万人;建立东西部劳务协作精准对接机制,通过订单、订岗、定向稳定输转1.1万人。2018年,输转城乡富余劳动力522.3万人;在东西部对口协作地设立劳务服务机构41个,建立东西部扶贫技能培训和劳务输转需求库,定向有组织地输转劳动力12767人;共建设扶贫车间754个,吸纳就业4.92万人,其中建档立卡贫困劳动力1.62万人。2019年,组织劳务输出16.2万名失业人员和5.95万名就业困难人员。2020年,输转城乡富余劳动力526.9万人,落实创业担保贷款贴息新政策,发放创业担保贷款118.65亿元,吸纳带动就业21.54万人。2021年,全年输转城乡富余劳动力528.2万人,其中,省外输转212.7万人,省内输转315.5万人(见表3)。

表3 2016~2021年甘肃劳动力转移就业情况

年份	劳动力转移就业措施
2016	输转城乡富余劳动力527.4万人,其中就近就地转移就业336.9万人;在全省建立4个国家级、3个省级农民工创业示范县;在贫困县150个村建立劳务输转省级监测点
2017	输转城乡富余劳动力529.5万人;建立东西部劳务协作精准对接机制,稳定输转1.1万人
2018	输转城乡富余劳动力522.3万人;在东西部对口协作地设立劳务服务机构41个,定向有组织输转劳动力12767人;建设扶贫车间754个,吸纳就业4.92万人,其中建档立卡贫困劳动力1.62万人
2019	组织省内劳务输入型地区用人单位到输出型地区招聘用工,16.2万名失业人员和5.95万名就业困难人员实现就业
2020	输转城乡富余劳动力526.9万人,落实创业担保贷款贴息新政策,发放创业担保贷款118.65亿元,吸纳带动就业21.54万人
2021	输转城乡富余劳动力528.2万人,发放创业担保贷款74.4亿元,吸纳带动就业8.42万人

资料来源:综合各年度甘肃发展年鉴、甘肃省人力资源和社会保障工作年鉴内容。

（二）创业带动就业成效明显

自2016年起，甘肃陆续出台鼓励扶持科研人员、返乡农民工、高校毕业生、企业技术人员创业等政策，创业带动就业取得了积极进展。2016年，设立1亿元的省级创业带动就业扶持资金，对12个市县、13家单位、113户企业和68个创业项目给予创业补助；发放贷款35.02亿元，吸纳带动就业13.85万人；新认定省级创业就业孵化示范基地（园区）15个，累计建成65个。2017年，省级创业带动就业扶持资金投入7000万元，为5个县区、34户初创企业、69个创业示范基地、150多名创业人员提供了创业补助，累计建成17个国家级农民工返乡创业试点县、8个省级农民工返乡创业示范县和85个省级创业孵化示范基地；发放创业担保贷款19.60亿元，吸纳带动就业5.83万人，新增返乡创业农民工3.9万人、带动就业18.7万人。2018年，新认定7个省级农民工返乡创业示范县和30个省级农民工返乡创业示范基地，鼓励扶持农民工返乡创业，新增返乡创业农民工3.56万人；为2.61万名个人、185户小企业新发放创业担保贷款24.21亿元，吸纳带动就业5.57万人。2019年，推进省级创业就业孵化示范基地（园区）建设，新认定13家省级创业就业孵化示范基地（园区）；为全省2.79万名个人、2937名高校毕业生、859名建档立卡贫困人口、140户小微企业新发放创业担保贷款29.88亿元；帮助16.2万名失业人员和5.95万名就业困难人员实现就业。2020年，新认定省级创业就业孵化示范基地11个，累计建成138个，其中国家级创业孵化示范基地3个；落实创业担保贷款贴息新政策，发放创业担保贷款118.65亿元，吸纳带动就业21.54万人。2021年，全省新增发放创业担保贷款74.40亿元，其中为5.33万名个人发放贷款63.86亿元，为579户小微企业发放贷款10.54亿元。吸纳带动就业84232人（见表4）。

表4　2016~2021年甘肃创业带动就业情况

年份	发放贷款（亿元）	创业孵化示范县、示范基地	吸纳带动就业人次
2016	35.02	省级创业就业孵化示范基地（园区）15个，建成65个	13.85万人
2017	19.60	国家级农民工返乡创业试点县17个、省级农民工返乡创业示范县8个和省级创业孵化示范基地85个	5.83万人，新增返乡创业农民工3.9万人、带动就业18.7万人
2018	24.21	新认定省级农民工返乡创业示范县7个、省级农民工返乡创业示范基地30个	5.57万人，新增返乡创业农民工3.56万人
2019	29.88	新认定13个省级创业就业孵化示范基地（园区）	16.2万名失业人员、5.95万名就业困难人员
2020	118.65	新认定省级创业就业孵化示范基地11个，累计建成138个，其中国家级创业孵化示范基地3个	21.54万人
2021	74.40	全省共建成省级创业就业孵化示范基地（园区）148家，涵盖科技创新类、文化创意类、电子商务类、商贸流通类、农业扶贫类、综合类、现代服务业、工业园区等八大类型，现有在孵企业11371户	带动就业84232人，其中：大学生17348人，退役军人1724人，返乡农民工25673人，残疾人218人，其他人员39269人

资料来源：综合各年度甘肃发展年鉴、甘肃省人力资源和社会保障工作年鉴内容。

（三）就业服务逐步完善

"十三五"以来，甘肃持续规范人力资源市场管理制度和灵活有序的市场运行机制，实施"互联网+人力资源服务"行动，支持人力资源服务机构推进管理创新、服务创新和产品创新，不断提高市场竞争力。截至2020年底，全省街道、乡镇劳动保障工作机构分别达到121个、941个，配备劳动保障工作人员的社区有1150个。

全省共有人力资源服务机构934家，其中经营性人力资源服务机构共781家，建立服务网站215个，建立数据库1139个，从业人员10658人。帮助68万人实现就业和流动，其中公共类33万人，经营性35万人。全省经营性人力资源服务机构2020年收入103.3亿元。①

健全完善甘肃大就业信息系统，涵盖了就业创业、职业培训、劳务输转、劳动监察等方面，形成了省、市、县、乡、社区五级贯通就业网络体系。对接人社部开通失业登记全国统一服务平台，劳动者仅凭身份证及个人承诺制即可享受线上线下便捷高效的失业登记服务。先后创建微信公众号、今日头条号等新媒体平台，开发建设了专业招聘网站"甘肃人才网"，建立省内14个市州和兰州新区分站；开通了网络视频面试系统、智能精准匹配系统，打造"互联网+"就业服务模式。创新性举办"直播带岗"，实现了求职者和招聘企业量体裁衣、精准对接，让求职者足不出户便能找到心仪的工作。2019年7月，省人力资源市场智能化人才招聘服务平台正式上线运行，功能涵盖信息登记系统、招聘会入场系统、招聘展位智能化交互系统、招聘求职信息自助系统、大数据监测系统、招聘大厅Wi-Fi接入系统等6个部分，配有120套智能化招聘设备、6台自助一体机、1个大数据监控平台，是甘肃首个智能化人才招聘服务平台。智能化人才招聘服务平台的建成，有效促进了人才资源合理流动和配置，为推动实现更高质量更充分就业发挥了积极作用。

（四）就业结构持续优化

甘肃一二三产业就业结构从2015年的57∶16∶27调整为2020年的45∶18∶37，就业人口持续从第一产业向第三产业转移，非农

---

① 资料来源：2016~2021年度甘肃省人力资源和社会保障工作年鉴。

产业就业人员持续增加，服务业就业比重较"十二五"末提高10个百分点。城镇就业人口比重提高，2021年全省城镇就业626万人，乡村就业693万人，城乡就业人员结构为47.46∶52.54，其中城镇就业比重较2015年提高10.51个百分点。私营企业和个体就业人员比重从2015年的44.6%上升到2019年的52.1%，民营经济带动就业作用更加凸显。平台经济、共享经济等新经济形态快速发展，由此产生的新就业形态成为带动就业的新引擎。

（五）就业能力不断提高

"十三五"以来，甘肃分层分类开展就业技能培训、创业培训、岗位技能提升培训等各类培训，着力提高劳动者技能素质。2016年，开展各类技能培训119万人，其中职业技能培训50.2万人，劳务输转培训68.8万人；职业技能鉴定45.76万人，获证42.56万人；职业技能培训鉴定维权上门服务29.68万人，获证27.31万人，获证率92%。2017年，职业技能培训46.3万人、职业技能鉴定30.9万人，开展职业技能培训鉴定维权上门服务9.3万人、获证率92%；新增高技能人才1.35万人，技能人才总量达到140.7万人，其中高技能人才36.75万人。2018年，开展各类技能培训106万人、职业技能鉴定20.39万人。2019年，制定实施运用失业保险基金结余开展大规模职业技能提升行动计划，开展各类技能培训81.39万人，职业技能鉴定20.64万人。2020年，完成精准扶贫劳动力培训42.98万人，完成年计划的165.3%，其中建档立卡劳动力22.38万人，完成年计划的248.7%。2021年，推进"技能甘肃"建设，扎实开展职业技能提升行动。全省开展各类职业技能培训101.04万人次（含以工代训29.1万人次），超额完成人社部下达的全年培训任务，支出培训补贴资金11.35亿元（见表5）。

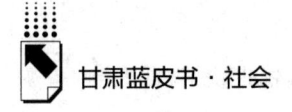

表 5　"十三五"以来职业技能培训情况

年份	职业技能培训及成效
2016	开展各类技能培训119万人,其中,职业技能培训50.2万人,劳务输转培训68.8万人;职业技能鉴定45.76万人
2017	职业技能培训46.3万人、职业技能鉴定30.9万人;新增高技能人才1.35万人,技能人才总量达到140.7万人,其中高技能人才36.75万人
2018	开展各类技能培训106万人、职业技能鉴定20.39万人
2019	开展各类技能培训81.39万人,职业技能鉴定20.64万人
2020	完成精准扶贫劳动力培训42.98万人,完成年计划的165.3%,其中建档立卡劳动力22.38万人,完成年计划的248.7%
2021	推进"技能甘肃"建设,扎实开展职业技能提升行动。全省开展各类职业技能培训101.04万人次(含以工代训29.1万人次),超额完成人社部下达的全年培训任务,支出培训补贴资金11.35亿元

资料来源:根据甘肃省2016~2021年度人力资源和社会保障工作年鉴内容整理。

二　甘肃就业发展面临的机遇和困难

(一)发展机遇

从发展趋势和宏观背景来看,一是中国经济韧性强、长期向好、发展潜力大的基本态势将继续保持,而国内劳动力供给充足、整体素质高、组织性和纪律性强的优势也将长期延续。二是国家和地方政府密集推出的稳经济、稳就业等政策措施和已经确立的就业优先战略为推动和做好就业工作提供了政策和制度保证。三是"一带一路"建设、推进西部大开发形成新格局、黄河流域生态保护和高质量发展等国家重大决策部署深入实施,由此带来的政策红利将进一步增加劳动力需求,拓宽甘肃的发展空间。四是甘肃省第十四次党代会确立的"一核三带"区域发展格局,实施"四强行动",加快"两新一重"建设,推动县域经济差异化发展和乡村振兴及农业现代化发展等举措将进一步带动重大项目建设和投资，这也在客观上增加了劳动力需求。五是连续数年打造的以"技能甘肃"为代表的职业教育，将进一步提升全省劳动者的专业技能和综合素质，并有效提升他们的市场竞争能力，为更好地"走出去"奠定了坚实基础。六是第四次工业革命—互联网—数字经济方兴未艾，由此催生和孕育的多种新经济业态和新就业形态，为全社会就业创业创造了更多的机会空间。

（二）面临的困难

一是新冠肺炎疫情反复多发带来的外部性挑战。从2021年9月至2022年9月，甘肃已经连续遭遇四轮疫情反复冲击，由此带来的供应链、产业链不定期断裂和市场主体的预期转弱在很大程度上造成了就业状况不稳定。疫情多次反复导致发展不确定性增强，影响了很多政策措施正常效力的发挥，同时还挤占了部分用于正常发展的财政和社会资源。防疫抗疫的资源消耗削弱了政府通过宏观投资行为带动经济发展和"保就业、稳就业"的力度，市场预期转弱，进一步导致有效需求不足，部分企业、行业经营困难，用工需求减少，就业空间被动缩减，劳动者"内卷化"程度加深。

二是政策机遇和实际转化之间的差距。类似于科技领域的"科研成果转化率"，在经济社会发展领域也存在政策机遇和实际效能之间的转化问题。宏观意义上的政策机遇并不能完全或者直接转化为现实的可用资源，更多的是一种机会空间和制度许可。要将其转变为直接、可用的现实资源，还需要经过一个复杂的政策"吸收—分解—转化—再利用"过程，可以把这个过程看作地方政府对上一级政策的"本地化和操作化"，检验的是地方政府的政策转化能力和政策利用效能，归根结底是考验地方政府的治理能力。在政府"放管服"改革深入推进的背景下，如何提高地方政府应对新形势、引领新发展的治理能力成为焦点。

三是少子化老龄化趋势不断加速带来的挑战。对于中国何时迎来自己的"刘易斯拐点",众多研究有不同结论,但多数意见认为2015年是一个重要的时间节点。尽管从长期趋势来看,中国的"人口红利"绝对不会一直持续下去,但是到目前为止或者未来五到十年之间,中国劳动力供过于求,特别是广大城乡富余劳动力的总供给依然会保持在高位的基本态势并没有改变。对于甘肃这样一个劳动力输出大省而言,目前的老龄化程度和少子化并没有影响劳动力供给。因为省内经济总量小,经济社会发展相对落后,绝大多数农村劳动力必须通过外出打工来增加收入,由此带来的农村留守老人和留守儿童问题更值得关注。此外,青壮年劳动力和人才不断流失,大量劳动力因年龄、技能等因素不能适应市场需要从而被动返乡等现实问题,进一步加剧了稳就业工作的难度。

四是城镇化和人口高流动性带来的挑战。当前甘肃的劳动力流动趋势基本呈现省内流动和省外流动"六四开"的局面,每年有六成或以上的劳动力在省内流转,总体特征为"本乡到本县""本县到外县""河东到河西""乡村到城市""市州到省会"。其中绝大多数从事建筑业、生活服务业或现代农业(农业工人)等行业,季节性、临时性用工特征明显,工作的流动性、不稳定性较强。2021年末,甘肃城市化率为53.3%,按照国际普遍经验,甘肃城市化进程还有较大空间,客观上还有很大的用工需求。但困难在于如何能够留住更多的"打工人",如何解决好"新市民"的社会融入问题。在城市发展需要不同类型、不同层次的人力资源大量流动的背景下,对流动人口的有效治理又成为不得不面对的现实问题。

五是群众新期待带来的现实压力。在全面建成小康社会的基础上,甘肃要在实现共同富裕上取得更加实质性的进展。衡量共同富裕的指标有很多,但最核心的仍然是收入增加和机会平等,无论从事何种职业,无论来自城镇乡村,人民群众对于美好生活的向往是越来越强烈。面对行业差距、地区差距、收入差距持续增大的发展形势,不是简单地用"理性看待,冷静接受"这样大而化之的话语就能轻易解决的。农民工社保有序转移,灵活就业人员的社会保障、工资正常增长等问题需要政府有关部门正面回应和有效解决。

三 推动实现更加充分更高质量就业的对策建议

(一)继续强化就业优先政策的战略导向

就业优先政策是未来一段时间内必须坚持和强化的指导原则,是有效应对经济社会发展风险挑战的重要措施。经济发展必须以稳定就业和增加就业为导向,将城镇新增就业人数和调查失业率及失业预警监测数据作为宏观调控的重要指标。经济社会发展的优先目标应该定位于促进就业、鼓励创业、防范和减少失业,实现更加充分、更高质量的就业。各个职能部门如人社、财政、教育等部门要建立政策协同和传导落实机制。结合地方实际,优先发展劳动力吸纳力强的产业和项目,不断优化就业结构,拓展劳动者就业创业空间。积极学习吸收省内外有益经验,做好就业创业公共政策的提前谋划和储备,加强分析研究,及时将就业领域的新情况和新趋势纳入政策研究视野。

(二)统筹做好各类重点群体就业工作

继续将高校毕业生、城乡就业困难群体和农民工等群体的就业工作作为"重中之重"。继续实施好"三支一扶""西部项目""特岗教师""万名高校毕业生下基层、进社区"等国家和省级项目,鼓励、引导高校毕业生到基层就业创业。加强与高校的沟通协调,做好政府政策与高校课程的有效衔接与转化,推动高校建立学生的就业档案,将就业培训和课程教学同等对待,齐头并进。通过多种方式,开拓多种渠道，利用各种时间节点和经济周期，开展线上线下招聘活动，优先为重点就业群体安排专门和主题招聘活动。针对农民工特别是新生代农民工，重点结合产业升级、产业布局和产业链延伸，乡村振兴和以工代赈项目实施，带动农村富余劳动力实现就近就地就业。畅通失业人员服务渠道，健全统筹城乡的就业援助制度，优先扶持和重点帮助城乡就业困难人员特别是残疾人、零就业家庭和其他特殊困难人员。通过公益性岗位优先安置市场活动能力弱的就业人员，实现托底保障。统筹做好妇女、农民工、退役军人、大量劳动者等群体就业工作。

（三）健全就业创业服务体系

健全覆盖城乡的公共就业服务体系，加强基层公共就业创业平台建设，推进公共就业创业服务向社区（村）延伸，重点补齐农村、易地扶贫搬迁安置区公共就业创业服务设施短板。深入推进"互联网+公共就业创业服务"，打造线上线下相融合的公共就业创业服务平台。为城乡劳动力提供均等化、个性化、精准化的公共就业服务。积极鼓励、引导社会力量和民营机构参与就业服务，充分利用政府购买服务等形式发挥市场主体优势，为劳动者提供更多更好的就业服务。

（四）积极支持新就业形态发展

结合经济发展新动态和社会发展新趋势，大力推动网络零售、网约配送、移动出行、社群健康、线上教育培训、在线娱乐等更多新就业形态发展。完善创业扶持措施，积极鼓励劳动者根据自身特色优势和市场需求进行创业。继续落实好创业补贴等优惠措施，对从事新业态、新产业、新技术、新模式的创业者进行精准帮扶。做好新就业形态劳动者和灵活就业者的统计监测，及时适当地调整政策，建立适合其劳动形态和工作特点的劳动权益保障制度，做好社会保障工作。

（五）继续做好劳动者就业能力提升工作

以"技能甘肃"建设为抓手，结合经济社会新发展趋势，不断扩展和拓宽技能培训的覆盖范围和课程门类。针对不同人群的不同就业需求，提供全职业生涯、全过程衔接的终身技能培训服务。各地要结合本地实际和产业发展布局，构建科学精准的职业技能培训体系，科学谋划、提前布局对相关人才、技能的需求，组织实施订单式、定岗式、储备式就业技能培训。完善技能培训的方式方法，重点围绕增强就业能力和技能提升这个总目标，通过"线上+线下""理论+实践""以工代训"等模式丰富培训方式、增强培训效能。建立劳动者终身培训计划，推行技能培训和继续教育学分制，用奖励和税费优惠的方式鼓励企业和用人单位积极开展劳动者技能培训。

B.5 2022年甘肃新型城镇化与乡村振兴融合发展报告

宋文姬[*]

摘 要： 当前，我国正处于加快实施乡村振兴战略、稳步提高新型城镇化质量的历史关口，推动二者深度融合，既是着力解决农村发展不充分、城乡发展不平衡问题的重大战略举措，又是保障城乡居民平等参与现代化进程、共同分享现代化成果的客观要求。"十三五"以来，甘肃深化户籍制度改革、推进城乡公共服务均等化、有效补齐乡村基础设施建设短板、推动农村经济多元化发展、持续促进农民增收致富，推动城乡融合发展见实效。"十四五"时期，应双向赋能乡村振兴与新型城镇化，构建新型城乡关系，在城乡融合发展中，推动实现人民共同富裕。

关键词： 新型城镇化 乡村振兴 城乡融合 甘肃省

城市和乡村是人类生产生活的两大场域，二者间的关系直接反映社会发展的程度。随着我国由传统农业大国向现代化工业大国的转变，城乡关系也由以土为生的"乡土中国"转向城乡融合的"城乡

---

[*] 宋文姬，甘肃省社会科学院社会学研究所助理研究员，主要研究方向为城市社会学、政治社会学。

中国"。习近平总书记强调指出："城镇和乡村是互促互进、共生共存的。能否处理好城乡关系，关乎社会主义现代化建设全局。"① 乡村繁荣是城镇发展的重要基础，城镇发展是乡村繁荣的坚实依托。可以说，新型城镇化战略立足于城市、根植在乡村，乡村振兴战略聚焦于乡村、联动着城市。目前，我国正处于加快实施乡村振兴战略、稳步提高新型城镇化质量的历史关口，推动二者深度融合，既是着力解决农村发展不充分、城乡发展不平衡问题的重大战略举措，又是保障城乡居民平等参与现代化进程、共同分享现代化成果的客观要求。因此，双向赋能乡村振兴与新型城镇化、推动二者深度融合是构建新型城乡关系、实现城乡共同富裕的重要着力点。

一 甘肃城乡融合发展实效

（一）落户"零门槛"，助力农业转移人口市民化

户籍制度改革是以人为核心的新型城镇化建设的"加速器"。随着城镇化建设进程的推进，越来越多的人口从农村流向城市，为城市建设注入源源不断的动能，而"城乡割裂"的二元户籍制度使得农村转移人口的市民化进程受阻，其难以在城市扎根落户，教育、医疗、就业以及社会服务等诸多方面都与城市居民存在不小的差距。农村转移人口顺利落户城镇，才能实现真正意义上的扎根城镇，才能与城市居民共享发展成果、更好地实现以人为核心的新型城镇化。《"十四五"新型城镇化实施方案》继续将坚持以人为核心、全力推进在城镇有稳定就业和生活的常住人口有序实现市民化作为新型城镇

---

① 习近平：《走中国特色社会主义乡村振兴道路》，载《论把握新发展阶段 贯彻新发展理念 构建新发展格局》，中央文献出版社，2021，第218页。

061

化的首要任务。《甘肃省"十四五"市场体系建设规划》明确提出深化户籍制度改革，全面放开全省落户限制，实现城市、城镇落户"零门槛"，推动户籍准入年限同城化累计互认。近年来，甘肃以户籍制度改革为突破口，以公共服务提升为重点，大力推进城乡融合协同发展，保障进城落户居民的各项权益，提前完成240万转移人口市民化目标，农业转移人口市民化成效明显。

（二）持续推进城乡基本公共服务均等化

基本公共服务融合是城乡融合发展的重要内容。可以说，城乡基本公共服务均等化，是破除城乡二元结构、实现乡村振兴的有效途径，也是我国坚持推进以人为核心的新型城镇化战略的必然选择。农业转移人口、失地农民以及其他"新市民"群体只有能够享受与城市居民同等的教育、医疗、社会保障等基本公共服务，才能说是有机融入了城市生活。"十三五"时期，甘肃着力推动公共服务向农村延伸，加快推进城乡基本公共服务均等化，农村教育、医疗、公共文化以及社会保障等公共服务短板得到有效补齐。

1. 教育资源向农村倾斜

一直以来，甘肃将教育作为优先发展战略，统筹推进省内城乡义务教育一体化改革，城乡义务教育优质均衡发展目标得到全面实现。甘肃通过招聘特岗教师、发放乡村小学幼儿园教师补助、增加教育财政支出等措施，有力推动了城乡义务教育优质均衡发展目标的全面实现。过去十年间，甘肃共补充特岗教师46125名；2014~2022年选派1.16万名支教教师赴全省64个"三区"县区开展支教。向贫困地区符合条件的16万名乡村中小学及幼儿园教师发放乡村教师生活补助，根据学校所在地的边远程度，从2019年起将人均每月不低于300元的标准提高至不低于400元，偏远地区超过1000元。10.8万名贫困地区学子通过地方农村贫困专项等省列专项招生计划进入高水平大学深造。所有县市区整体通过国家均衡验收，全省56人以上大班额比例下降到0.03%、66人以上超大班额全部消除，进城务工人员随迁子女在公办学校就读的比例达99%以上。

2. 医疗资源向基层延伸

为进一步破解基层群众看病难、看病贵问题，甘肃着力推动优质医疗资源向基层下沉。"十三五"期间，甘肃全省75个贫困县13995个村卫生室、1150所乡镇卫生院和75家县级医疗机构达到分类建设标准，有效完成了贫困人口看病有地方、有医生的底线性任务。同时，截至"十三五"末，甘肃服务人口万人以上的乡镇卫生院已全部配备心电图机、生化分析仪、彩照（含B超）等设备，设备配备率为89.92%，其中，35个深度贫困县万人以上乡镇卫生院设备配备率达到99.52%。远程诊疗医学信息平台接入县级以上医疗机构233个、妇幼机构96个、社区卫生服务中心206个、乡镇卫生院1343个，接入率99.80%，基本覆盖省、市、县、乡四级医疗机构，促进了优质医疗资源的城乡共享。为进一步持续巩固脱贫攻坚成果同乡村振兴有效衔接，仅2021年，全省就有58个脱贫地区的63家县级医院和1家疗养院得到了省内及省外三级医院选派的970人次对口帮扶。为推动保障基层医疗队伍建设，继续实施村订单定向免费中医类医学生培养工作，目前全省已有350名农村订单定向毕业生服务于乡镇卫生院和村卫生室。

3. 公共文化产品向基层流动

当前，甘肃在推进城乡公共文化服务一体化方面，有效推动文化资源下沉，实现了从省、市、县，到乡镇、村的五级公共文化服务设施全覆盖，建成1227个乡镇文化服务基层点、16026个村级服务点。在这一过程中，甘肃还积极借助数字文化资源，建成乡镇数字文化服务点659个，村数字文化驿站744个。在文化产品供给方面，自2017年以来，甘肃通过"戏曲进乡村"项目，为基层群众送去文艺演出6000余场次，极大丰富了基层群众的文化生活。

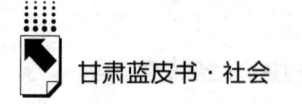

4. 城乡社会保险统筹推进

我国已基本建成功能完备、覆盖面广,世界上规模最大的社会保障体系。在这样的时代背景下,甘肃社会保障工作也取得了长足发展,特别是在社会保险领域,参与各类社会保险人数多年持续增加,社会保险中的城乡分割格局正在向城乡统筹转变。2021年,城乡居民基本医疗保险跨省和省内异地就医直接结算全面实现。基本养老保险参保率达到98%。同年5月底,全省14个市州及兰州新区均全面完成城乡居民基本养老保险省级基础养老金最低标准提标发放工作,惠及312.18万60岁以上参保老年人,累计发放6710.55万元。截至2020年,甘肃全省城镇职工基本养老保险人数达到484.50万人,较5年前增加178.30万人,参加城乡居民基本养老保险人数为1388.18万人,较5年前增加152.18万人,增幅达到12.3%,基本养老保险参保率达到98%,养老机构和服务设施覆盖所有县区。失业保险方面,2020年全省参加失业保险的人数达到187.40万人,较5年前增加24.60万人,增幅为15.1%。2020年全省参加工伤保险的人数达到264.60万人,较5年前增加82万人,增幅达到44.9%(见表1)。同时,甘肃还积极推进"社保扶贫",落实社保优惠政策,帮助建档立卡贫困户尽快实现应保尽保,将全省助保贷款政策扩展到建档立卡贫困人员。针对符合参加城乡居民养老保险条件的贫困群体,政府代缴

表1 近10年来5项社会保险参保人数的变化情况

单位:万人

年份	基本养老保险			基本医疗保险			失业保险	工伤保险	生育保险
	合计	城镇职工	城乡居民	合计	城镇	新农合			
2010	242.48	242.48	—	2208.89	298.57	1910.32	164.46	130.09	82.00
2015	1542.20	306.20	1236.00	2217.20	307.90	1909.30	162.80	182.60	154.10
2020	1872.68	484.50	1388.18	2590.40	361.90(职工)	2228.50(城乡居民)	187.40	264.60	234.00

资料来源:近十年甘肃省国民经济和社会发展统计公报。

了435万人养老参保费用（含建档立卡贫困人口340万人）。截至2021年，全省共有550万贫困人口参加了城乡居民基本养老保险，实现了建档立卡人员基本养老保险全覆盖。

5. 城乡困难群众基本生活"安全网"织密扎牢

近年来，甘肃坚持多措并举，从做好一次性生活补贴发放、加大受疫情影响困难群众救助力度、提高社会救助时效等方面着手，织密兜牢困难群众基本生活安全网。首先，扎实做好基本生活救助工作。将符合条件的对象及时纳入低保和特困人员救助供养范围，仅2022年6~7月就新增城乡低保对象、特困人员6.3万人。其次，积极疏解疫情对困难群众的影响。本轮新冠肺炎疫情发生以来，甘肃已对1.12万名受疫情影响的未参保失业人员和未就业困难大学生实施了一次性临时救助，支出资金1298.8万元；对因疫导致生活困难群众实施临时救助27272人次，支出资金2938.6万元；向低保、特困、低保边缘家庭等发放防疫物资31.6万件、生活物资5.1万件，折合人民币218.8万元。最后，全面开展服务类社会救助。加强分散供养特困人员走访探视和照料服务，通过政府购买服务，开展每周打扫一次卫生、每半月洗一次衣物、每月理一次发、每半年发放一次基本生活必需品的"四个一"服务，2022年上半年累计服务6.2万人次，发放食品、衣物等生活必需品15.5万件，折合资金6757.3万元。

6. 乡村治理效能持续增强

乡村治理，是国家治理的基础，也是国家治理体系和治理能力现代化的重要组成部分。中共十九大提出了"健全自治、法治、德治相结合的乡村治理体系"的战略性任务。近年来，甘肃不断创新基层社会治理模式，通过党建引领、县乡村三级互动、部门联动、干群齐动，借助"数字乡镇"的信息化手段，推动形成了法治、德治、村民自治有机融合治理格局。2021年以来，甘肃启动实施了"5155"乡村建设示范行动，推动完成500个省级示范村建设，95%以上的行政村建立了

065

红白理事会、村民议事会、道德评议会等群众组织，推动实现了基层乡村治理的高质量发展。同时，甘肃在基层治理中，对群众反映强烈的"天价彩礼"、厚葬薄养、铺张浪费、封建迷信等陈规陋习进行了集中整治，在基层善治中，有效推动了乡村治理中文明乡风的塑造。

（三）有效补齐乡村基础设施建设短板

完善的、现代化的往村覆盖、往户延伸的乡村公共基础设施是城乡融合发展的基础和前提，是推进城乡一体化的重要内容，也是农村发展亟待加强的薄弱环节。近年来，甘肃积极争取和筹措资金，改变农村特别是贫困地区农民的生产生活条件，狠抓基础设施建设，乡村基础设施建设日趋完善。

1. 城乡路网建设不断完善

"十三五"时期，甘肃实现了所有市（州）政府驻地和67个县（市、区）高速公路贯通，所有县（市、区）政府驻地通二级及以上公路，全部乡镇和具备条件的建制村通硬化路。截至2021年底，全省累计完成新建通村路10753公里，6366个自然村（组）通上了硬化路，全省15957个建制村中通班车比例为69.2%，通公交比例为12.4%，区域经营及预约响应占比为18.4%；实施农村公路危桥改造100座以上，完成村道安全生命防护工程3480公里；引洮工程全线建成，惠及5市13县区600多万群众。可以看出，甘肃以县城为中心、乡镇为节点、村组为网点的农村公路交通网络初步形成。

2. 农村人居环境有效改善

改善农村人居环境、建设美丽宜居乡村，是推进乡村全面振兴的重要任务。近年来，甘肃持续推进农村环境整治、农村生活污水治理、农村黑臭水体治理以及农业面源污染治理，农村人居环境发生极大改观。2021年，全省142个国家重点镇已初步具备污水收集处理能力，城市、县城污水处理率及地级城市污泥无害化处理处置率明显提升；完成185个行政村环境整治，农村污水治理率达到21.8%；接续推进农村改厕等"三大革命"和"六大行动"，实施改厕50万座，全省行政村卫生公厕覆盖率达到97%；常态化开展村庄清洁行动和绿化美化，农村黑臭水体整治率达60.29%，90%的行政村生活垃圾得到有效处理。值得一提的是，卓尼县被国务院评为全国农村人居环境整治成效明显激励县；两当县、临泽县、卓尼县被中央农办、农业农村部评为全国村庄清洁行动先进县；康县、卓尼县、崆峒区、麦积区被人民日报品牌战略升维工程评选入围"中国最美县域100强"。

3. 农村饮用水水质持续提升

供水工程事关居民生命安全和身体健康，是农村民生基础工程之一。近十年来，甘肃着力加强水利基础设施建设，推进城乡供水一体化、城乡供水服务均等化，75个贫困县区农村饮水安全全部通过国家和省级脱贫退出验收，建成集中供水工程9034处、千吨万人水厂326处、分散式工程22万处，供水管网达46万公里。同时，农村集中供水率达93%，较全国水平高出5个百分点；自来水普及率达90%，较全国水平高出6个百分点。可以说，全省农村供水工程体系更趋完备，运行管护日益完善，供水保障能力明显提升，农村饮用水安全问题得到历史性解决。

（四）大力推动农村经济多元化发展

1. 文旅特色小镇成为城乡产业融合新亮点

文旅特色小镇是我国大力倡导的城乡发展模式。近年来，以文旅特色小镇为代表的乡村旅游已经成为带动城市资本下乡，推动农村经济绿色、共享发展的新增长点。在这方面，甘肃乡村旅游也呈现发展加速态势，生态采摘、休闲度假、医疗康养、户外观光等各类旅游产品全面推出，产品品类也从简单的农家乐、采摘园等单一业态向着丰富、多元的民宿开发、文创产品等多元产品迈进。2021年，甘肃乡村旅游打响做亮"陇上乡遇"乡村旅游品牌，游客接待量达1.31亿人次，乡村旅游收入达到390.33亿元，分别恢复至疫情前的103.2%和114.8%，显著高于国内旅游的整体恢复比例。同时，创建乡村旅游示范县8个、文旅振兴乡村样板村60个、合作社80个，3个乡镇入选全国首批乡村旅游重点乡镇、6个村入选第三批全国乡村旅游重点村名录、2家民宿创建为首批全国甲级旅游民宿，乡村旅游的品牌性、影响力得到显著提升。

2. 农业发展向产业化、规模化、品牌化迈进

在社会主义市场经济条件下，乡村振兴要产生内生动力，实现乡村有"人气"，就要有适应市场竞争的现代农业产业，实现人员、资金、技术的聚集。目前，甘肃在现代农业发展方面，注重突出打造产业优势，形成农业产业大县14个，国家级现代农业产业园7个、省级现代农业产业园14个。同时，传统农业经营方式分散，难以聚集资本、人力、技术等资源，需要发挥行业龙头企业的牵引作用，截至2022年7月，全省农业领域龙头企业总数已达到3315家，总产值达1500亿元。此外，为形成甘肃地域农业品牌优势，提升甘肃农业产品附加值，叫响甘肃品牌，2019年以来，甘肃着重培育"甘味"品牌，有力提升了甘肃农产品市场影响力。

（五）持续促进农民增收致富

1. 脱贫攻坚战取得全面胜利

经过8年艰苦卓绝的顽强奋战，甘肃农村贫困人口全部脱贫，绝对贫困得以消除，脱贫攻坚战取得全面胜利。甘肃现行标准下552万农村建档立卡贫困人口全部脱贫，7262个贫困村全部出列，58个国家片区贫困县和17个省定插花型贫困县全部摘帽，同全国一道全面建成小康社会，历史性地告别了困扰甘肃千百年的绝对贫困问题，在促进实现全体人民共同富裕的道路上迈出了坚实的一大步。

2. 农民收入结构进一步优化

至"十三五"末,甘肃农村居民人均可支配收入为10344.3元,较2019年增加715.4元,增长7.4%,保持较快增长,首次跨上万元台阶。"十三五"期间,甘肃农村居民就业门路不断拓宽,收入来源渠道更趋多元。在收入构成中,工资性收入比重下降,经营净收入比重上升,财产和转移净收入趋势稳定。2020年,甘肃农村居民人均工资性收入为2986元,比2015年累计增加1011元,增长51.2%,占总可支配收入的比重为28.9%,较2015年提高0.4个百分点。人均经营净收入为4650元,比2015年累计增加1625元,增长53.7%,所占比重为45.0%,较2015年提高1.4个百分点。人均财产和转移净收入分别为135元和2573元,所占比重与五年前基本持平,分别为1.3%和24.9%。

3. 城乡居民收入差距不断缩小

自2017年起,甘肃农村居民人均可支配收入增速连续超过城镇居民,城乡居民收入差距逐步缩小。2016~2020年,甘肃城乡居民可支配收入比由3.45下降到3.27,呈现逐步下降的态势(见表2)。2021年上半年,甘肃城乡居民人均可支配收入之比为3.42,与上年同期城乡居民人均收入比3.58相比,缩小了0.16,与2019年同期城乡居民人均收入比3.67相比,缩小了0.25,城乡居民收入相对差距继续缩小。

表2 "十三五"时期城乡居民可支配收入增速对比

年份	农村居民可支配收入增速(%)	城镇居民可支配收入增速(%)	城乡居民可支配收入比
2016	7.5	8.1	3.45
2017	8.3	8.1	3.44
2018	9.0	7.9	3.40
2019	9.4	7.9	3.36
2020	7.4	4.6	3.27

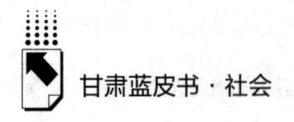

二 甘肃城乡融合面临的挑战

（一）城乡人力资源双向流通不畅

人力资源是城乡融合发展的主体和关键。城乡融合发展需要打通城乡人力资源双向流动渠道，盘活两端人力资源，为构建双循环格局提供重要人力支持。目前，城乡人口双向流通依然面临农业转移人口市民化质量不高、优质人才下乡通道尚未打通等挑战。一方面，农业转移人口市民化质量不高。实现人由"乡"到"城"的转变，必须面对城乡二元结构下农业转移人口市民化问题，实现人的无差别发展。城镇化进程以来，大量农村剩余劳动力流入城市，使常住人口城镇化率逐年增加，城镇化水平不断提高。但是，这些流动人口在参与城市建设的同时，还面临就业不稳定、保障不充分等困难，以及由此带来的人地矛盾、城乡矛盾及阶层分化等社会问题。近年来，甘肃以户籍制度改革为突破口，以公共服务提升为重点，大力推进城乡融合协同发展，维护进城落户农民的各项权益，提前完成240万人转移人口市民化目标，农业转移人口市民化成效明显，但依然存在部分农业转移人口只是实现了城镇的非农就业，但还未获得城市户籍以及均等化的基本公共服务，出现"半城市化"现象。另一方面，人才返乡下乡通道不畅。与大规模农村人口向城市流动相比，受发展水平差距、地域限制、行业劣势以及既有体制机制不健全等因素影响，农村对优质人力资源的吸引力较城市明显不足，更多人力资源还是会选择流向资源与机会更为集中的城市，这使得乡村面临人才数量短缺、人才结构失衡的双重矛盾，构成了人才振兴不容忽视的困境。如何提高农业转移人口市民化质量、提升农村对优质人力资源的吸引力，实现人力资源在城乡之间的畅通有序流动仍然是城乡融合发展需要面对的重要挑战。

（二）城乡公共资源配置仍需进一步均衡

城乡公共资源均衡配置是城乡融合发展的重要前提和基础保障。近年来，甘肃持续加大对农村地区特别是贫困地区公共资源投入力度，城乡基础设施互联互通程度不断提高，城乡基本公共服务均等化水平显著提升，城乡公共资源配置向着质量均衡、水平均等的方向迈出了一大步。但农村基础设施和公共服务历史欠账较多、短板依旧突出，城乡公共资源配置仍需进一步均衡。一方面，乡村基础设施建设薄弱。尽管从纵向比较的角度看，经过新农村建设和精准扶贫的努力，乡村基础设施建设条件已经取得明显改善，但相较于现代化发展的总体水平而言，乡村基础设施仍显薄弱。另一方面，城乡公共服务不均衡。甘肃着力推动公共服务向农村延伸，加快推进城乡基本公共服务均等化，农村教育、医疗、公共文化以及社会保障等公共服务短板得到有效补齐，但与城市相比仍存在优质教育资源短缺、医疗卫生体系脆弱、公共文化供需不匹配以及养老服务体系不完善等情况。

（三）城乡居民收入差距依然存在

城乡居民收入差距在一定程度上表征了城乡融合发展程度。改革开放以来，我国城乡居民收入水平虽然得到了显著提高，但是农村居民收入水平远远落后于城镇居民收入水平的情况仍未得到有效改善。"十三五"时期，甘肃深入推进城乡一体化建设，多措并举缩小城乡收入差距，城乡居民收入差距逐步缩小。但由于农民资金和投资渠道少、土地经营收益狭窄、土地规模经营户流转土地减缓等因素，乡村居民财产性收入增长难度加大。同时，随着科技的发展以及劳动力成本的提高，劳动密集型经济发展速度将放缓，农村居民就业难度会加大，影响农民增收。2020年，甘肃城镇居民人均可支配收入为33822元，农村居民人均可支配收入为10344元，城乡人均可支配收入比为3.27∶1。同一时期，甘肃城镇居民人均消费支出24615元，农村居民人均消费支出9923元，城乡消费比为2.48∶1。在消费支出差距的背后，是城乡间收入差距、财富差距及社会保障差距。农民增收是一项长期战略任务，要加快构建农民增收长效机制，不断拓宽农民增收致富渠道，多措并举推进农民收入持续较快增长。

（四）人口长期大规模外流带来的偏远乡村衰落问题有所凸显

农村人口是乡村振兴的主体。目前，经济发达地方对人口、资源的"虹吸"效应十分明显，凭借生态环境、就业、教育、医疗等优势吸纳了大量人口，而经济欠发达地区在居民人口方面，呈现明显的净流出状态。七普数据显示，甘肃常住人口为25019831人，较六普数据减少近55.5万人；甘肃流向外省半年以上人口为344.83万人，外省流入甘肃半年以上人口为76.56万人，净流出268.27万人，较六普时增加152.22万人。同时，甘肃下辖的12个地级市和2个自治州中，常住人口正增长的城市只有4个，分别是兰州、临夏州、嘉峪关和甘南州，人口流出最多的武威市，10年间人口减少35万人。对于大部分乡村来说，由于产业不强、交通落后、文化生活匮乏等，大量农村人口特别是青壮年劳动力持续大规模外流，部分村落出现"空心化"、农业劳动力"老龄化"以及土地撂荒等衰落现象。城乡融合发展要处理好乡村人才走出去、留下来和引回来的问题，需建立一整套制度体系，让愿意返回来、留下来的人都能在乡村找到适合自己干事创业的舞台。

三 推进甘肃城乡融合的对策建议

（一）城乡融合发展要促进人力资源双向流动

一是推动农业转移人口市民化。让农业转移人口在城镇扎根，才能更好地体现社会公平，为经济社会持续健康发展注入新的动能。首先，继续深入推进户籍制度的改革。特别是结合七普数据来看，甘肃作为人口流出省份，更应该放宽落户条件，各市、州要结合乡村振兴、产业升级、异地搬迁安置等经济社会发展的大趋势，积极推动农业人口在城镇居住落户。其次，积极推动农业转移人口落户城镇的自愿性。户籍制度门槛的降低对大专学历年轻人的吸引力更大，而农业转移人口落户城镇意愿不高。推动农业转移人口在城镇落户，除了全面放开户籍制度之外，还需要探索激励机制，让进城农民在农村土地的产权，包括宅基地、集体股权、收益分配权等，有变现或自愿有偿退出的机制。最后，解决农民进城落户的保障顾虑。提高农村转移人口市民化质量，均等享有城镇基本公共服务，实现"一视同仁、应有尽有"。

二是畅通人才返乡下乡通道。城乡融合发展要促进人才要素流向乡村，突破乡村人才短缺困境，为乡村振兴注入新动能。面对乡村人才数量不足、人才结构失衡的现实困境，需要不断创新乡村引才育才留才的实现路径，为乡村振兴注入源源不断的人才动能。要着力培育乡村本土人才，以种田能手、家庭农场主等本土人才为重点培育对象，运用多种形式的培训方式，通过职业认证、政策激励等形式，培育一支懂技术善经营的乡村产业领军人才；要为城市人口下乡投资建设农业农村提供政策支持，使"新村民"顺利融入乡村，助力乡村全面振兴。

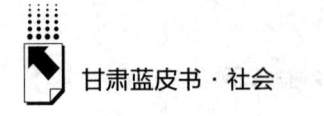

（二）城乡融合发展要持续推进城乡公共服务资源均等化

推动公共服务向农村延伸，聚焦托育养老、教育文体、医疗卫生、劳动就业、社会保障等各个领域，从解决人民最关心最直接最现实的利益问题入手，突出重点领域、重点群体和薄弱环节，进而推动基本公共服务均等化，不断补齐基本公共服务短板，逐步缩小城乡、区域、人群间基本公共服务水平差距。第一，完善健全已有公共服务体系，进一步推动卫生、医疗、教育、文化等公共服务网络向农村延伸，因地制宜明确基本公共服务享有者应享受到的权利清单，以标准化推动基本公共服务均等化，在满足人民群众基本生活需要与财政保障能力之间寻找最佳平衡。第二，缩小区域间差异，加大对落后乡村地区的政策倾斜和财政支持力度，发挥基本公共服务水平较高地区优势，形成示范带动作用，梯次推进公共服务均等化。第三，针对不同村域特色，借助乡村旅游、人居环境整治、乡村资本培育等发展路径，提升基础设施和公共服务水平，实现城乡基本公共服务均等化目标。第四，推动公共服务信息化建设，利用"互联网+"、区块链、人工智能等手段推进卫生、医疗、教育、文化资源实现城乡间的共建共享。

（三）城乡融合发展要让促农增收动力更强劲

近年来，农民收入持续较快增长，城乡居民收入差距持续缩小。但目前城乡区域发展差距仍然较大，促进农民共同富裕的任务十分艰巨，要坚持把促进农民增收作为实施乡村振兴战略的中心任务，不断优化政策供给，拓展增收渠道，扩大农村中等收入群体比重，增加农村低收入群体收入，促进农民收入再上新台阶。首先，进一步提升农民工工资性收入。在城市化进程中农民工工资性收入已经成为促进农民增收的重要手段。因此，在这一过程中，要注重通过构建公平就业环境、加大对农民工法律保护力度，消除就业歧视、依法打击恶意欠薪行为，促进农民工实现增收。其次，培育新型农业经营主体，增加农民经营性收入。一方面要继续推广"公司+基地+合作社+农户"模式，实现从田间到车间，并最终到消费端的直接联通；另一方面要继续通过支持种养殖大户、农村致富带头人、农民专业合作组织等新型经营主体加快发展，实现现代农业的规模化、品牌化效应，有效提升农产品增加值。再次，拓宽农民财产收入渠道。当前，甘肃农村居民中财产性收入对增收的拉动占比还较小。因此，需要有措施激活农村财产，特别是集体财产，盘活闲置资源，推动农村产权交易市场建设，实现农村产权变现、农民增收。最后，培育发展农村数字电商经济。当前，数字经济的浪潮已经成为引领经济发展的洪流。在这一时代浪潮前，农业经济在发展中也应紧跟时代浪潮，发展农村数字经济，在基于电子商务的农业产业基础上，推动农业生产向智能化、数字化方向发展。

（四）城乡融合发展要推动县域经济高质量发展

县城在城乡融合发展和推动乡村振兴中具有天然的空间优势、资源禀赋。首先，从空间上看，县城包括了城镇，又涵盖了乡村。其次，从资源要素来看，县城包括了为乡村服务的治理资源、经济资源、人力资源等，既是推动形成新型工农城乡关系的重要纽带，也是全面实施乡村振兴战略承上启下的重要环节。当前，甘肃已经启动实施强县域行动，通过提升县域经济实力，对实现城乡融合发展、推动乡村振兴战略落地都具有极强的现实意义。

党的二十大报告指出，高质量发展是全面建设社会主义现代化的首要任务。在甘肃县域经济发展中，也要注重全面贯彻新发展理念，推动高质量发展。首先，在县域经济发展中，要结合本地实际情况因地制宜、扬长补短，突出优势特色，按照甘肃《关于推进以县城为重要载体的城镇化建设大力实施强县域行动的若干措施》中的"五大类型",走适合本地区特点的高质量发展之路。其次,跳出县域把握高质量发展,有效融入甘肃城市圈、城市带建设战略,在全国统一大市场、"双循环"中寻求资源,更要在全国统一大市场、"双循环"中实现本地经济产业链价值。最后,发挥好县城"城""乡"节点作用,一方面,县城要持续在发展中改善民生,进一步提升医疗、卫生、教育等公共服务水平,打造宜居、宜业人居环境,凸显县城生活低成本优势,助推农村人口向县城转移。另一方面,要继续努力优化营商环境、生态环境,厚植县域经济发展沃土,激发县域经济发展内生动力,增强县域经济对城乡融合的辐射带动作用。

参考文献

甘肃省统计局、国家统计局甘肃调查总队:《2016年甘肃省国民经济和社会发展统计公报》,《甘肃日报》2017年4月6日。

甘肃省统计局、国家统计局甘肃调查总队:《2020年甘肃省国民经济和社会发展统计公报》,《甘肃日报》2021年3月30日。

专题篇

Reports on Special Subjects

B.6 甘肃科技创新能力研究报告

袁凤香*

摘　要： 近年来，甘肃牢固树立抓科技就是抓发展、谋创新就是谋未来的理念，遵循"四个面向"要求，积极实施创新驱动发展战略，提出了"强工业、强科技、强省会、强县域"四强行动，甘肃科技创新能力不断得到发展和提升，科技对经济发展的贡献率2021年已达到56.42%。同时也面临着科技投入不足、企业培育发展缓慢、科技创新生态有待优化、各市州区域差异明显等困境和挑战。需要从优化投入机制，构建多元投入体系；强化企业研发投入主体地位；优化科技创新生态，激发科技创新活力；提升区域科技创新能力，推进区域协调发展等方面加强、优化和推

---

* 袁凤香，甘肃省社会科学院社会学研究所副研究员，主要研究方向为科技创新与生态文明建设研究。

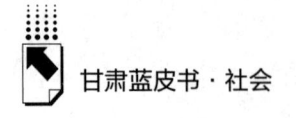

进，来提升甘肃科技创新能力，为推动经济高质量发展提供科技支撑。

关键词： 科技创新　创新能力　强科技　甘肃省

当今世界，科技创新已经成为提高社会生产力和综合国力的战略支撑，成为社会生产方式和生活方式变革进步的强大引擎。面对百年未有之大变局，谁牵住了科技创新这个"牛鼻子"，谁走好了科技创新这步先手棋，谁就能占领先机、赢得优势。新形势下，必须深入实施创新驱动发展战略，推进以科技创新为核心的全面创新，建立自主可控的创新技术体系，实现高水平科技自立自强，充分发挥科技创新这一引领发展的第一动力，提升区域科技创新综合能力，推动区域经济社会高质量发展。

近年来，甘肃牢固树立抓科技就是抓发展、谋创新就是谋未来的理念，遵循"四个面向"要求，积极实施创新驱动发展战略，提出了"强工业、强科技、强省会、强县域"四强行动，以强科技支撑强工业、强省会、强县域为牵引，以"自主创新、引领发展、人才为本、开放融合"为原则，通过集聚有限资源，凝练关键任务，积极打通基础研究、技术发明与产业发展通道，促进创新链、产业链、资金链、人才链、政策链深度融合，推动经济发展由要素驱动向创新驱动转变，进而推动甘肃区域高质量发展。经过多年实践，甘肃科技创新能力不断得到发展和提升，在低投入的情况下，取得了"高产出"效益，科技对经济发展的贡献率逐年提升，2021年已达到56.42%。

一 甘肃科技创新能力取得的主要成就

（一）科技综合创新能力稳步提升

"十三五"时期，甘肃通过深入实施创新驱动发展战略、深化科技体制机制改革、增加科技创新投入、提升科技产出效率等措施，科技创新能力得到了稳步提升。

1. 科技进步贡献率稳步提升

2015~2021年甘肃科技进步贡献率呈现稳步增长的趋势，年均增长率达到2%（见图1）。

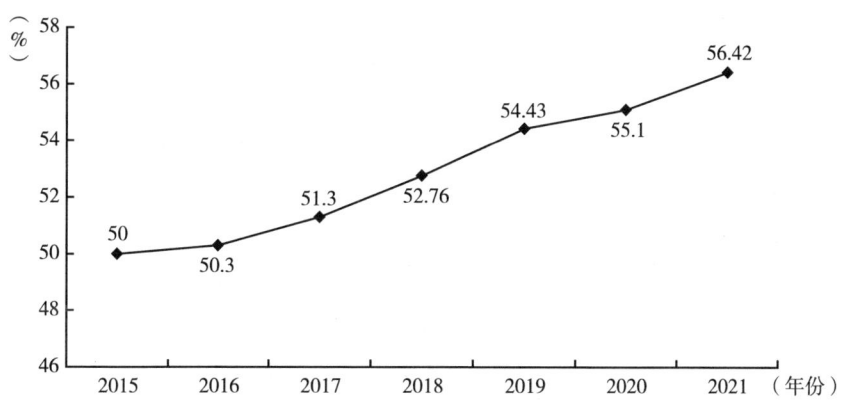

图1 2015~2021年甘肃科技进步贡献率增长趋势

资料来源：《甘肃发展年鉴2021》，甘肃省统计局。

2. 科技综合创新水平稳步提升

从《中国区域科技创新评价报告2021》评价指标来看，2021年甘肃综合科技创新水平指数达到53.71%，排名全国第23位，居全国第二梯队。与上年相比提高了2.08个百分点，增速排在全国第8位。2015~2021年的评价指标数据呈现稳步增长趋势，年均增长1.37%。

其他5个一级指标年均增长率分别为1.77%、-0.71%、3.13%、3.77%、0.39%（见表1）。

表1 2015~2021年甘肃综合科技创新水平指数

指标		2015年监测	2016~2017年监测	2018年监测	2019年监测	2020年监测	2021年监测
综合科技创新水平指数(%)		49.51	50.63	51.38	50.72	51.63	53.71
位次(位)		18	18	18	23	23	23
一级评价指标	科技进步环境指数(%)	50.05	50.67	50.40	52.84	54.84	55.62
	位次(位)	17	21	21	19	20	20
	科技活动投入指数(%)	46.86	42.76	44.08	40.51	38.99	44.89
	位次(位)	20	23	23	24	24	22
	科技活动产出指数(%)	43.32	47.01	47.76	48.64	50.44	52.12
	位次(位)	14	14	17	18	18	20
	高新技术产业化指数(%)	47.23	56.13	60.98	58.66	56.50	58.96
	位次(位)	22	18	18	18	22	21
	科技促进经济社会发展指数(%)	58.14	58.08	56.40	56.57	60.37	59.52
	位次(位)	27	26	27	27	27	26

资料来源：《中国区域科技创新评价报告》（2015~2021），科学技术文献出版社；2016~2017年数据合并计算，特此说明。

（二）科技投入持续增长

科技投入对于促进科技创新、成果转化以及培育战略性新兴产业均具有重要的引导和支撑作用。

1.科技创新R&D经费及人力投入持续增长

从2015~2020年甘肃科技投入增长情况来看，R&D经费支出年均增长5.8%，R&D人员年均增长1.1%（见表2）。再根据《甘肃发展年鉴2021》发布数据，2020年，甘肃有R&D活动的机构共729个，R&D经费支出109.64亿元，较上年减少0.6亿元，降幅为0.54%，R&D经费投入强度（R&D经费支出/GDP）为1.22%，比上年降低0.04个百分点。按执行部门划分：企业58.7亿元、科研机构34.4亿元、高等院校12.8亿元、其他单位3.7亿元；按活动类型分：基础研究16.1亿元、应用研究24.0亿元、试验发展69.6亿元；按资金来源划分：政府资金39.82亿元、企业资金64.55亿元、国外资金0.1亿元、其他资金5.17亿元；按地域分布，各市州R&D经费投入强度超过全省平均水平（1.22%）的有5个地区，即嘉峪关（3.21%）、兰州（2.12%）、金昌（1.77%）、天水（1.27%）和张掖（1.26%）。

表2　2015~2020年甘肃R&D经费及科技人力投入情况

指标	2015年	2016年	2017年	2018年	2019年	2020年
R&D经费支出（亿元）	82.72	86.99	88.41	97.05	110.24	109.64
R&D经费支出占GDP比例(%)	1.22	1.22	1.19	1.18	1.26	1.22
R&D经费支出占GDP比例在全国的位次（位）	16	17	19	20	21	28
专业技术人员（人）	569166	572747	580675	578940	590973	590982
R&D人员（人）	40787	39796	40973	38720	46047	43082
R&D折合全时当量（人年）	25860.1	25760.4	23738.8	22213.9	25956.2	26814.0

资料来源：《甘肃发展年鉴》《甘肃省科技综合年报》《甘肃科技统计数据》。

2.财政科技投入逐年增加

甘肃地方财政科学技术支出统计调查结果显示，2020年，甘肃地方财政科学技术支出32.07亿元,比上年增加2.68亿元,增长9.1%。其中,省本级财政科学技术支出11.93亿元,增长1.1%,占全省财政科学技术支出的比重为37.2%;地市级财政科学技术支出20.14亿元,增长14.5%,占全省财政科学技术支出的比重为62.8%。全省财政科技支出占财政总支出的比重为0.77%,比上年提高0.03个百分点,其中省本级财政科学技术支出占省本级财政支出的比重为1.55%,比上年提高0.13个百分点;市州级财政科学技术支出占市州级财政支出的比重为0.59%,比上年提高0.03个百分点。从2015~2020年甘肃地方财政科技支出增长趋势来看,增长幅度先降后升,年均增长1.45%(见表3)。

表3 2015~2020年甘肃地方财政科学技术支出情况

指标	2015年	2016年	2017年	2018年	2019年	2020年
地方财政科技支出(亿元)	29.85	26.23	25.83	25.74	29.39	32.07
地方财政支出(亿元)	2958.31	3150.03	3304.44	3772.23	3951.60	4164.94
地方财政科技支出占地方财政支出比重(%)	1.01	0.83	0.78	0.68	0.74	0.77

资料来源:历年《甘肃科技统计数据》。

(三)科技创新成果产出效益良好

科技创新产出能力是科技创新能力的外在表现,表明了某一地区科技创新活动的最终效果。近几年甘肃科技创新产出效益主要体现在以下几方面。

1. 科研成果产出丰硕

根据《甘肃省科技成果登记办法》及国家科技成果登记系统数

据，2021年，甘肃共登记科技成果1618①项。按成果类型划分，应用技术成果1140项，占70.46%；基础理论研究成果456项，占28.18%；软科学成果22项，占1.36%。按成果登记机构类型划分，企业531项，占32.82%；大专院校376项，占23.24%；医疗机构和科研机构均为270项，各占16.69%；其他171项，占10.57%。高新技术领域表现活跃，在1140项应用技术成果中，有972项属于高新技术领域，占到应用技术成果八成以上。

2. 技术合同成交量大幅提升

技术市场是促进科技成果迅速转化为现实生产力的主要渠道，是连接科技与经济发展的纽带和桥梁。科研成果通过技术市场交易进入经济建设主战场，能够对经济社会发展给予有力支撑。根据全国技术合同网上登记系统中甘肃登记技术交易情况，2021年，甘肃共登记技术合同10177项，成交金额280.4亿元，比上年增长20.2%。其中，技术服务合同成交额占84.59%，同比增长30.6%；技术开发合同成交额占7.85%，同比增长31.0%；技术咨询合同成交额占3.53%，同比减少67.8%；技术转让合同成交额占4.03%，同比增长1.8倍。技术交易的重点领域涉及农业、城市建设与社会发展、新能源与高效节能、环境保护与资源综合利用。兰州、酒泉和天水技术合同成交额列全省前三，分别为98.61亿元、36.40亿元和34.26亿元。从2015~2021年技术交易情况来看，甘肃的技术交易量与交易额都呈现整体增长态势，年均增长率分别为13.66%和13.62%（见表4）。另外，从技术市场交易额占地区生产总值的比重来看，科技对经济的贡献也呈现逐年上升态势（见图2）。

---

① 《科技服务（科技数据统计）》，甘肃省科技厅网站，http://kjt.gansu.gov.cn/kjt/c111612/kjtj_infolist.shtml．最后检索时间：2022年9月30日。

表4 2015~2021年甘肃技术交易情况

指标	2015年	2016年	2017年	2018年	2019年	2020年	2021年
技术合同成交数(项)	4721	5252	5850	5072	5921	7403	10177
技术开发	481	658	538	813	1501	1473	1561
技术转让	106	34	77	64	117	176	283
技术咨询	1747	1090	712	430	497	950	1276
技术服务	2387	3470	4523	3765	3806	4806	7057
技术合同成交额(亿元)	130.3	150.8	163.0	180.9	196.4	233.2	280.4
技术开发	10.6	20.5	15.7	20.9	14.3	16.8	22.0
技术转让	2.0	4.3	1.5	2.9	10.3	4.1	11.3
技术咨询	11.5	9.4	16.8	9.9	7.4	30.7	9.9
技术服务	106.1	116.7	128.9	147.2	164.4	181.6	237.2

资料来源：《科技服务》(技术市场)，甘肃省科技厅网站。

图2 2015~2021年甘肃技术市场交易额与占GDP比重

资料来源：GDP数据来自《甘肃省国民经济和社会发展统计公报》(2015~2021)，技术市场交易额来自甘肃省科技厅网站-科技数据统计(技术市场)，技术市场成交额占GDP的比重通过计算所得。

3.科技知识创造能力稳步提升

科技知识创造能力主要体现在科技论文的产出量和科技专利产出量。

（1）知识产权拥有量快速增长，知识产权创造能力稳步提升。2021年，甘肃获得国家发明专利2252[①]项，专利数量增长率56%，居国内省区市第26名。从全省来看，甘肃的发明专利高度集中在兰州市（78%）、白银市（4%）、张掖市（3%）、天水市（3%）、嘉峪关市（2%）、庆阳市（2%），这6座城市在2021年获得的专利数量共占甘肃的92%，是甘肃专利研发的重要区域。从2015~2021年的增长幅度来看，甘肃的专利申请量、专利授权量、发明专利量年均增长率分别为12.9%、24.8%、11.9%，整体发展趋势呈现快速增长态势（见图3）。

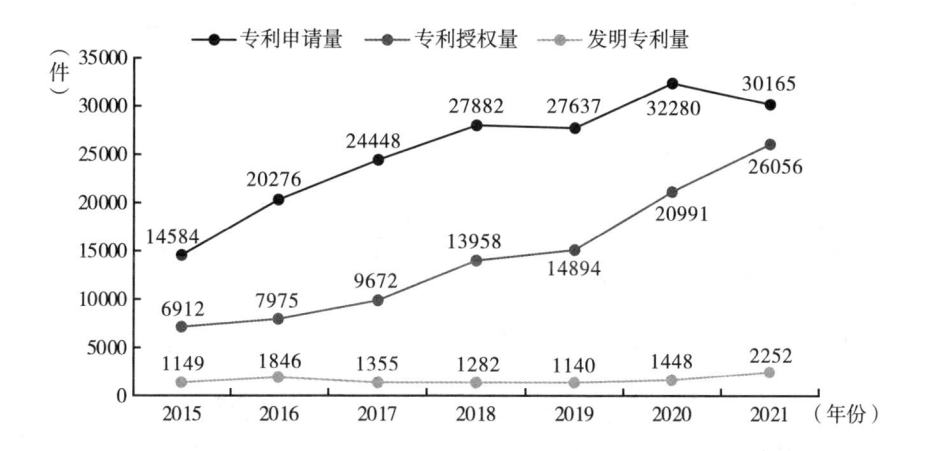

图3　2015~2021年甘肃专利申请量与专利授权量发展趋势

资料来源：历年《甘肃省专利事业发展报告》。

[①] 《科技服务》（专利统计），甘肃省科技厅网站，http://kjt.gansu.gov.cn/kjt/c111612/kjtj_infolist.shtml，最后检索时间：2022年9月30日。

（2）科技论文产出量稳步增长。2014~2019年甘肃发表国际国内科技论文数量,也呈现稳步增长趋势,年均增长率为2.5%（见图4）。2019年甘肃国际论文总数9469[①]篇,占全国论文总数的比例为1.23%,在全国31个省（区市）中排在第20位,其中:《科学引文索引》（SCIE）收录5785篇（包括的文献类型为Article、Review、letter和Editorial）,占全国SCIE论文总数的1.30%,在全国31个省（区市）中居第20位;《工程索引》（EI光盘版）收录3338篇,占全国EI论文总数的1.23%,在全国31个省（区市）中排第21位;《科学技术会议录索引》（CPCI-S）收录346篇,占全国CPCI-S论文总数的0.82%,在全国31个省（区市）中居第22位。

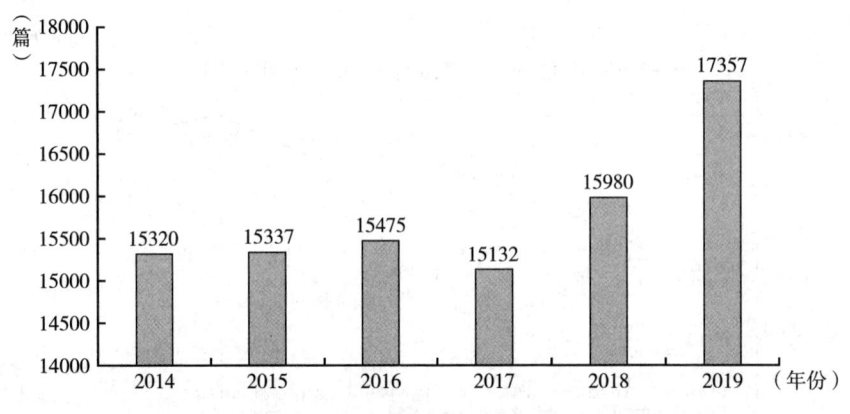

图4　2014~2019年甘肃科技论文产出情况

资料来源:历年《甘肃科技统计年鉴》。

2019年,中国科技论文与引文数据库（CSTPCD）共收录甘肃论文7888篇,占全国论文总数的1.76%,比2018年增加了

[①]《科技服务》（科技论文）,甘肃省科技厅网站,http://kjt.gansu.gov.cn/kjt/c111612/kjtj_infolist.shtm,最后检索时间:2022年9月30日。

239篇，增长率为3.12%，在全国31个省（区市）中居第20位，与2018年相比上升3位。从地域分布来看，兰州市发表的论文数占绝大多数，共发表7167篇，均占甘肃国内论文的90.86%（第1位）；酒泉市106篇，占甘肃国内论文的1.34%（第2位）；张掖市和庆阳市都是92篇，均占甘肃国内论文的1.17%（并列第3位）。

（四）企业创新能力稳步提升

科技创新主体包括科研机构、高校、企业及个人，企业处在核心地位，企业是科技创新从基础研究、应用研究、技术开发到商品化、产业化的实践载体，是科技与经济结合最紧密的主体，是加速科技进步、技术创新和实现高新技术产业化的重要平台。

1. 科技型企业加速发展

2020年，全省高新技术企业1229家，省级科技创新型企业465家，入库科技型中小企业1194家，高新技术企业从业人员期末人数170473人，其中科技人员37036人。高新技术企业总产值占地区生产总值的比重达到12.42%。[①]

2. 企业创新财力投入稳步增长

《中国区域科技创新评价报告2021》数据显示，2021年，甘肃企业技术获取和技术改造经费支出占企业营业收入比重比上年增长了0.33个百分点，位次比上年上升了4位。2018~2021年，年均增长1%（见表5）。

---

① 中共甘肃省委办公厅、甘肃省人民政府办公厅印发《甘肃省强科技行动实施方案（2022—2025年）》（甘办发〔2022〕12号），https://zwfw.gansu.gov.cn/jinta/zcxx/zcjd/art/2022/art_867953ca04c141a5b1e45c9e99984627.html，最后检索时间：2022年9月30日。

表5 2018~2021年甘肃企业科技创新投入情况

指标	2018年	2019年	2020年	2021年
企业R&D经费支出占营业收入比重(%)	0.65	0.55	0.53	0.67
全国位次	19	25	25	24
企业技术获取和技术改造经费支出占企业营业收入比重(%)	0.62	0.45	0.47	0.80
全国位次	4	9	9	5
有R&D活动的企业占比(%)	21.60	20.84	17.21	22.79
全国位次	9	18	19	19
企业R&D研究人员占比(%)	50.49	43.27	34.31	29.81
全国位次	22	25	26	27

资料来源：《中国区域科技创新评价报告》（2018~2021）。

3. 高新技术产业化效益进一步提升

《中国区域科技创新评价报告2021》数据显示，2021年甘肃高新技术产业劳动生产率为93.63%，比2020年提高了13.12个百分点，位次比上年提升了5位；高新技术产业利润率为120.22%，比2020年提高了25.92个百分点，位次上升到全国第2位、西部地区第1位（见表6）。

表6 2016~2021年甘肃高新技术企业产业化效益情况

指标	2016~2017年	2018年	2019年	2020年	2021年
高新技术产业化效益(%)	80.39	77.60	86.51	85.70	88.42
全国位次	9	18	12	11	6
高新技术产业劳动生产率(%)	103.73	71.49	90.23	80.51	93.63
全国位次	12	28	25	29	24
高新技术产业利润率(%)	101.29	82.45	84.15	94.30	120.22
全国位次	1	4	4	5	2

资料来源：《中国区域科技创新评价报告》（2016~2021）。

综合来看,"十三五"时期,全省科技创新呈现新特点:创新活动"低投入、高产出"特色明显,2020年甘肃科技活动投入指数为38.99%,科技活动产出指数为50.44%,产出投入系数为1.29,高于全国1.08的平均水平,居全国第5位。全省区域间差异明显,兰州稳居高位持续领跑,酒泉、张掖、金昌均排在全省前列,河西地区创新优势进一步凸显,全省科技创新呈现"中强西高东低南弱"的态势。高新技术企业数量增长迅速,年均增速29.57%,高新技术产业利润率稳居全国前5位。

二 甘肃科技创新能力面临的困境和挑战

从"十三五"科技创新能力发展来看,甘肃科技创新仍然处在发展关键期、改革攻坚期、矛盾凸显期,经济增长方式发生新的转变,呈现速度换挡、结构调整、动能转换的新特征,科技创新对经济社会发展的支撑作用不断增强。同时面临科技创新投入不足、创新主体培育不足、科技促进经济社会发展动能不够强劲,科技创新生态有待进一步优化,全省区域间区域科技创新能力差异明显等困境和挑战。

(一)科技创新投入不足

由于企业研发经费投入偏低,科技与金融结合不够紧密,因此科技创新缺乏坚实稳定的资金支持。一是全省经济发展规模小、水平低,严重影响了科技创新能力的提升。科技创新与经济发展是互为因果的正相关关系,甘肃人均GDP从2014年起至今长期处于全国低水平,2021年全省地区生产总值为10243.3亿元,占全国的0.90%。近15年的年均增长率分别为(2006~2010)11.27%、(2011~2015)

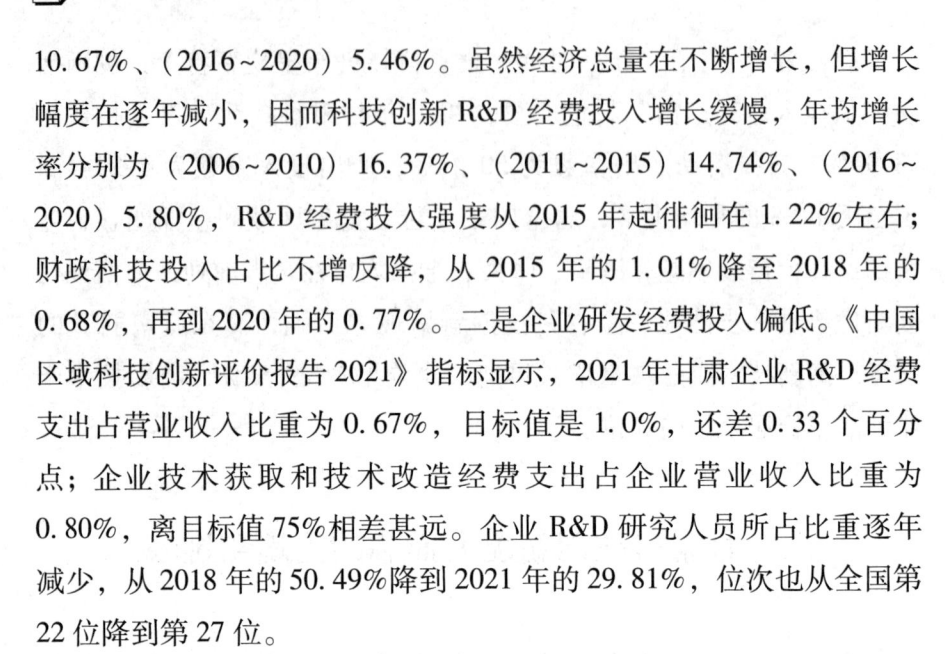

10.67%、(2016~2020) 5.46%。虽然经济总量在不断增长，但增长幅度在逐年减小，因而科技创新R&D经费投入增长缓慢，年均增长率分别为（2006~2010）16.37%、(2011~2015) 14.74%、(2016~2020) 5.80%，R&D经费投入强度从2015年起徘徊在1.22%左右；财政科技投入占比不增反降，从2015年的1.01%降至2018年的0.68%，再到2020年的0.77%。二是企业研发经费投入偏低。《中国区域科技创新评价报告2021》指标显示，2021年甘肃企业R&D经费支出占营业收入比重为0.67%，目标值是1.0%，还差0.33个百分点；企业技术获取和技术改造经费支出占企业营业收入比重为0.80%，离目标值75%相差甚远。企业R&D研究人员所占比重逐年减少，从2018年的50.49%降到2021年的29.81%，位次也从全国第22位降到第27位。

（二）创新主体培育不足

甘肃的战略性新兴产业和高新技术产业规模偏小，企业数量和创新能力不高。受全球经济下行压力加大、新冠肺炎疫情反复及生产成本上升、市场需求缩减、投资收益率降低等因素影响，许多企业生产经营压力加大，加上企业经济高质量发展面临转型难题，企业投资动力不足，产品创新能力薄弱。一是规上企业数量下降。甘肃规上企业数量和有R&D活动的规上企业数量不增反降，整体削弱了全省企业规模和研发水平，在"量"和"质"上都拉大了与全国的差距。2018年，甘肃规上企业数量在西部地区仅高于宁夏、青海和西藏。二是高新技术产业发展不足。高新技术产业作为R&D投入的主导产业，支撑动力不足，导致甘肃与全国水平差距进一步拉大。2019年，甘肃规上工业企业中高新技术产业主营业务收入占工业主营业务收入的比重为3.66%，排在全国第29位。

（三）科技创新生态有待进一步优化

"十三五"以来，甘肃科技对经济增长的贡献率由51.3%增长到54.03%，科技创新水平居全国第二梯队。但同时，站在全国一盘棋的角度来看，全省与东部发达省份差距还较大。一是产业发展与技术供给耦合度有待提升。从十大生态产业技术供给来看，甘肃在国内占优并具有导航能力的技术仅占7%。二是产品质量与研发供给耦合度有待提升。新产品销售收入占营业收入比重为3.14%，远远低于全国18.78%的平均水平。三是企业发展与创新供给耦合度有待提升。甘肃高新技术企业数量仅占全国的0.5%，总体规模和新技术、新产业、新业态、新模式的应用较少，市场需求与技术供给没有完全延链闭环。

（四）各市州区域科技创新能力差异明显

在全省14个地州市中，兰州市一枝独秀，稳居高位持续领跑，嘉峪关、张掖、金昌、天水、酒泉均排在全省前列，地区创新优势逐步凸显。东部地区除了天水市外，其余地市科技创新能力都较低，南部的陇南、甘南及临夏都比较弱，全省科技创新呈现"中强西高东低南弱"的发展态势。从《2021年甘肃区域科技进步综合水平指数》评价报告数据来看，兰州市综合科技进步水平继续保持全省首位，金昌居第2位，张掖、天水和嘉峪关分别排在全省第3、4、5位（见图5）。从2020年甘肃区域科技创新研究与试验发展（R&D）投入经费强度来看，嘉峪关市最高，达到3.21%、兰州市2.12%、金昌市1.77%、天水市1.27%、张掖市1.26%均超过了全省1.22%的投入强度，其余均低于1%（见表7）。

甘肃蓝皮书·社会

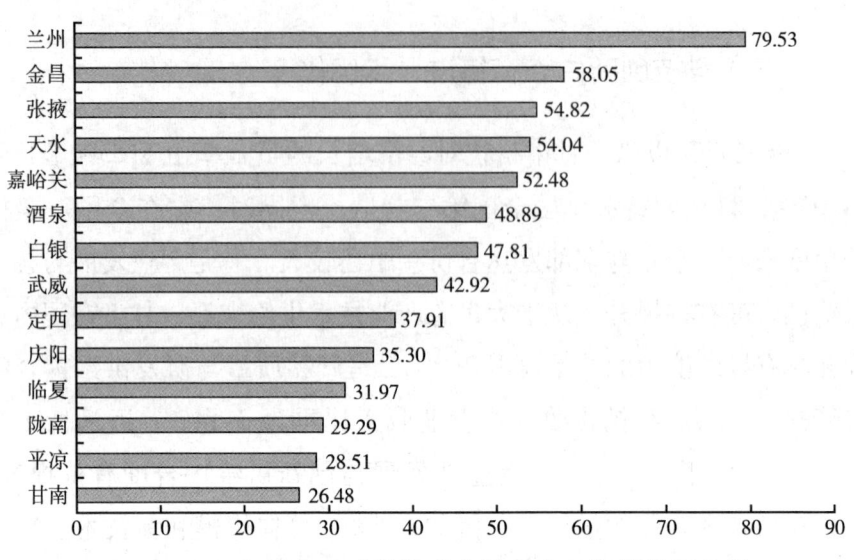

兰州	79.53
金昌	58.05
张掖	54.82
天水	54.04
嘉峪关	52.48
酒泉	48.89
白银	47.81
武威	42.92
定西	37.91
庆阳	35.30
临夏	31.97
陇南	29.29
平凉	28.51
甘南	26.48

图5　2021年甘肃区域科技进步综合水平指数发展趋势

资料来源：《科技数据统计》，甘肃省科技厅网站，http://kjt.gansu.gov.cn/kjt/c111608/kjtj_infolist.shtml，最后检索时间：2022年9月30日。

表7　2020年甘肃地（州）市研究与试验发展（R&D）投入情况

地区	有R&D活动单位（个）	R&D人员（人）	R&D经费支出（万元）	其中:政府资金（万元）	R&D经费投入强度（%）
总计	726	43184	1096445	398239	1.22
兰州市	230	26707	612081	335056	2.12
嘉峪关市	18	757	90399	869	3.21
金昌市	17	872	63421	1730	1.77
白银市	40	1143	37656	2400	0.76
天水市	43	3054	84604	11452	1.27
武威市	102	1826	32766	13525	0.62
张掖市	120	2665	58811	6091	1.26
平凉市	22	789	9288	4226	0.20
酒泉市	41	1708	49890	13406	0.76
庆阳市	23	1460	17415	3189	0.23
定西市	28	773	16547	2385	0.37
陇南市	14	745	11827	2197	0.26
临夏州	22	463	9145	1263	0.28
甘南州	6	222	2595	450	0.12

资料来源：《科技服务》（RD投入），甘肃省科技厅网站，http://kjt.gansu.gov.cn/kjt/c111608/kjtj_infolist.shtml，最后检索时间：2022年9月30日。

三 甘肃科技创新能力提升对策措施

面对甘肃科技创新能力发展中的困境和挑战，提出以下几条建议。

（一）优化投入机制，构建多元投入体系

科技投入是反映一个国家或地区科技创新水平、支撑能力的重要指标，也是提升区域创新能力和促进区域高质量发展的重要手段和有效途径。一是建立稳定增长的财政科技投入机制。按照《甘肃省强科技行动实施方案（2022—2025年）》实施要求，逐步加大省、市、县三级财政科技的投入预算，提升各级财政科技支出占一般公共预算支出的比重，力争RD经费支出占GDP的比重在2025年达到1.8%，省、市、县财政科技支出占一般公共预算支出的比重分别达到2.5%、2%、1%。二是构建多元科技投入体系。充分发挥有为政府和有效市场作用，利用财政资金撬动社会资本的杠杆作用，构建以财政投入为引导、企业投入为主体、银行信贷和风险投资等金融资本为支撑，社会资本为补充的多元化、多渠道、多层次科技创新投融资体系，促进金融与科技、产业、经济深度融合。三是加强资金监管。对所有科技投入的资金，从资金使用过程、绩效、用途等方面，加强监管，力争用好每一分钱。

（二）强化企业研发投入，落实企业主体地位

创新是经济结构调整优化的原动力，企业是技术创新的主体，研发是实现技术创新的主要源泉。因此，企业要成为技术创新主体，前提必须是成为研发投入的主体。加强研发投入是企业形成市场竞争优势最有效的方式，也是促进企业经营绩效水平和长远发展能力

提升的不竭动力。甘肃要落实企业研发投入主体地位，还需从企业培育、产业发展、环境营造等方面入手。一是强化政策引导和落实。全面加大推进研发费用加计扣除税收优惠政策的宣传和落实力度，让企业尽快享受到政策红利，调动研发投入的积极性。引导企业规范研发项目管理和费用归集，督促企业规范新会计制度核算办法，正确使用"研究开发"会计科目。二是打造高新技术产业高地。通过高水平建设兰白国家自创区、兰白试验区和高新技术产业园区，推进全省现代产业创新集群联动发展，促进高新技术企业集聚，提升企业研发投入的必要性和主动性。三是充分发挥龙头企业带动能力，引导和促进中小企业成长提升。通过政府采购、财政补助、税收优惠、基金债券、研发项目经费后补助与后奖励等多种方式，引导企业加大研发和技改投入力度。

（三）优化科技创新生态，激发科技创新活力

面对"双循环"新发展格局，甘肃要坚持"双轮驱动"[①]，以激发科研人员和创新主体的积极性、创造性为着力点，加快推进科技体制改革，促进职能转变、补齐短板、抓实政策、增添活力，营造更加优良、高效和宽松的创新生态。一是构建科学高效的管理机制。发挥集中力量办大事的制度优势，改革重大科技项目立项和组织管理方式，坚持少而精、抓重点、求突破。二是扩大科研经费自主权。全面实施以信任和绩效为核心的科研经费管理改革，优化科研项目经费拨付机制，按照"前期引投、中期跟投、后期奖补"的方式，合理确定经费拨付计划。改进财务报销管理方式，减轻科研人员事务性负担。三是深化科技创新开放合作。坚持开放包容、互惠共享，推动科技领域多层级、多渠道交流往来，全面提升创新合

---

① "双轮驱动"是指坚持科技创新和制度创新。

作能力和开放水平。积极推进丝绸之路"科技走廊"建设,深度参与"一带一路"科技创新行动计划。充分发挥中国工程科技发展战略甘肃研究院平台作用,高标准、前瞻性谋划开展项目咨询研究,推动产业技术攻关。以兰白—张江合作为牵引,持续推进东西部科技合作,引导先进生产要素向全省流动,推动形成更大范围、更深层次省际合作新格局。

(四)提升区域科技创新能力,推进区域科技协调发展

坚持"三个面向",面向世界科技前沿,面向国家和全省重大战略需求,面向经济社会发展主战场,整合区域创新资源和要素,推动创新要素合理流动,着力构建协同有序、优势互补、科学高效的区域创新体系,打造纵横交错、经纬交织的科技创新网络,实现从量的积累向质的飞跃、从点的突破向系统能力提升。构建梯次创新示范机制,加快科技创新从科技与经济结合到全面支撑引领发展的转变。一是打造高质量发展引擎。抢抓兰州白银国家自主创新示范区、兰白科技创新改革试验区建设机遇,以兰白试验区突破发展引领兰州、白银两市产业转型升级发展,进而带动全省创新驱动发展。二是打造现代产业集群。立足国家级开发区和省级开发区平台,以高新区为核心,串联酒嘉、金武、天水、陇东等4个现代产业创新集群,以科技创新推动产业转型升级、引领产业集群联动发展。三是督促市州增加财政科技投入。按照《甘肃省科技领域省与市县财政事权和支出责任划分改革方案》要求,督促各市州落实省以下政府支出责任,进一步完善省级考核激励措施,对年度财政科技投入增量和增幅排名前三的市州进行奖励,对没有完成支出任务的市州通报批评,引导市县政府增加财政科技投入。

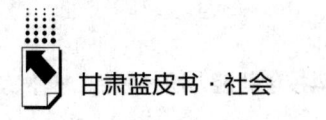

参考文献

李晓玲、张爱宁等：《甘肃省独立科研院所科技创新能力研究》，《甘肃科技》2015 年第 19 期。

史芳志、贾德强等：《甘肃省工业企业科技创新能力探析》，《机械研究与应用》2017 年第 5 期。

杨李路、马军：《甘肃省科技支出对地区创新能力的影响探究》，《兰州工业学院学报》2021 年第 1 期。

王晓鸿、高新才等：《甘肃省区域创新能力影响因素分析》，《中国发展》2012 年第 5 期。

B.7 "美丽甘肃"建设研究报告

段翠清*

摘 要： 近年来，甘肃整体生态环境质量、城市建设水平、经济发展速度、城乡居民宜居环境、社会和谐度等方面都取得了长足的进步，正在朝着2035年美丽甘肃建设目标不断迈进。但是，在美丽甘肃建设过程中也面临生态环境保护修复与经济社会发展相矛盾、科技支撑能力较弱、城乡区域发展和乡村内部双重不平衡、乡村生态文明建设难度较大等问题的制约，需要通过构建现代化治理体系，探索区域产业结构转型与升级高质量协同发展之路，构建四维协同、多元同治的现代乡村文明治理新路径，构建人与自然和谐相处的可持续生态社会，多措并举提升民众践行绿色发展的自觉度等措施提升美丽甘肃建设进度。

关键词： 美丽甘肃 生态环境 绿色发展

改革开放以来，国民经济的快速发展、工业化和城镇化进程的不断加快等粗放式经济的发展，使得生态系统退化，生态资源过度浪费，大气、水资源污染等环境问题日益突出，对中国经济的可持续发展造成了严重的挑战。为此，在党的十八大上，习近平总书记将生态

---

* 段翠清，甘肃省社会科学院区域经济研究所副所长、副研究员，主要研究方向为恢复生态学、环境科学。

文明建设纳入中国特色社会主义事业"五位一体"的总体布局，并首次提出"美丽中国"的执政理念。在致生态文明贵阳国际论坛2013年年会的贺信中，习近平总书记再次指出"走向生态文明新时代，建设美丽中国，是实现中华民族伟大复兴的中国梦的重要内容"；在2015年的G20峰会上，习近平总书记再次指出要"坚持绿色低碳发展，改善环境质量，建设天蓝、地绿、水清的美丽中国"；在2017年党的十九大报告中指出要"加快生态文明体制改革，建设美丽中国"；在2018年全国生态环境保护大会上再次明确强调了2035年实现美丽中国建设目标的"时间表"和"任务书"。

甘肃作为国家"两屏三带"生态安全屏障的重要组成部分，是我国西北地区重要的生态屏障，在保障国家生态安全中具有重要的地位和作用，在未来的发展中面临加快经济社会发展和加强生态环境保护修复的双重重任。在甘肃第十四次党代会上，省委书记尹弘提出了"坚定不移加强生态环境保护，切实扛起筑牢国家西部生态安全屏障的重大使命，建设山川秀美、生态优良的美丽甘肃"建设目标。美丽甘肃作为美丽中国建设的重要载体和地方实践，将是生态文明建设思想在甘肃的最终体现。

一 美丽甘肃建设现状及其发展成就

美丽甘肃作为美丽中国建设的重要组成部分，是生态文明思想在甘肃的最终体现。自党的十八大提出生态文明建设和十九大提出2035年美丽中国建设目标以来，甘肃积极响应国家政策，立足甘肃实际，研判甘肃经济社会发展现状和生态环境现状，始终将生态保护列为第一要务，围绕"天蓝、地绿、水清、人和"的幸福美好新甘肃建设目标奋勇前行。

（一）生态环境保护和修复工作成效显著

1. 主要污染物数量下降趋势明显，城市空气质量明显好转

为居民提供清洁的蓝天和空气是美丽甘肃建设的基本目标。甘肃以生态文明建设为契机，在全省各市州积极实施大气污染防治行动、强化"蓝天治理"行动，全省大气环境有了明显的改善。据统计，2012~2021年，甘肃省域内城市二氧化硫、二氧化氮和可吸入颗粒物（PM10）等主要大气污染物的浓度都有了明显的下降，其中二氧化硫浓度均值由40.61ug/m³降低到12.43ug/m³，二氧化氮浓度均值由33.61ug/m³降低到24.14ug/m³，可吸入颗粒物浓度（PM10）均值由101.71ug/m³降低到54.14ug/m³，同比下降幅度分别达到69.40%、28.18%和46.77%（见图1）。分区域看，甘肃14个市州中金昌市和白银市二氧化硫污染物排放量较高，分别为40.48ug/m³和50.41ug/m³，兰州市和平凉市二氧化氮污染物排放量较高，分别为56.00ug/m³和41.23ug/m³，兰州市、嘉峪关市和酒泉市大气中可吸入颗粒物含量较高，分别为109.10ug/m³、107.60ug/m³和95.10ug/m³。庆阳市、陇南市、天水市、甘南州的整体空气质量较好（见图2）。

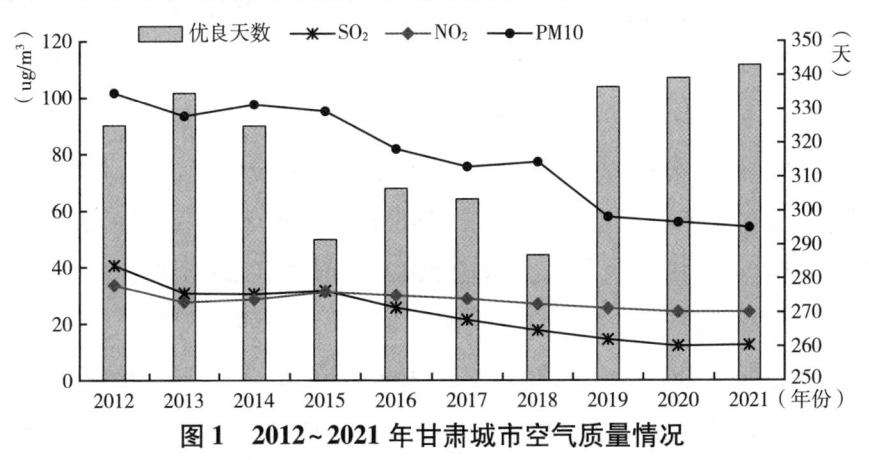

图1　2012~2021年甘肃城市空气质量情况

资料来源：《甘肃省生态环境状况公报》（2012~2021年）。

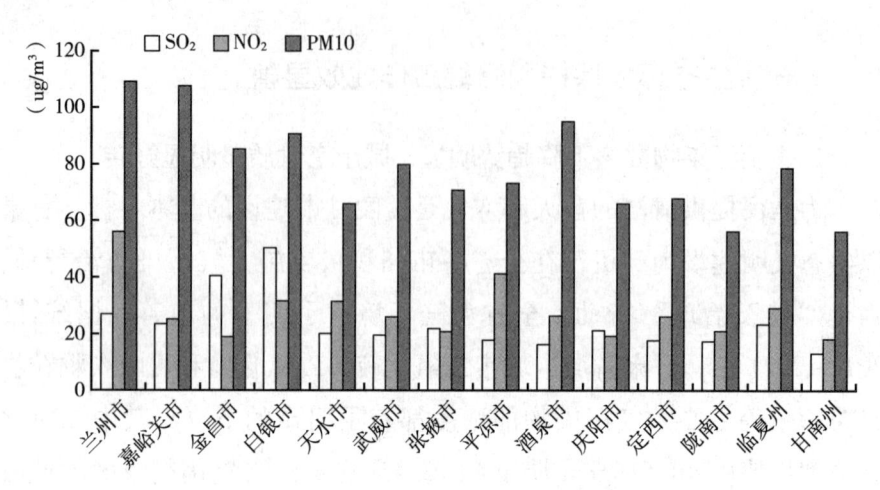

图 2　2012~2021 年各市州空气中主要污染物排放均值

资料来源:《甘肃省生态环境状况公报》(2012~2021 年)。

2. 不断加强水资源集约利用，持续提升水体质量

水体清洁作为美丽甘肃建设的主要评估指标，是甘肃推进生态文明建设、预期实现美丽甘肃建设目标的重要任务。甘肃地处西北内陆干旱、半干旱区域，水资源比较短缺且利用量有限，因此，甘肃在水资源的保护、利用和治理中必须做好水源地的保护和建立高效、节能、可循环的水资源利用方式。近年来，甘肃积极加强和倡导水资源的节约利用，着力进行水源涵养地的生态保护和修复，使得甘肃呈现水资源总量上升和供水总量下降的"双好"局面。据统计，2012~2021 年，甘肃水资源总量呈现先降低后增加的趋势，从 2012 年的 300.7 亿立方米，降至 2015 年的 198.8 亿立方米，后又逐渐增加至 2021 年的 410.9 亿立方米，相比 2012 年增加了 36.65%，其中地表水资源量、地下水资源量、地表水与地下水资源重复量和人均水资源量分别增加了 36.28%、13.73%、11.43%和 40.77%。供水量由 2012 年的 123.1 亿立方米降低至 2020 年的 109.9 亿立方米，降低了 10.71%，其中，农业、城镇公共和工业用水量分别降低了 12.04%、

4.74%和60.50%，而生活和生态用水量则分别增加了0.29%和256.67%，说明甘肃在不断调整和优化水资源利用结构，并取得了一定的成效。除此之外，甘肃也积极进行地表水和地下水环境的清洁保护工作，使得甘肃水质环境长期处于优良状态，为民众提供健康干净的饮用水环境，据统计，2021年，甘肃74个地表水国控断面水质优良（达到或优于Ⅲ类）比例为95.9%，劣Ⅴ类水体比例为1.4%，其中Ⅰ~Ⅱ类水质断面65个，Ⅲ类水质断面6个，Ⅳ类水质断面1个，Ⅴ类水质断面1个，劣Ⅴ类水质断面1个①。

3. 深入践行"两山"理念，筑牢国家西部生态安全屏障不放松

一是积极强化生态环境保护工作，定期对全省14个市州的生态环境状况进行评级，得分为68.22~22.19分。其中被评定为良好等级的是甘南州、天水市和陇南市，被评定为较差等级的是酒泉市、嘉峪关市、武威市和金昌市，其余市州评定等级为一般。二是加强自然保护地建设，截至2021年底，甘肃省域内拥有祁连山国家公园、大熊猫国家公园试点区、白水江自然保护区、兴隆山自然保护区、安西极旱荒漠自然保护区、尕海—则岔自然保护区、民勤连古城自然保护区等保护区60个（其中国家级21个、省级35个），自然保护地233个，国家级自然保护区面积为69300平方公里，省级自然保护区面积为18200平方公里，分别占甘肃总面积的16.5%和4.33%。三是耕地保护工作持续推进，按照《全国土地利用总体规划纲要（2006-2020）调整方案》要求，甘肃目前划定耕地面积为5988.53平方公里，实际拥有耕地面积为7814.21万亩，其中等级为六级以上耕地面积有3254.16平方公里，占全省耕地总面积的41.64%。四是植被覆盖度稳步提升。截至2021年底，甘肃拥有森林和草原面积分别为

---

① 甘肃省生态环境厅发布《2021年甘肃省生态环境状况公报》，http://sthj.gansu.gov.cn/sthj/c114873/202206/2060986.shtml，最后检索时间：2022年10月27日。

50973平方公里和143071平方公里，分别占国土总面积的12.14%和34.04%，拥有森林蓄积量为20599.56万平方米，森林覆盖率为11.33%。五是生物多样性得到有效保护。截至2021年度，甘肃境内有陆生脊椎野生动物1059种，国家一级保护动物56种，国家二级保护动物145种，省级重点野生保护动物41种；分布有高等植物5207种，其中国家一级保护野生植物2种，国家二级保护野生植物25种，物种数量在近年来得以有效维持。

4. 环保投入力度加大，城乡居民生活环境质量得到改善

近年来，甘肃积极投入资金对城乡居民生活环境进行治理，加大提升"三废"治理力度和可循环使用力度，尽可能做到资源的二次利用。据统计，2012~2021年，甘肃废水和废气排放总量分别同比减少了21.23%和14.12%，其中工业废水排放量同比减少56.51%，生活污水排放量同比减少5.64%；在污染物治理方面，与2012年相比，2021年甘肃"三废"中主要污染物排放量呈现显著下降趋势，其中工业废水和生活污水中化学需氧量排放量下降了64.23%，氨氮排放量下降了84.15%，二氧化硫排放量下降了85.01%，烟（粉）尘排放量下降了28.23%，一般工业固体废物产生量下降了18.30%，一般工业固体废物处置量下降了18.08%；一般工业固体废物综合利用量下降了21.98%。

（二）不断塑造人与社会和谐的"人文之美"

1. 文化产业兴旺发展，文化事业蓬勃向上

文化的繁荣和兴旺是一个地区民众精神文化生活丰富程度的重要指标。美丽甘肃建设不仅要提升民众的物质生活，还要丰富民众的精神生活，才能真正实现美丽甘肃的建设目标。甘肃近年来不断重视文化体育事业的发展，丰富人民群众的精神生活。据统计，近五年来（2016~2021年），甘肃文化产业增加值增长了52.15%，法人单位文化产业增加值增长了49.39%，文化产业增加值占GDP的比重增加了0.34个百分点，文化产业法人单位机构数量增长了40.65%；截至2020年，甘肃共有文化事业机构6510个，文化事业人员69518人，文化部门事业单位2203个，分别较2015年增长了19.80%、45.32%和2.85%。博物馆数量、从业人员数以及门票销售总额分别增长了50.67%、48.06%和7943.41%。甘肃文化产业和文化事业取得了长足的发展，不断为民众提升精神文化生活创造条件。

2.城市规模不断扩充，绿色城市建设水平稳步提升

一个区域内城市发展水平是衡量该区域现代化水平的重要指标。甘肃共有14个地级市，近年来，甘肃各类城市的人口和建设用地、城市供水、燃气及集中供热、城市市政建设、城市绿化、园林和城市市容环境卫生等城市化建设水平有了极大的提升和发展。与2012年相比，2020年甘肃城市市区面积和市区人口数量分别增长了32.17%和32.64%，城市公共设施不断得到完善：公共供水普及率和燃气普及率分别增长了3.61%和10.40%。在城市绿化和环境治理方面，2020年，甘肃城市园林绿地面积为30253.00公顷，人均公园绿地面积为15.15平方米，公园有203个，公园总面积为6066.00公顷，分别较2012年增长了31.14%、59.14%、109.28%和130.73%；2020年，甘肃城市道路清扫保洁面积为13580.00万平方米，生活垃圾清运量为272.55万吨，生活垃圾无害化处理率为100.00%，市容环卫专用车辆设备总数为5624台，分别较2012年增长了117.80%、0.74%、485.82%和275.18%。

3.完善交通设施网络建设，为民众绿色出行提供基础保障

近年来，甘肃积极加强铁路、公路交通设施的改造和工程质量提升，使得甘肃的交通运输量飞速增长，为广大群众营造出一个便利舒适出行的良好环境。据统计，2020年，甘肃铁路和公路营业里程分别为4454公里和155957公里，较2012年增长了103.01%和

18.87%。基础设施的不断提升，也使得民众出行的次数和频度以及方式发生着变化，数据显示，与2012年相比，2020年甘肃客运总量为26831万人次，同比减少了58.39%，其中铁路客运量为4153万人次，同比增加了74.29%，公路客运量为22478万人次，同比减少了63.68%，民航客运量为144万人次，同比增加了23.28%；随着交通设施的不断完善和民众环保意识的增强，越来越多的人会选择绿色环保的出行方式，调查显示，在条件允许的情况下，有53.41%的被访民众表示会选择骑自行车的方式出行，有36.41%的被访民众表示会选择乘坐公共交通工具出行。

（三）推动经济社会全面绿色转型

1. 生产能力进一步提升，产业结构优化升级

地区生产总值、人均GDP、产业结构是一个地区国民经济发展最具代表性的指标。据统计，2021年，甘肃地区生产总值为10243.3亿元，较2012年增长了89.93%，人均地区生产总值为41046元，较2012年增长了94.15%。甘肃在不断促进地区生产总值增长的情况下，也不断优化产业结构，促进全省经济向着良性方向优化发展。数据显示，2021年，甘肃第一、二、三次产业占比分别为13.32%、33.84%和52.83%，其中第一产业占比较2012年减少了0.49个百分点，第二产业占比较2012年减少了12.18个百分点，而第三产业占比较2012年增加了12.67个百分点（见图3）。从主要行业贡献率和对地区生产总值增长拉动的情况来看，2021年，甘肃省三次产业地区生产总值拉动值为3.88%，较2012年减少了7.87个百分点，其中第一、二、三产业拉动值为0.60%、2.08%和1.21%，分别较2012年减少了0.17个、4.17个和3.53个百分点，工业、批发和零售业、金融业等主要行业对地区生产总值的拉动值为1.81%、-0.25%、0.32%，较2012年分别减少了3.75个、0.59个和0.26个百分点。

"美丽甘肃"建设研究报告

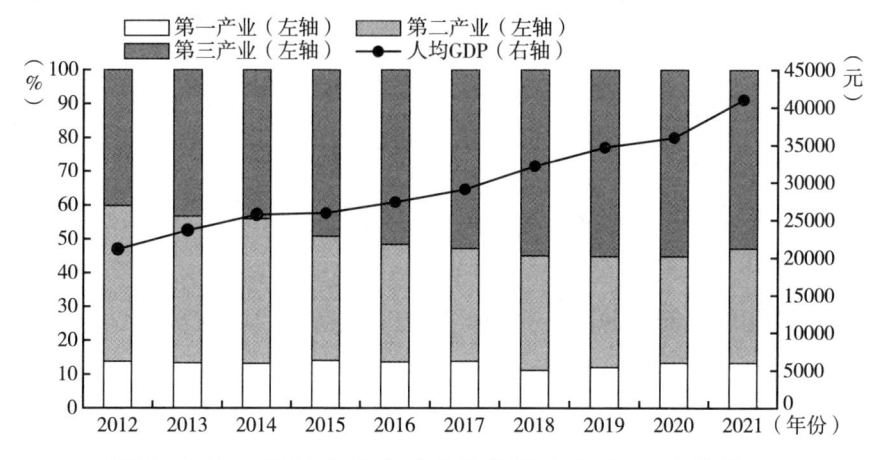

图3 2012~2021年甘肃产业结构及人均GDP变化情况

资料来源：《甘肃省统计年鉴》(2013~2021)，《2021年甘肃省国民经济和社会发展统计公报》。

2. 创新投入不断提高，科技水平快速提升

科技是高质量发展的关键。近年来，甘肃不断加大科研经费投入力度，助力甘肃科技水平提升。2020年，甘肃科研经费内部支出109.6亿元，相当于全年地区生产总值的1.22%，较2010年增长了18.45%；全年发明专利申请受理数3202件，发明专利申请授权数1004件，有效发明专利数9516件，专利所有权转让及许可数567件，专利所有权转让与许可收入3428万元，植物新品种权授予42项，形成国家或行业标准230项，分别较2010年增长了243.19%、436.90%、512.36%、310.87%、70.13%、110.00%和35.29%。此外，甘肃重视科研成果的转化和鼓励引导企业开展自主研发活动，2020年，甘肃规模以上工业企业中，具有研究与试验发展活动的企业为421个，较2010年增长了234.13%，占甘肃规模以上工业企业的21.7%。2020年，甘肃企业办研发机构44个，新产品开发项目1565个，新产品开发经费支出436109万元，新产品销售收入

578.03亿元，新产品出口销售收入46.53亿元，技术改造经费支出529369万元，分别较2010年增加了27.33%、32.40%、105.39%、65.60%、83.76%、29.64%；而2020年甘肃规上企业引进国外技术经费支出900万元，购买国内技术经费支出686万元，分别较2010年减少了98.50%和98.47%，说明企业的自主创新和研发能力在逐步提升。

3.持续加强新能源产业开发，助力"双碳"目标的实现

目前，在"双碳"战略的推动下，使用清洁能源推动产业经济发展，从而降低碳源排放量成为目前产业转型的迫切需求和方向。近年来，甘肃通过提升能源使用效率和降低污染型能源使用量的双重办法，促进碳源排放量的减少。据统计，与2012年相比，甘肃2020年火力发电加工转化效率和炼焦加工转化效率分别提升了2.02个和4.75个百分点，原煤产量占比降低了21.12个百分点，天然气产量和一次电力及其他能源占比分别提升了0.39个和16.93个百分点，甘肃各单位生产总值能耗平均下降了4.43%，单位生产总值电耗平均下降了2.63%，规模以上工业单位增加值能耗平均下降了5.05%。同时，甘肃依托丰富的风能、太阳能等新能源资源，加快新能源产业布局和研发，从而减少碳排放，加快美丽甘肃建设速度。据统计，截至2021年，甘肃已建成新能源项目发电量为3182.3万千瓦，其中风电发电量为1904.1万千瓦，光伏发电量为1278.2万千瓦；在建项目发电量预计为2880.2万千瓦，其中风电项目发电量预计为1083.8万千瓦，光伏发电量预计为1796.4万千瓦；规划项目预计发电量为26869.1万千瓦，其中风电项目预计发电量为7633万千瓦，光伏发电量预计为19236.1万千瓦，甘肃新能源产业的不断发展，为能源产业结构转型和"双碳"战略的进一步实施奠定了良好的基础。

二 "美丽甘肃"建设面临的困难与挑战

(一)生态环境保护修复与经济社会发展矛盾的双重制约

甘肃地处西北内陆深处,气候干燥,平均海拔分布1500～4500米不等,年均降水量400毫米左右,常年蒸发量大于降水量,同时又拥有高原、森林、草原、湖泊、湿地、沙漠、黄土沟壑等多种生态系统,是国家祁连山生态保护和黄河流域上游生态保护治理的重点区域。在国家划定的重点生态功能区域内,涉及甘肃37个县市区,面积26.76万平方公里,占全省总面积的62.84%。同时,甘肃在国内生产总值、产业结构复合化、人均GDP产值、城市现代化程度、居民生活水平等方面在全国的排名都较靠后,在2021年发布的《2020年31省份经济社会综合发展指数评价比对报告》中,甘肃经济社会综合发展指数排在全国31个省份的第29名。而"美丽甘肃"建设的目标,就是要建立起经济社会创新发展和生态环境秀美兼具的宜美城市和富美乡村,这就意味着在未来"美丽甘肃"的建设过程中,甘肃要面临生态环境保护修复治理和经济社会加速发展的双重压力,建设任务十分艰巨。

(二)"美丽甘肃"建设中缺乏特色战略规划和指标评价体系作为支撑

美丽省域建设是美丽中国建设的子部分,全国各省份都在根据自身特色,构建符合各自省份发展特色的建设方案与战略,比如以生态、绿色为引领的"两美"浙江建设,以生态文明体制机制创新为核心的美丽福建建设,以开放包容、陆海统筹为重点的美丽海南建设,以国土空间格局优化为特征而提出的"强富美高"的美丽江苏建设战略和以城市公园建设为抓手的美丽四川建设等。甘肃近年来虽然围绕"筑牢国家西部生态安全屏障""祁连山国家公园示范建设""黄河流域生态保护和高质量发展""乡村振兴"等国家战略实施了多项措施和方案，使得美丽甘肃建设初有成效。但是，多年来区位优势不足、生产能力及方式落后以及国家战略的需求，限制了甘肃经济社会发展速度。目前，在生态文明建设战略的要求下，甘肃在面临生态保护修复艰巨任务的同时又面临加快区域经济社会发展和提升居民生活幸福安康的重任。因此，要在2035年与国家同步真正实现美丽中国建设目标，美丽甘肃建设就不能一概而论，应该根据甘肃的特殊情况和要求，制定出适合甘肃区域特色的美丽甘肃建设方略和评估体系作为指导，才能更好地加快美丽甘肃的建设速度和提升美丽甘肃的建设质量。

（三）"美丽甘肃"建设所需要的科技支撑能力较弱

甘肃在面对生态资源耗损和经济发展水平落后的不利局面时，转变经济发展方式，优化产业结构、提升产业效能等高质量发展方式成为甘肃区域经济社会发展的必然选择。但是，产业结构的转型升级、新型业态经济的发展，以及生产效能的提升都需要科技水平和人力资源作为支撑。目前，甘肃整体科技水平在全国范围一直处于比较落后的处境，规模以上企业的产业水平相对较低，产业结构转型需要的高端管理人才和专业技术人才都十分紧缺，与中东部发达地区差距甚远。企业技术的升级改造、区域产业结构的优化升级以及农牧业效率的提升，都离不开良好的人力资源作为基础，尤其是在面临重大科技产业转型、新型产业注入等方面更是离不开高端人才的支撑。而甘肃区域受所处地理位置和经济社会发展水平的制约，在本地人力资源支撑不足的情况下，还面临对高端人才吸引力度降低、人才流失严重等问题，甘肃区域经济社会在向高质量发展方向转变的过程中面临寸步难行的局面。

（四）"美丽甘肃"建设存在城乡和乡村内部发展双重不平衡问题

甘肃人口主要集中在中部和东部地区，经济发展呈现中西两侧发展不平衡的局面。人口分布和经济布局的不平衡给区域生态环境和城市发展带来了巨大的压力，同时也给美丽甘肃区域均衡发展带来很大的挑战。一是区域之间发展的不平衡，使得各区域之间在教育、医疗、交通、城镇化发展水平上都存在较大的差距，从而使得社会和谐度也会产生较大的差别，比如目前甘肃仅有的3个全国文明城市，除了省会兰州市外，金昌市和嘉峪关市都分布在河西地区。二是省会城市核心带动作用不强。兰州市作为省会城市，虽然在经济社会发展水平方面都远超于其他市（州），但是在产业结构布局、经济总量、城镇化水平、科技水平等方面还远没有发挥省会城市的带动作用。而对兰州市有辅助带动作用的白银市，其第二和第三产业的发展速度和规模水平都还远远达不到高质量发展水平的要求和中心辅助带动水平。三是城乡发展之间的差距依然较大。城乡二元结构发展失衡依然是制约甘肃区域协调发展和农村生态环境治理的重要因素。农村地区为城市提供了丰富的生活资源，但化肥、农药、工业废水的使用和排放造成的农村地区土壤和水源的各类污染问题对农村生态环境造成了严重的破坏和农业生产的恶性循环，对乡村富美的建设目标造成极大的阻力。四是乡村内部之间存在发展不平衡问题。地理位置、经济基础等方面的不同，使得同一区域的不同乡村或者不同区域的乡村之间经济发展进度不一致，生活水平参差不齐，交通医疗等基础设施存在差异，而且这种极度发展不平衡的现象在乡村社会中尤为明显。

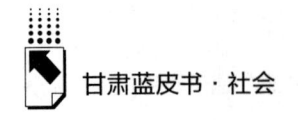

（五）乡村生态文明建设难度较大，"美丽乡村"建设任务艰巨

对于甘肃这样一个农业大省来说，美丽乡村建设成功与否直接关系美丽甘肃建设进度和建设成效。从目前的建设进度来看，甘肃乡村区域在生态经济、生态社会、生态环境方面都存在许多问题。一是乡村产业规模较小、增长方式较粗放。目前甘肃内乡村绿色产业在规模化、绿色化、市场化等方面的规模都较小，在劳动力承载和应对市场风险方面的能力都较弱，再加上科技水平的不足和增长方式的粗放化，使得乡村绿色产业一直处于产业链的最末端，无法为农户提供稳定收益和长期有效的增长趋势。二是乡村区域劳动力减少、乡土文化建设基础薄弱。目前甘肃农村人口呈现逐年递减的趋势，统计结果显示，2012年，甘肃乡村人口为1561.20万人，占全省总人口的比重为61.22%，2020年，甘肃乡村人口减少至1194.74万人，占比减少至47.77%，10年间减少了366.46万人。乡村劳动力的减少，使得农村的空心化现象加剧，农村劳动力极度缺失；同时，现代物质生活的追求、现代文化元素的过度影响以及乡土文化建设水平的差距，造成农村乡土文化传承缺失比较严重。三是乡村生态环境问题日益凸显。近年来，伴随着乡村工业的发展、农药化肥的大量使用、畜禽养殖规模的不断扩大、生活垃圾的逐年增加，农村土壤污染问题日益加剧，进而给土壤的可持续发展和农村环境治理带来严峻的挑战。

三 持续推进"美丽甘肃"建设的对策建议

（一）建立健全制度体系，构建现代化治理体系

进行体制机制改革、建立现代化治理体系是美丽甘肃建设的重

要保障。改革是发展的动力,要善于用改革的办法去解决发展中的问题,要深化体制机制改革,培育美丽甘肃建设的新动能①。一是构建合理的战略发展规划和评价指标体系。发展战略作为一项指导性纲领文件,可以指导美丽甘肃的建设方向,依据甘肃所面临的实际情况,指导构建具有甘肃特色的美丽新甘肃。二是构建符合甘肃实际的指标评价体系。目前,美丽中国建设评估评价体系广而泛之,不适合甘肃的实际情况,应该在美丽中国建设评估指标的基础上,构建符合甘肃实际情况的详细评价指标体系,更加有利于督促美丽甘肃建设进程的加快。三是加强将法律作为生态环境保护治理的重要工具,建立健全生态环境保护的立法监督体系。只有这样才能在经济社会迅速发展、人民生活追求水平不断提升的条件下,使得甘肃区域生态环境保护治理成效接受住不断的挑战。用更加全面、严格的生态立法制度和完善的上、中、下游区域之间生态补偿制度来有效保障甘肃区域生态系统的完整性和可持续性。

(二)优化产业结构转型与升级,探索区域高质量协同发展之路

美丽甘肃建设范围涵盖14个市(州),各地区在资源分布、人才基础、创新能力、人民生活等发展水平之间参差不齐,具有不同的差距。因此,下一步甘肃应统筹协调各地区在资源分配、产业水平等方面的差距,发挥比较优势,因地制宜,形成生态治理、产业升级、区域统筹的协同治理、保护、发展之路。将甘肃丰富的自然资源进行合理开发和利用,为当地经济社会发展提供水利、矿产以及生态景观等优质的生态资源,为当地居民生活水平的提升提供坚强的物质保

---

① 钞小静:《推进黄河流域高质量发展的机制创新研究》,《人文杂志》2020年第1期。

障；同时，各区域在协调发展中，应构建生态保护与区域高质量发展的指标体系，将区域产业结构转型升级作为主要发力点，增强科学技术水平在产业结构转型中的应用，用发展、长远的眼光统筹、科学、合理地布局区域产业结构，促进农牧业、工业、服务业的全方位升级。

（三）构建四维协同、多元同治的现代乡村文明治理新路径

一是建立生态自然、生态经济、生态社会、生态环境的四维协同发展理念，优化乡村生态文明系统。通过对生态自然系统进行有序开发和合理规划，构建生态资源全民所有制的利益共同体，将乡村自然资源与村民利益融为一体，合理对乡土资源进行规划，从而加强对生态资源的可持续利用。二是通过发展生态农业、生态工业、生态旅游业提升乡村经济发展速度；通过对乡村居民进行产业培训、引进高水平管理人才、注重乡土文化传承等方式构建适宜乡村持续发展的社会治理体系。三是通过对乡村工业进行环保监督治理分阶段推进乡村生活垃圾分类计划、在保存原有民风的基础上进行合理的村社治理规划等方式构建人居整洁的乡村环境。四是通过构建政府、企业、社会组织、村民协调治理的现代化体系，提升政府的顶层设计水平和监督职责，强化企业的环境保护职责，引导村民积极参与环境行动和提升他们的主人翁意识，从而构建起人人共享、人人共治的良好局面。

（四）构建生态产业体系，实现人与自然和谐相处的可持续生态社会

人与自然和谐相处是人与社会持续发展的基础，是构建生态社会的终极表现形式。产业体系最终也要能自觉适应自然环境的变化，才能及时消除人与自然之间的矛盾，促进生态社会的可持续进步。一是要增强产业与生态环境的协调度。甘肃在产业布局方面应牢牢把握绿

色高新的产业布局方向,用长远发展的眼光主动布局绿色产业体系,依托丰富的风能、太阳能、核能等能源积极发展新能源产业,并围绕新能源产业积极布局先进的装备制造业,坚定不移地走产业和技术不断革新的绿色发展之路。二是提升环保产品的服务和质量。美丽甘肃的建设需要为民众提供干净的空气、水体、土壤等自然环境,这就给环保领域带来了巨大的机会和挑战,甘肃应加强与科研单位的合作,促进科研院所环保成果向产业化方向转化,提升环保产品的技术服务化水平。三是加强对绿色产业体系的保护与管理。甘肃企业生产水平层次不一,根据企业产业水平进行分步骤、分层次的绿色产业体系建设,对有实力的国有企业进行绿色产业链的布局,对实力较弱的产业,可以先进行传统产业与绿色产业的融合布局,分阶段实现生态产业布局。

(五)多措并举提升民众践行绿色发展的自觉度

民众作为美丽甘肃建设的参与者、受益者和建设者,对美丽甘肃建设水平的提升具有重要的推动作用,尤其倡导民众养成绿色健康的生活行为,是美丽甘肃建设水平得以维持和推进的重要抓手。一是积极引导民众消费方式的转变。目前,人民随着生活水平的提高,对"吃、住、行"等方面的追求也越来越高端,这无形中既消耗了大量的资源,也产生了大量的有害气体,对生态环境造成了一定的负担。因此,应通过监督、引导、宣传等方法,逐渐让民众养成简约舒适的生活行为习惯。二是优化公共设施布局,提升民众享用的便捷程度。通过改善交通设施条件,为民众提供方便快捷的公共交通工具,从而减少私家车的使用频率;通过增加园林绿化面积、兴建市民公园等休闲场所,增加民众生活环境的舒适感,提升民众的绿色行为意识;通过合理布局城市发展规划,配套增加学校、医院等便民公共设施,提升民众享用公共服务设施的便携度,进而减少不必要的出行和消费。

三是要建立健全绿色发展治理体系建设，通过法律监督、强制收费等方式督促民众尽快减少对一次性商品的使用频率；通过优化产业结构升级，增加新能源产业结构占比，对在日常生活中使用新能源相关产品的民众给予一定的补贴奖励，鼓励民众尽可能多地使用新能源产品，以促进绿色产业的发展。

参考文献

王宇：《习近平建设美丽中国重要论述的内涵阐析》，《中国人口·资源与环境》2022年第3期。

喻思南：《美丽中国的美学内涵与审美意蕴》，《人民论坛》2022年第2期。

魏海生、李祥兴：《建设美丽中国的行动指南——深入学习习近平生态文明思想》，《经济社会体制比较》2022年第1期。

万军、王金南、李新等：《2035年美丽中国建设目标及路径机制研究》，《中国环境管理》2021年第5期。

王心源、郭华东、骆磊、常睿春：《从"胡焕庸线"到"美丽中国中脊带"：科学认知的突破与发展方式的改变》，《中国科学院院刊》2021年第9期。

梁雨廷、胡云锋：《基于POI数据的"美丽浙江"建设评估》，《地理与地理信息科学》2021年第5期。

黄贤金、曹晨：《美丽省域：内涵、特征及建设路径》，《现代经济探讨》2020年第10期。

B.8
"食安甘肃"建设研究报告

马 宁*

摘 要： 民以食为天，食以安为先，食品安全问题一直是全社会共同关注的问题，是民生保障最基础最重要的内容之一。近年来"食安甘肃"建设成绩显著，在农产品生产供应、食品生产及运输等方面都有明显体现。目前，甘肃食品安全面临初级产品监管不足、检测技术相对不高、消费者安全意识有待提升等问题。要通过推广初级农产品合格证、完善监管机制、提高检测水平、提升消费者食品安全意识等措施继续努力推进"食安甘肃"建设再上新台阶。

关键词： 食品安全　初级农产品　消费者　甘肃省

一 食品安全概述及研究意义

根据世界卫生组织的定义，食品安全问题是"食物中有毒、有害物质对人体健康影响的公共卫生问题"。解读这个概念，发现其包含三个方面的信息。一是保证提供给人类生存的食品数量充足并安全；二是食品质量的安全，即摄入的食品是能为人体提供健康营养的，不包含损害人体的物质；三是食品生产过程中的安全，即食品在

---

* 马宁，甘肃省社会科学院社会学研究所助理研究员，主要研究方向为健康社会学。

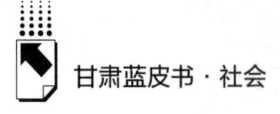

生产、加工、销售等环节能做到对公共环境无污染，对公共资源不破坏。

2021年12月，国务院就完善食品安全责任体系、健全食品安全风险防控机制等作出了重要部署。随着经济发展，我国居民生活质量逐步提高，近年来我国对于食品数量的供给已经有了保障，人们已经在吃饱的基础上开始追求要"吃好"，因此，现阶段人们对食品安全问题日益重视起来，开始关注食品质量安全问题，即什么样的食品更有营养价值、对人体健康有益。进行有效的监督管理对于食品生产、加工、销售等环节显得极为重要，尽量杜绝危害食品安全的各种可能。

民以食为天，食以安为先，食品安全问题一直是全社会共同关注的问题，是国家保障民生的最基础内容。甘肃地处内陆，随着各行各业改革的深入，甘肃食品安全同样面临极大挑战，鉴于此，2021年2月甘肃省出台了《甘肃省食品安全事故应急预案》。由于近年来新冠肺炎疫情频发，疫情防控已呈常态化，疫情下的"买菜难、买菜贵"等食品供应不足问题仍然时有发生，尤其是隔离封控点。因此，食品安全问题，不仅是食品生产问题，还有加工、供应、储备、销售、监管等综合性问题。只有对这些问题分别做研究，才能了解食品安全现状，从而及时发现存在的不足和问题，本文希望在研究食品安全生产、管理现状及存在的问题并提出建议的同时，能为全省更好地进行食品安全管理工作提供一点借鉴。

二 甘肃食品安全管理现状和主要问题

（一）食品安全管理现状及成绩

当前全省已形成以"食安甘肃"建设为统领，以全域推进食品安全示范城市创建和农产品质量安全县创建为载体，深入实施食品安全战略，确保人民群众舌尖上的安全的食品安全管理体系，立志打造全省食品安全示范市。评选示范城市，推广成功经验，是加强食品安全的一项重要工作，对居民的食品安全满意度有显著正向影响。食安委的成员单位扩展至包括省委宣传部、省委政法委、省发展改革委、省委网信办、省药监局、省市场监管局等30个部门，进一步加强了对甘肃食品监管工作的统筹协调和组织领导能力。为鼓励社会公众举报食品安全违法行为，推动食品安全社会共治，甘肃省人民政府办公厅于2021年8月30日印发实施了《甘肃省食品安全举报奖励办法》。

1. 农产品生产供应方面

基于《甘肃省农产品质量安全条例》，甘肃各级农业农村部门紧紧围绕"抓安全、保基础，抓质量、促提升"的总目标，坚持"质量兴农、绿色兴农、品牌强农"导向，通过提升标准化生产能力、优化政策扶持，推进"三品一标"认证，夯实源头基础；加快追溯平台建设，完善监管手段；加大监测检验频率，排查风险隐患；强化执法整治力度，打击违法行为；大力宣传监督渠道，健全各级评价体系，夯实"甘味"品牌基础；确保了甘肃农产品质量安全水平的稳定提升。

2. 食品生产及运输方面

在食品生产企业及进口冷链食品监管方面，不定期集中开展专项检查，主要针对生产企业的进货销售台账、库存，以及企业从业人员的常态化疫情防控措施进行检查。从而确保广大人民群众食用的食品来源可查、去向可追、风险可控。

3. 校园食品安全方面

2019年5月9日出台的《中共中央 国务院关于深化改革加强食品安全工作的意见》进一步强化落实生产经营者主体责任。做好校园食品安全，是实现国家治理能力和治理体系现代化的基础工作。甘肃在学校食品安全管理方面，为进一步加强全省学校食品安全管理，规范学校食品提供者经营行为，保障师生食品安全，依据《中华人民共和国食品安全法》《甘肃省食品安全追溯管理办法（试行）》等一系列相关法律、法规，结合甘肃实际情况，制定了《甘肃省学校食品安全管理办法（试行）》。在全面提升校园食品安全和餐饮业质量安全水平方面探索了有益经验，并建立了校园大宗食品采购安全信息共享平台的长效保障机制。尤其是在节假日和中、高考等重点时段，加大对于"涉小""涉老"等重点品类食品安全问题的监管力度，依托互联网科技企业建立陇上食安一体化食品安全"智慧监管"平台。甘肃省民政厅联合省市场监管局下发《关于进一步强化养老服务领域食品安全管理的实施意见》，增强了全省养老服务领域的食品安全管理效能。

4. "食安甘肃"宣传方面

启动"食品安全宣传周"活动，通过开展"共创食安，我们在行动"一系列访谈、食品安全十年成就展览、食安主题日等活动，引导甘肃社会各界共同参与，营造共建共治共享食安新格局，多部门协作提高全省食品安全保障水平。对于甘肃特产，如"三泡台""百合""软儿梨"等，做了甘肃食品安全宣传周消费提示系列活动，在消费领域起到非常好的宣传作用。在突发舆情事件方面，及时发声，果断处置，防止恶意炒作，以积极的态度、稳妥的办法处置突发事件。

5. "互联网+"合作方面

为了切实保障人民群众"舌尖上的安全"，近年来，随着科技的发展，甘肃以"互联网+明厨亮灶"智慧管理为新载体和新手段，从最初的后厨明档玻璃到摄像探头到监控再到AI智能抓拍、识别违法行为，科学规范管理，全面提升餐饮服务质量和食品安全监管治理能力水平。在总结推广经验的基础上，推进"互联网+""透明车间"和"阳光仓储"全面实施，不断提高食品安全治理能力和水平。截至2020年底，甘肃"互联网+明厨亮灶"实施单位达到3.2万家。

针对疫情中部分餐饮企业和食品销售企业无法正常运营和团体就餐需求增加、居民外出就餐不便等实际情况，为了保障居家人员和医务工作者的生活基础物资，由甘肃省商务局牵头，紧紧围绕稳定市场供应、保障居民基本生活需求这一目的，充分发挥中央厨房新业态优势，即中央厨房+互联网+原材料生产基地+冷热链配送+商超+居民小区+居民户+餐饮门店+团餐客户，启动中央厨房应急保供机制，指导规模较大、防控措施到位、食品安全达标的食品生产企业和餐饮企业开展餐饮配送服务，保障餐饮市场需求。兰州市积极发挥互联网购物平台优势，开发出16个线上购物平台，并为居民提供生活必需品配送服务。

（二）目前面临的主要问题

随着食品相关工业的发展，食品种类越来越多，食品的品质得到了保障，品牌影响力也从无到有得到了提升，食品安全管理在整个社会的共同努力下正在逐步完善，但在细节方面仍然存在一些问题。甘肃食品相关企业近年来发展呈上升态势，已占整体经济业态的12%，迅猛发展的食品企业使得原有的食品安全管理暴露出监管力度不足、监管机制不够完善、检测仪器技术水平跟不上、食品安全宣传不到位等问题，形成了现阶段对食品生产企业安全监督、保障工作顺利开展的壁垒。

具体而言，主要有以下几点。

1. 对初级农产品生产监管不足

甘肃地域辽阔，地处三大高原交会处，是甘肃高原夏菜优越品质的自然保障，也是我国五大蔬菜基地之一。草原资源丰富，牧业发展欣欣向荣。近年来，打造了一系列陇味品牌，但不可否认的是仍有一些农作物在种植生长过程中为保证其增产，过度使用化肥，以及超量使用农药、畜产品在养殖过程中滥用兽药，这些不仅会产生过多有害物质，而且过度使用农药与化肥也会对土地、地下水造成污染，导致对自然环境和资源的浪费和破坏，再加上在加工、销售环节中出现的环境污染，最终会影响甘肃农产品品牌效应整体质量。

2. 消费者自身食品安全意识有待提高

食品安全监督的责任主要由政府部门承担，广大群众一直认为这是专业领域，参与度不高，因此导致很多食品安全问题被长期忽视。部分消费者购买食品时只是根据自身需求进行选择，而不去主动关注外包装配料表、保质期等信息。即使留意到配料表，也对很多添加剂专业名称不了解；部分消费者出于价格因素原因，喜欢地摊和超市打折促销临期食品，却忽略了这些食品有可能存在的问题；更多的消费者对于食品相关专业知识了解很少或者基本不了解，对于部分商家为了迎合消费者打出的"绿色有机无污染""0添加剂"等噱头无法甄别。

3. 监管机制不够完善

在食品生产过程中，一些食品生产厂商缺乏社会责任感，为了追求企业自身利益的最大化，过量使用添加剂等化学物品，严重影响食品安全，为人民健康带来隐患。

首先，食品安全监管联合部门较多，这在一定程度上容易出现无人监管的现象，给食品安全管理带来不必要的阻碍。其次，食品安全监管力度不足。监管部门在落实和执行监管时，没有充足的人力、物力对企业进行全方位有效的监管，从而导致市场上一直存在不合格产品。最后，对违法企业处罚力度较轻，起不到震慑效果，使不良企业敢于铤而走险，给食品安全管理带来不良影响。

4. 食品安全法律法规体系不够健全

随着食品工业的整体发展，食品安全相关法律体系也在不断健全和逐步完善中，但仍存在不足。执法人员对法律法规的运用呈现个体化差异，部分法条没有与时俱进及时更新，导致在出现食品安全问题时不能快速准确地依法依规处理问题并进行管理，不良企业会觉得有机可乘，这将极大地影响食品安全管理的效率和质量。

5. 食品安全检测技术不高

食品安全监管涉及众多的政府部门，功能和技术标准的不平衡导致检测结果的不同和偏差。目前甘肃的食品安全检测技术和设备在检测某些添加剂和农残、兽药残留及微量元素时还存在很大不足。由于检测设备精度存在偏差，在一些微量的、新型的有毒有害物质检测上数据偏差较大，甚至无法检出。食品从农作物到食品加工再到商品销售要经历多个环节，是一个相对漫长的过程。在实践中，各部门缺乏必要的沟通，导致市场各部门协调不力，最终的检测结果不够准确。

6. 食品安全知识宣传活动的形式单一

社会在发展，人民群众对食品安全问题日益重视。食品安全宣传活动的重点和重心在于展示质量安全监管成效和引导农产品生产经营主体严格自律、诚信守法经营，并增强大众对农产品的消费信心，但在各种食品安全健康指标、各类影响人民身体健康的添加剂、食品生产过程对环境的不良影响等方面的宣传比较欠缺。

三 对策与建议

（一）大力推进初级农产品合格证工作

目前我国对于初级农产品实行食用农产品合格证制度。食用农产品合格证是指食用农产品生产者根据国家法律法规、农产品质量安全国家强制性的标准，在严格执行现有的农产品质量安全控制要求的基础上，对所销售的食用农产品自行开具并出具的质量安全合格承诺证。甘肃是国家五个农业大省之一，蔬菜、畜牧业都有集成规模，近几年粮食、蔬菜、禽肉产量逐年攀升。在这些规模农业之外，还有相当一部分零散农业形式，如农民专业合作社、家庭农场等，将来要把落实合格证制度重点放在这一块，只有把这些农产品种植养殖户落实到自觉申领合格证，在交易时主动出具合格证后，才能快速实现通过监管部门就能够针对性地进行生产主体管理、种养过程管控、农药兽药残留自检、产品带证上市、问题产品溯源等管理。

（二）提升消费者食品安全意识

近年来，由于人们生产生活水平的提高，甘肃人均食品消费也一直呈现上涨态势，越来越多的人开始重视食品的多样性与营养性。正是有了这样的消费需求，食品工业才有了长足的发展与进步。人民日益增长的消费需求和落后的食品安全意识就形成了矛盾。

依托《甘肃省食品安全举报奖励办法》提高消费者的参与度，让消费者参与到食品安全管理工作中来，从简单的发现问题去"告"到主动提升消费者参与意识，积极地投入食品安全监督活动中，使消费者在生产生活中注重对食品生产企业进行监督，让消费者从被动的事后介入逐步转变成主动的事前参与。增强食品安全管理工作的实效性，做到对于消费者投诉快速反应，逐步培养提高消费者的食品安全意识。让消费者在发现食品安全问题时，能够简单分辨并向相关部门反映问题，从而顺利解决食品安全问题减少社会矛盾。而完成这一系列的普及工作，不仅需要政府发挥积极主动的监管责任，对公民展开广泛深入多形式的宣传教育，还需要每一位公民具备独立思考的能力，不以讹传讹，学会让正确的食品安全知识指导生活，让生活中的食品安全理念深入人心，这样才能真正实现我国食品安全自下而上的保障。

（三）完善监管机制

完善的政府协调监管机制能够使各监管部门之间进行有效衔接，防止漏管或者多头监管现象造成食品安全事件的发生。基于甘肃现状，应明确分配管理职能，不同的问题让不同的职能部门监管，减少职能分配不明确和重复监管的现象。同时将分散在各部门相似的执法权集中整合，提高监管效率，最终实现高效的管理目标。此外，应完善食品安全责任制，把食品监管责任下放到企业，使企业自查，督促经营者切实落实食品安全主体责任。同时促进各管理部门之间的协调作用，及时通气发挥各监管部门职能的最大效能。完善监管机制体制，一定要制定严厉有效的惩罚制度，加强对食品安全的管理。不定期划区域定范围进行食品安全抽检，最大限度地监管到各类食品企业样本，从而实现守底线、查隐患、保安全的目标。

针对人流密集的商业综合体，组织召开食品安全培训会要形成规律，特殊时期特殊应对，做好疫情防控工作，严格要求各经营单位落实疫情防控各项措施。加大食品抽检频次，主要围绕产品质量指标不合格、微生物不合格、食品添加剂超限量、超范围使用问题；利用追溯体系及时查清不安全产品流向，督促企业下架并召回不合格产品；对违法违规行为，依法从严从快处理，从而使得市场不合格产品越来越少。

（四）健全法律法规体系

市场监管部门应对现有食品安全法律法规制度进行实施效果分析与调研，找出制度的不足，从而健全监督管理制度。完善重大食品安全事件应急预案，不断提高科学性、可操作性和有效性，如灾害天气是什么样的预案、突发疫情是什么样的预案等。

在处理食品安全相关问题、进行食品安全管理时，完善的法律法规体系是食品安全管理的有力依据。首先，监督管理部门要联合各成员单位积极整合，建立责任倒查追究制，严格追究失职渎职监管人员及部门"一把手"的行政和司法责任。做到"零容忍"，发现必究，绝不姑息，对于一些有前科的非法企业监管要更严格。其次，在监管市场方面，加大对违法企业民事责任部分的惩罚性赔偿额度，合理提高赔偿标准，用法律武器确保赔款最终落实到位；加大食品安全执法部门的执法力量，对于监管犯罪行为绝不手软。再次，在政策允许范围内提高对食品安全监管犯罪行为的惩罚力度，对惩罚力度进行累加，这将有效打击多次犯罪的气焰，增加多次犯罪的成本。最后，在食品安全问题发生后，避免以罚代刑问题的发生，加强行政责任和刑事责任之间的沟通，对违法企业、个人进行最大限度的惩治。对现有法律法规的处罚力度做出提升，赋予执法部门更充分的权力，以便发现问题及时处理。

（五）提高食品安全检测技术水平

随着食品添加剂工业的发展，越来越多的食品添加剂在食品中出现，添加剂是否有毒性，是否会对人的身体造成安全隐患，食品安全检测技术是保障食品安全的最后一道防线。因此，只有对检测仪器更新换代和相关检测专业技术人才的培养，提高工作人员的专业技术水平，才能对食品安全管理起到保驾护航的作用。

在资金投入方面，政府可与仪器研发科技企业合作，引入社会资金，在加工食品企业推广贴条形码、二维码等方式，来追溯、识别食品的来源和保质期，用码追踪食品的流通方向、销售信息，从而健全食品安全追溯系统。此外，政府可发挥市场作用，推动第三方机构提供食品质量安全服务，并建立完整的食品质量安全信用档案等，更好地实现食品质量生产销售安全风险控制。

（六）健全公众参与社会共治的制度保障

充分发挥社会舆论监督作用。市场监督管理机构应搭建平台，定期与地方新闻媒体就食品安全问题进行交流，及时接收公众对食品安全问题的举报并做到合理合规地处理，做到及时查、处罚严、反馈快。

积极动员消费者参与社会共治。食品安全与每一位消费者利益相关，鼓励公众参与到食品安全共治中，做到全方位各环节，范围越大，社会爆发食品安全问题的风险就会越低，食品安全生产就越能得到保障。对于食品安全法律规范的制定，要正确引导消费者发现食品安全问题并通过正确途径举报，如通过消费者协会、食品安全行业协会、提起公益诉讼等。

加强宣传教育和正确的舆论导向，增强公众自我防护能力。全省要持续开展食品安全教育进学校、进农村、进社区、进企业等宣传活动，充分利用各种媒体，运用多种形式，广泛宣传食品安全知识，积极引导大众科学安全消费，提高消费者自我保护的意识和能力。

四　结语

食品安全管理的每个环节对食品安全结果都至关重要，食品安全社会共治多元化是实现食品安全治理的最终目标。随着公众食品安全意识的觉醒和提高以及政府层面对食品安全相关管理体系的完善、管理监督能力的提升、食品安全相关检测仪器的更新换代，政府一定会将食品安全管理带向更高的标准，使餐桌更加有保障。强化食品安全监管社会共治理念，在消费者中形成"食品安全，人人有责"的概念，构建食品安全监管的社会共治局面，以网格化管理食品安全治理，形成政府主导消费者主动参与，共同保障公众食品安全。

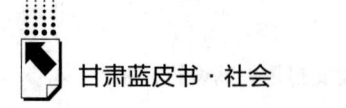

要牢记《中华人民共和国食品安全法》是食品安全执行的底线，一定要以强有力的监督管理手段保住底线，对出现的各种食品安全事故无论大小都要给予严厉的惩处，监管部门要联合整个食品行业进行定期自查，并协调多部门进行全面监督。要打造一个便捷的渠道，增强公众参与意识，关注和重视食品安全问题，相信在全社会的共同努力下，"食安甘肃"建设会再上新的台阶。

参考文献

沈岿：《食品安全、风险治理与行政法》，北京大学出版社，2018。

刘飞、孙中伟：《食品安全社会共治：何以可能与何以可为》，《江海学刊》2015年第3期。

赵谦：《公私合作监管的原理与策略——以土地复垦为例》，《当代法学》2021年第2期。

李景鹏：《后全能主义时代：国家与社会合作共治的公共管理》，《中国行政管理》2011年第2期。

刘智勇：《食品安全社会共治：制度创新与复杂性挑战》，《中国市场监管研究》2016年第2期。

李明政、朱勇辉、徐思远、王硕：《食品安全管理现存问题及对策分析》，《现代食品》2022年第13期。

B.9
甘肃城镇化进程中人口发展状况研究报告

李 晶[*]

摘 要： 城镇化是实现现代化的必由之路，是推动社会经济高质量发展的主要引擎。本文以人口城镇化为切入点，对甘肃2010~2020年人口城镇化发展状况、存在的问题和面临的挑战进行梳理。研究发现，甘肃城镇化发展进程中存在城镇化水平虚高、发展质量不高以及人口规模缩小、人口外流现象严重和人口老龄化程度加深等问题，围绕以人为核心的城镇化建设，本文提出了释放生育政策红利、推动流动人口市民化、提升农业转移人口市民化质量、开发老年人力资源市场、提升公共服务能力等对策建议。

关键词： 城镇化 人口发展 人口素质 甘肃省

当前，我国正处于经济转型关键期，城镇化将成为未来新一轮经济增长的重要引擎。党的十九届五中全会提出推进以人为核心的新型城镇化，《国家新型城镇化规划（2021—2035年）》也明确了"十四五"时期要深入推进以人为核心的新型城镇化战略目标。以人为核心就是将人口作为基本参照对象，实现这一战略目标的核心在于如何解决"人的"城镇化问题。人是实现城镇化的根本和动力，人口

---

[*] 李晶，甘肃省社会科学院农村发展研究所副研究员，主要研究方向为农村发展。

发展决定了社会经济的发展，认识人口发展的规律性是为了制定增强经济实力的人口长期发展战略①。

我国已进入全面建设社会主义现代化国家的新发展阶段，提升城镇化发展水平、推进城镇化高质量发展是实现现代化的必由之路。现阶段，我国常住人口城镇化水平已进入中后期，而地处西北内陆欠发达地区的甘肃，城镇化发展水平远远落后于全国平均水平。在人口总体转向的形势下，充分认识并重视甘肃人口城镇化发展呈现的一些新特点，提出有效应对这些挑战的对策建议，对"西部大开发""一带一路"等项目的实施以及甘肃社会经济的高质量发展起到推动作用。

一 甘肃城镇化进程和人口发展现状

（一）2010~2020年城镇化发展水平变动情况

2010~2020年，我国城镇化发展迅速，常住人口城镇化率由2010年的49.95%上升到2020年的63.89%。根据发达国家和发展中国家的历史经验，城镇化率在30%以下为城镇化进程的初级阶段，30%~70%为快速发展阶段，超过60%意味着快速发展阶段进入尾声，70%以上则进入了城镇化发展的成熟阶段。2017年中国常住人口城镇化率达到了60.24%，意味着从2017年起中国进入了城镇化发展的中后期。2010~2020年，甘肃城镇化率不断上升，由2010年的36.12%上升到2020年的52.23%（见图1），正处于快速发展阶段，如保持当前发展势头将取得更大的成就。但对比全国，甘肃城镇化发展进程和速度始终低于全国平均水平。2010年全国第六次人口普查结果

---

① 王金营等：《中国人口长期发展目标研究：基于增强经济实力的认识》，《人口研究》2022年第4期。

显示,甘肃的城镇化率低于全国平均水平13.83个百分点,2020年,甘肃城镇化率仍低于全国平均水平11.66个百分点,表明这10年甘肃城镇化发展速度缓慢,与全国平均水平差距较大,缩小趋势不明显。

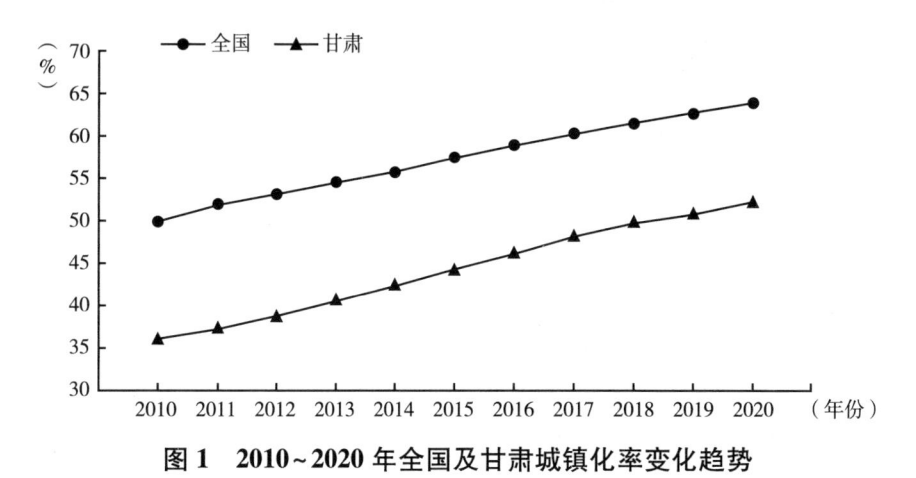

图1 2010~2020年全国及甘肃城镇化率变化趋势

2010~2020年,甘肃14市(州)人口城镇化发展水平均有不同程度的提升,提升幅度介于1.12%~19.45%,差距由2010年的19.70%~93.32%缩小至2020年的36.18%~94.44%(见图2)。各市州人口城镇化水平呈现明显的差异。以2020年第七次人口普查结果为例,嘉峪关市人口城镇化率为全省最高,其次为兰(州)市,临夏州和甘南州为民族地区,陇南市地处山地丘陵区,受风俗习惯和自然地理条件的影响,人口城镇化水平相对较低。从各个市州地理位置和城镇化发展水平来看,位于河西地区的酒泉市、嘉峪关市、张掖市、金昌市和武威市,其城镇化率均值为66.87%,超过全国平均水平(63.89%)2.98个百分点,超过全省平均水平(52.23%)14.64个百分点;白定兰地区(白银市、兰州市、定西市)城镇化率为59.35%,超出全省平均水平7.12个百分点;陇东地区(天水市、庆阳市和平凉市)和陇西南地区(陇南市、临夏州和甘南州)城镇化率分别为44.08%和38.04%,均低于全省平均水平。

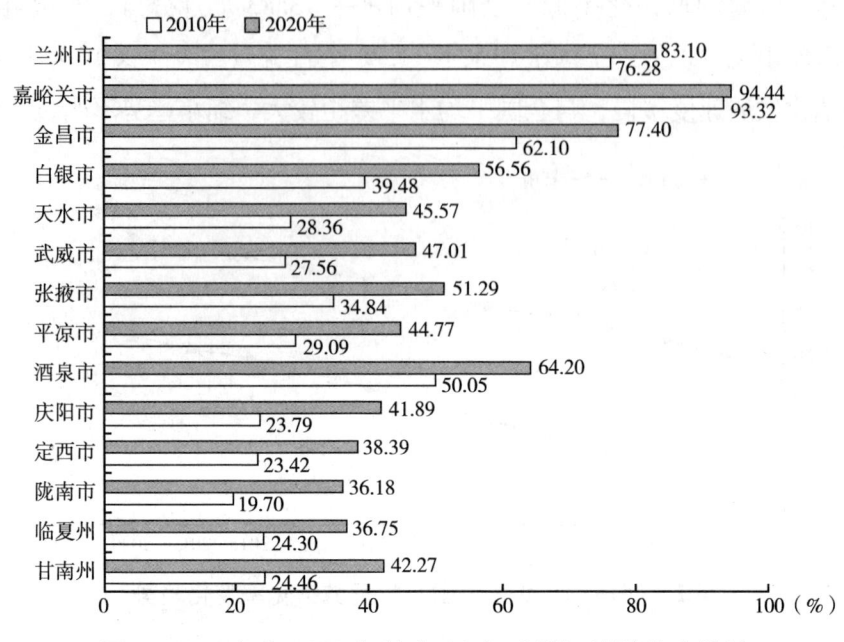

图 2 2010 年和 2020 年甘肃 14 市（州）城镇化率统计

（二）2010~2020年经济发展变化情况

2010~2020 年甘肃人均 GDP 呈逐年上升趋势，由 2010 年的 15421 元上升至 2020 年的 35848 元，增幅达 132.5%，但增长速度始终低于全国平均水平，与全国人均 GDP 的差距并未呈现明显的缩小趋势（见图 3）。甘肃 14 个市（州）人均 GDP 均有不同程度的上升，上升幅度为 62%~221%（见图 4）。但与此同时，各市州人均 GDP 呈现明显的差异，嘉峪关市、金昌市、酒泉市和兰州市人均 GDP 始终位居前列。

2010~2020 年，甘肃居民收入水平大幅提升，城乡居民人均可支配收入差距呈持续缩小态势（见图 5）。2010 年甘肃城镇、农村居民人均可支配收入分别为 13820 元和 3425 元，城乡居民的收入比为 4.04，

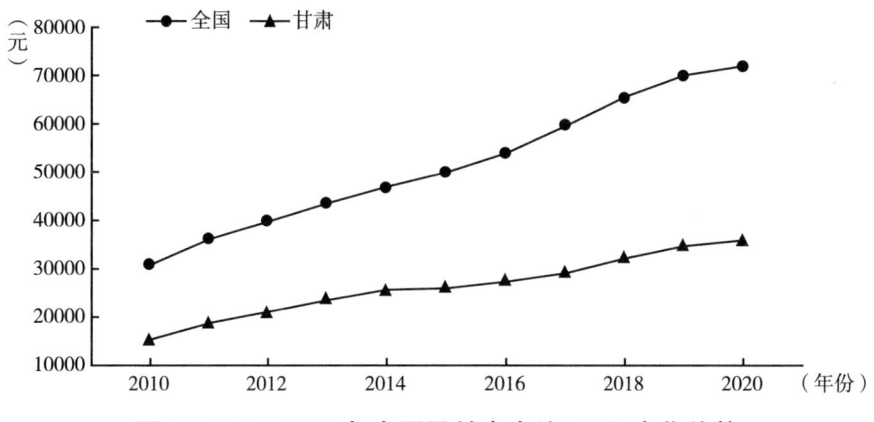

图3 2010~2020年全国及甘肃人均GDP变化趋势

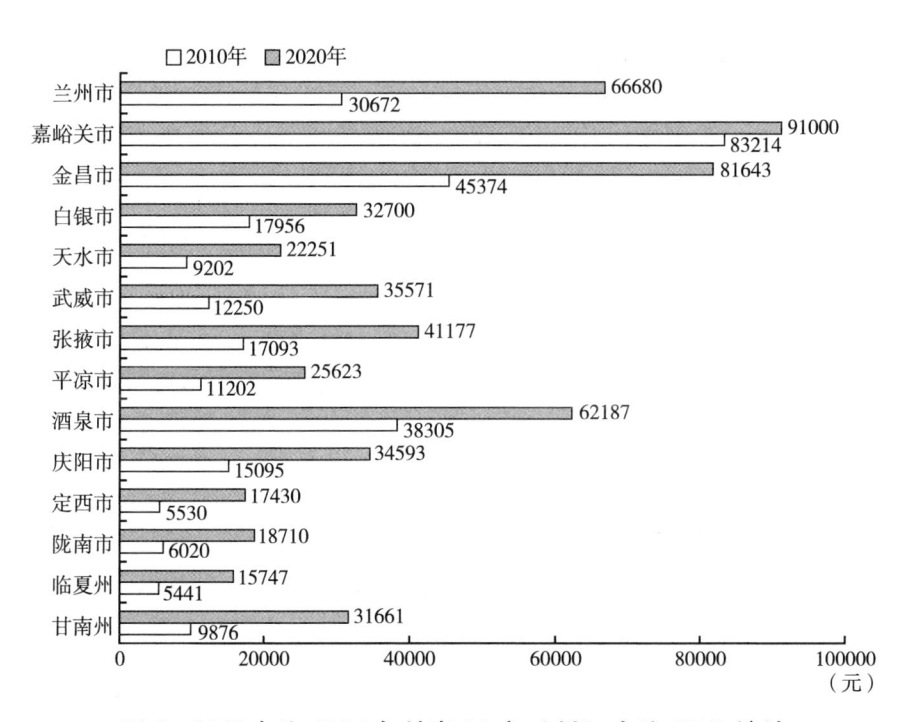

图4 2010年和2020年甘肃14市（州）人均GDP统计

而2020年城乡居民人均可支配收入分别为33822元和10344元，分别增长144.7%和202.0%，城乡居民的收入比为3.27。

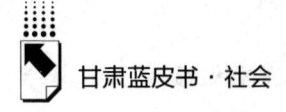

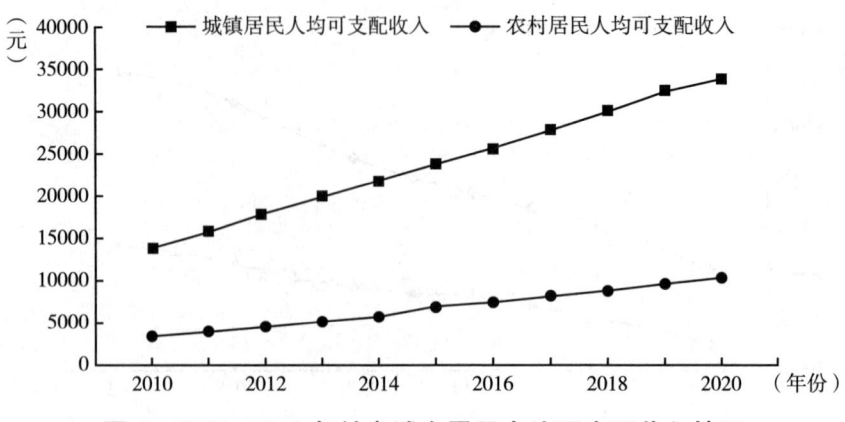

图5　2010~2020年甘肃城乡居民人均可支配收入情况

（三）2010~2020年人口年龄结构变化情况

近年来，我国老龄化程度不断加深成为社会各界关注的热点。由表1可知，截至2020年，中国老龄化程度（65岁及以上老年人口占比）已经达到13.50%，逼近深度老龄化标准值（14%），相较于2010年，老龄化程度提升了4.60个百分点。而甘肃2020年老龄化程度为12.58%，相比2010年提升4.35个百分点，低于全国提升幅度。2010~2020年，甘肃0~14岁少儿人口比例提升了1.24个百分点，低于全国0~14岁少儿人口提升幅度。15~64岁劳动年龄人口占比甘肃和全国均表现出下降趋势。

表1　2010年和2020年全国及甘肃常住人口年龄结构

单位：%

年份	甘肃			全国		
	0~14岁	15~64岁	65岁及以上	0~14岁	15~64岁	65岁及以上
2010	18.16	73.61	8.23	16.60	74.50	8.90
2020	19.40	68.02	12.58	17.90	68.60	13.50

资料来源：2010年全国第六次人口普查结果、2020年全国第七次人口普查结果。

由表1和表2可知，2010年，甘肃60岁及以上人口占比已经达到12.44%，65岁及以上老年人口占比达8.23%，2010~2020年，甘肃老龄化程度进一步加深，2020年全省14个市（州）60岁及以上人口占比介于12.54%~19.03%，与2010年相比增加1.62~7.23个百分点不等。全省各市（州）人口老龄化程度存在明显差异。2020年，白银市、平凉市、武威市、金昌市、庆阳市、张掖市和定西市7市人口老龄化程度较高，已超出全省平均水平0.82~2.00个百分点。

表2 2010年和2020年甘肃14市（州）人口老龄化水平

单位：%

市、州	2010年 60岁及以上人口占比	2020年 60岁及以上人口占比
全省	12.44	17.03
兰州市	12.67	16.56
嘉峪关市	12.12	15.24
金昌市	12.21	18.16
白银市	11.95	19.03
天水市	12.10	17.00
武威市	11.41	18.64
张掖市	12.03	17.94
平凉市	13.31	18.99
酒泉市	11.54	16.84
庆阳市	12.96	18.03
定西市	13.21	17.85
陇南市	13.11	16.41
临夏州	11.96	13.58
甘南州	10.63	12.54

资料来源：2010年全国第六次人口普查结果、2020年全国第七次人口普查结果。

（四）2010~2020年人口素质变化情况

2020年，全省常住人口15岁及以上的平均受教育年限为9.13

年，与2010年相比增加了0.94年，但仍低于同期全国9.91年的平均水平。2020年，甘肃每10万人拥有大专及以上文化程度的人为14506人，相比2010年提高92.9%，2020年，文盲率为6.72%，与2010年相比降低1.97个百分点（见表3）。2010~2020年，甘肃人口文化素质呈持续提升趋势，但与全国平均水平相比仍存在很大差距，尤其2020年甘肃的文盲率是全国平均水平的2.49倍。

表3 2010年和2020年全国和甘肃受教育水平情况

指标	全国		甘肃	
	2010年	2020年	2010年	2020年
每10万人拥有大专及以上文化程度的人（人）	8930	15467	7520	14506
文盲率（%）	4.10	2.70	8.69	6.72

（五）2020年甘肃各市（州）人口与经济匹配情况

人口—经济匹配度（简称匹配度，又称R指数）是指某地区GDP占全国GDP的份额与人口占全国份额之比。在一定程度上可衡量某一地区人均GDP偏离全国人均GDP的程度，并反映出该地区城市的增长潜在动力。当R<1时，说明该地区人口相对规模（占全国的份额）高于经济产出的相对规模，整体上人口增长动力不足；当R=1时，人均GDP与全国水平相等，人口与经济相匹配；当R>1时，说明该地区经济规模超出了人口规模，人口流入的动力强，城市较为发达[1]。

根据甘肃各市（州）R指数的分布状况来看（见图6），甘肃仅

---

[1] 张车伟等：《人口与经济分布匹配视角下的中国区域均衡发展》，《人口研究》2013年第6期。

有嘉峪关市和金昌市的 R 指数高于 1，表明这两个城市的经济产出份额高于人口份额，人口聚集动力相对较大；其次为兰州市和酒泉市，其 R 指数分别为 0.92 和 0.87，但 R 指数均小于 1，说明整体上这两个城市的人口增长动力不足；除上述 4 个城市外，其余城市 R 指数均在 0.6 之下，人口容易受收入差距的影响较难选择在这些城市聚集，进而这些城市出现人口流入和人口增长下降的情况，城镇化进程推进受到一定阻碍。

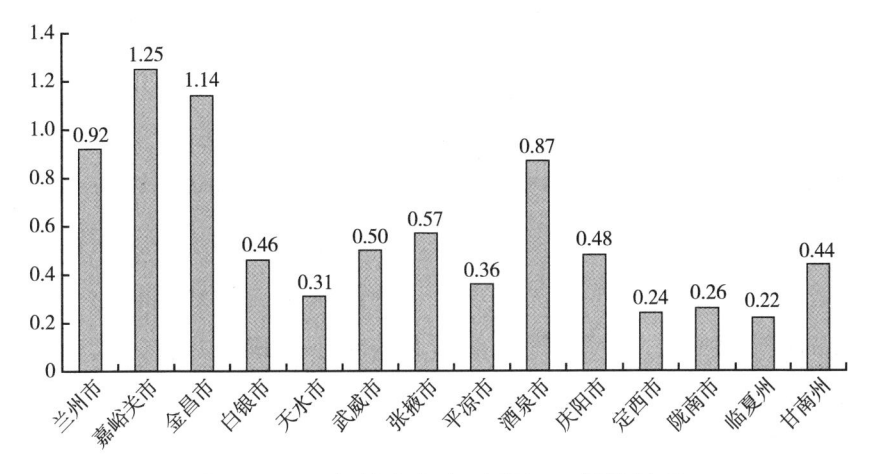

图 6　2020 年甘肃各市（州）R 指数情况

二　甘肃城镇化进程与人口发展之间的关系

人口城镇化是大量的农村剩余劳动力不断地从农村向城市转移的过程，城镇化水平的提高有效补给了城市发展的劳动力，改善了城市产业结构，促进了城镇化进程；同样，城镇化进程将人口和经济高度集中，在提升城市自身发展能力的同时，也提高了人口发展的总体水平（见图 7）。

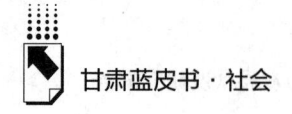

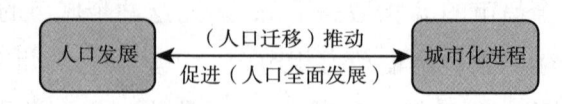

图7 人口发展与城镇化进程双向促进关系示意

（一）人口发展对城镇化进程的影响

城镇人口占总人口的比重是衡量城镇化最基本的指标，因此，城镇人口增减是影响城镇化率变幅的关键因素。实现城镇人口增加的主要途径有城镇内人口的自然增长、农村人口向城市的迁移流动及行政划分引起的城镇人口增加。改革开放以来，甘肃城镇居民人口和城镇化率呈加速增长趋势。进入21世纪，我国人口已经由高生育率转变为低生育率，甘肃也呈现人口出生率下降趋势，城镇人口的自然增长对城镇化水平的拉动作用逐渐减弱。在此形势下，农村人口向城市集中是引起城镇化率上升的主要因素，并且在未来人口负增长的必然趋势下，有序的人口迁移将是推进城镇化进程的有力保障。一方面，通过人口迁移扩大迁入地的人口规模和增加劳动力供给，进而促进区域经济增长；另一方面，农村劳动力过剩地区通过人口迁出，减缓了迁出地人口压力，城市将资本、技术回馈农村，加快了农村脱贫致富的步伐。

（二）城镇化进程对人口发展的影响

首先，甘肃城镇化进程的推进促使就业结构和人口城乡结构发生改变。在甘肃城镇化加速发展过程中，人口从农村向城镇流动，产业结构加速调整升级，从事第一产业的人员比重不断下降，第二、三产业从业人员比重逐渐升高，从而促使人口城乡结构趋于合理化。其次，甘肃城镇化对人口增长具有十分重要的影响作用。大量的农村人口脱离农村转向城市定居生活，农民容易受城市婚育观念的冲击而推迟婚育年龄，生活在城市的居民受生活和就业的压力自发推迟婚育年龄，从长期效应来看，加快城镇化进程将引起生育水平的下降。最后，甘肃城镇化水平的不断提高有利于推进人口与资源环境的协调发展。通过提高城镇化水平，将人类适度集中起来，资源利用效率不断由低向高转变，同时，城市高效率的经济活动推动着资源达到最优配置，有效缓解了甘肃人口不断增长对资源、环境和生态的压力。

三 甘肃人口城镇化面临的问题和挑战

"十三五"时期，甘肃社会经济取得长足发展，人民生活水平大幅提高，人口政策不断优化创新，宜居环境持续改善，社会保障体系日益完善，公共服务供给能力持续提升，有力地推动了甘肃人口与经济、社会、生态的协同发展。"十四五"时期，更是甘肃落实我国向西开放的重要门户和次区域合作战略基地的关键时期。面对我国新型城镇化建设步伐的加快和人口发展形势的严峻挑战，甘肃在拥有诸多发展机遇的同时也面临一些问题和挑战。

（一）人口均衡发展有待进一步提升

面对国家提出以人为核心的新型城镇化战略目标，甘肃人口均衡发展将面临新的挑战，即如何稳定人口规模以及如何应对人口年龄结构失衡和城镇化"伪增长"的压力。

一是人口规模需长期稳定。第七次全国人口普查数据显示，2020年甘肃总人口数位居全国倒数第六，与西北其他省份相比，甘肃是唯一人口数量减少的省份。2010~2020年，除兰州、嘉峪关、临夏州、甘南州常住人口有所增长外，其余10个市（州）常住人口均有不同程度的下降，全省常住人口规模呈负增长状态，常住人口由2010年的2558万人下降至2020年的2502万人，每年以0.22%的速度共流失56万人。甘肃生育水平呈持续走低趋势，2020年，甘肃出生率为10.55‰，已经成为新中国成立以来的最低水平。人口大量流失叠加生育水平低下成为甘肃人口规模下降的主要因素。但2010~2020年，甘肃城镇化率每年以1.6%的速度上升，如何长期稳定人口规模将是今后甘肃城镇化发展需要面临的重要挑战。

二是人口年龄结构压力日益凸显。中国从21世纪开始就迅速进入了人口老龄化社会。第七次全国人口普查结果显示，甘肃60岁及以上人口占总人口的比重达到17.03%，65岁及以上人口占比达12.58%，已经接近中等老龄化阶段。与2010年第六次普查结果相比，60岁及以上人口、65岁及以上人口的比重分别上升4.59个和4.35个百分点，15~64岁劳动年龄人口占比从2010年的73.61%下降到2020年的68.02%。可见，甘肃人口老龄化正在加速发展，青壮年劳动力呈加速下降趋势。人口规模缩小、人口老龄化加重致使农村青壮年劳动力数量断崖式下降，减缓了农村人口向城市迁移的速度，进而减缓城镇化的进程；再者，人口老龄化会加重政府养老负担，对城市基础设施建设的投入造成影响，对城市外来移民市民化形成制约。因此，甘肃在加速推进城镇化的过程中，应注意防范人口年龄结构风险。

三是人口城镇化呈现"伪增长"的特点。自1978年改革开放以来至2000年，甘肃城镇人口、乡村人口、总人口均呈现增长趋势，城镇化发展迅速；2000~2010年，农村人口数量减少，城镇人口和总人口数量呈持续上升趋势，城镇化水平不断提高；但2010~2020年，甘肃农村人口减少、城镇人口增加、城镇化率持续上升，人口持续外流造成总人口下降，该阶段的城镇化水平提升在一定程度上是被放大的，其增长为"伪增长"。

（二）劳动力资源配置需进一步优化

劳动力供需平衡对人口与经济、城市协同发展具有重要意义。当前，甘肃城镇化发展正在势头，对劳动力资源配置提出了更高要求，应深入分析存在的劳动力供需情况。

一是劳动力供给存在潜在风险。如上所述，甘肃正处于生育水平最低期和人口老龄化最高期，农村向城市可转移的青壮年劳动力急剧下降，城市"用工荒"现象频繁发生，城镇化发展面临劳动力供给风险。在人口规模收缩、劳动力老龄化日趋白热化的背景下，积极探索稳定劳动力供给常态、长效机制，提升劳动生产率是甘肃高质量发展亟须思考的议题。

二是人口外流数量庞大。2010~2020年，甘肃以每年5.5万人的速度流失人口，2021年全省常住人口流失数量达11万人。全国各地在努力实行"抢人大战"的时候，甘肃却陷入了人口大量流失的尴尬局面。其根源在于甘肃社会经济落后、产业基础薄弱，为本地剩余劳动力提供就业机会和岗位的能力相当不足，大量的剩余劳动力迁向其他发达地区，尤其是伴随着近年来高铁、航空等交通体系的迅速发展，经济发达地区对人口、资源的"虹吸"效应愈加明显[1]。这种跨区域的人口流动致使县域空间急剧收缩、乡村出现空心化，城镇化水平"伪增长"现象愈加明显。

三是人才外流现象严重。人才外流特别是高层次人才的外流现象在甘肃十分严重。自2015年国务院提出《统筹推进世界一流大学和一流学科建设总体方案》以来，省内高校骨干师资出现"东南飞"现象，据不完全统计，2012~2017年，全省49所高校流失人才2600

---

[1] 宋文姬：《城镇化背景下甘肃流动人口社会保障体系建设研究》，《就业与保障》2021年第19期。

人，兰州市人才流失率达到了81.7%，位居全国首位。每年高考大批学生选择发达城市上学并留在外省工作，高校毕业生外出就业的比例也逐年上升。人口发展新形势也给甘肃人才供给能力、人才队伍建设、人才生态系统建设带来了一些风险和挑战。

（三）城镇化质量要加大提升力度

城镇化是推动社会经济高质量发展的重要引擎。甘肃在加快推动城镇化建设的过程中，不仅面临一些国内其他省份存在的普遍性问题，同时也面临着甘肃地域特色的特殊性问题。从常住人口城镇化率衡量城镇化水平来看，甘肃城镇化发展水平不断提升，但这种"名义上"的城镇化和"居民实际享受到的"城镇化不相一致，距离我国提出的"以人为核心的新型城镇化"发展水平存在一定差距。

一是过度关注"土地城镇化"，忽略了"人口城镇化"。随着工业化和城镇化的快速推进，甘肃省内许多城市发展空间不断扩张，大量农村人口向城市集中并向非农产业转移，城镇化水平得以提升。然而，这种以土地为核心的城镇化发展模式忽略了对人的生活质量的关注，大量农村人口通过"村改居"的方式成为城市人口，但其生活并没有真正融入现代城市文明，算不上真正意义上的"市民"，城镇化发展水平也就存在"虚高"的假象。

二是城镇化与产业结构协调发展状态不佳。甘肃城镇化发展在一定程度上促进了就业结构的优化，但就业结构并没有很好地促进城镇化的发展，产业结构的优化调整速率滞后于城镇化发展速度[1]。尤其是一些由"撤县建市"而形成的中小城市，其基础设施和公共服务发展相对滞后，第三产业在就业结构中所占比重不高，可提供的就业

---

[1] 汪慧玲、马文娟：《欠发达地区城市化与产业结构演变关系研究——以甘肃省为例》，《石家庄经济学院学报》2015年第4期。

岗位较少，城市社会经济发展后劲不足。

三是省会城市"城市病"问题不容小觑。兰州市是甘肃的省会城市，也是唯一常住人口超过400万人的城市，达到了大城市的人口规模要求，具有城市功能多、产业集聚程度高、城镇化发展速度相对较快的特点，但随之而来的人口膨胀、交通拥挤、房价高、环境恶化、物价高等"城市病"问题也日益凸显，严重影响了城市发展质量。

四是城乡居民可支配收入差距大。2020年甘肃城镇居民人均可支配收入是农村居民的3.27倍，城乡居民收入差距较大，加上城乡社会保障制度并未完全并轨、城乡公共服务均等化程度低等原因，致使城乡融合发展速度缓慢。

四　甘肃人口城镇化发展对策建议

当前，我国新型城镇化进程已从速度增长阶段转为质量增长阶段，甘肃城镇化发展正处于快速发展阶段。然而，在人口大量流失、生育水平持续下降的形势下，甘肃如何推动城镇化"量"的提升？面对城镇化发展质量不高、城市间发展不平衡的情况，又该如何推动城镇化"质"的提高？这将是甘肃实施国家提出的新型城镇化战略推动社会经济高质量发展亟须解决的关键问题。围绕以人为核心的城镇化建设，结合甘肃城镇化发展的实际情况，本文在稳定人口均衡发展、优化劳动力资源配置和提升城镇化发展质量三个方面提出对策建议。

（一）稳定人口均衡发展

一是持续释放生育政策红利，提升家庭发展能力。面对当前生育率持续走低的压力，提升生育政策的包容性，维持适度的生育水平是维持人口长期均衡的重要手段。有必要对居民生养理念、政策需求、生育服务体系等开展详细的调研，摸清生育供需短板和改进方向，并且在生育津贴、休假、购房、税收等方面制定与"三孩"生育政策相配套的政策。提升家庭发展能力是推动生育政策红利持续释放的有效途径。让专业医疗机构对育龄妇女及其家庭进行孕产保健知识的普及，降低女性孕产焦虑水平；建立并不断完善城市0~3岁婴幼儿的托育服务体系，提升托育服务水平，创新监管模式，释放家庭抚育婴幼儿的压力；提升学前教育水平，降低学龄前儿童入园焦虑水平。

二是提升城乡养老服务水平。2020年，甘肃60岁及以上人口占比已高达17.03%，其中，有一半老年人留守在农村。伴随着未来老龄化程度的持续加深、人口城镇化进程的不断加快、"空心村""空心县"现象的出现，城市和农村都面临着养老负担与日俱增的问题，需切实完善城乡养老服务体系，提升养老服务水平，有效应对人口老龄化。如不断创新社会资本参与养老服务模式，提升社会资本的参与积极性和主动性；深化医养、康养结合，推动养老机构进行更多形式的合作、融合。

三是提高农业转移人口市民化质量。截至2020年，甘肃居住在乡村的人口有1195万人，占全省常住人口的47.77%，每年还有新增的农村人口。甘肃要在2035年实现常住人口城镇化率达到70%左右的目标，农业转移人口是潜在的群体，而土地是农业转移人口最大的牵绊。因此，首先，持续推进农村土地制度改革，建立健全农村承包地和宅基地市场退出机制，制定配套政策，保障进城落户农民的土地权益。其次，在深化户籍制度改革的同时，加大城镇基本公共服务常住人口覆盖力度，实现城市落户与公共服务均等化并行。最后，提升进城落户农民的技能素质，增强农业转移人口融入城市的能力，成为真正意义上的"市民"。

（二）优化劳动力资源配置

一是推动流动人口市民化。"乡城"人口流动是引起甘肃城镇化率变化的主要原因，但由于农村户籍涉及农村土地收益，存在农村流动人口"人—地"分离问题，农业转移人口在流入城市的留居意愿较低，城市间流动人口将是未来引起甘肃城镇化增量的主力军。因此，首先，要强化顶层制度设计，制定流动人口市民化的政策制度，加强流动人口社会保障制度的建立健全。其次，要充分发挥政府在流动人口市民化中的主导作用，制定总体规划，明确方向，合理引导流动人口市民化，保障流动人口与本地居民共享现代化建设成果。最后，出台一系列相关制度，切实解决流动人口面临的就业、住房、医疗、失业等现实问题。

二是构建良好的人才生态系统。人口新形势下，甘肃常住人口规模和劳动年龄人口规模持续下降，人才流入水平遭受供给挑战，叠加人口老龄化的效应后，导致人才创新创造活力的下降。从甘肃高校毕业生就业地区的分布特征来看，甘肃在大学毕业生"留人"方面存在风险，学历越高的毕业生留甘就业的比例越低，对人才梯队建设造成一定影响。近年来，甘肃开展实施了一系列人才工程项目，落地了一系列人才服务政策，人才建设工作取得进步。但与国内发达省份相比，仍有较大提升空间。如何顺应人口新形势，防范和化解风险，强化人才生态系统建设，对推动区域社会经济高质量发展有重要意义。综合来看，需要坚持人才生产支持和生活支持双轮驱动，持续优化就业创业环境和生活环境，提升区域整体发展水平和人才竞争力，不断创新大学毕业生和留学生在甘工作支持体系，强化人才储备；积极推动高端人才引进工作，制定高端人才税收优惠政策，强化高端人才柔性引进工作和人才离岸工作。

三是推动老年人力资源开发工作。人口老龄化加速对甘肃劳动力供需平衡造成冲击，在顺应人口老龄化客观规律的同时，应充分挖掘老年人力资源，启动老年人力资源开发工作，让45~64岁有能力、有意愿的中老年人继续参与劳动，有效化解劳动力供给风险；政府主管部门充分发挥主导作用，打造老年人力资源开发服务平台，利用老年大学开展多形式、多层次的老年教育和培训活动，为老年人提供就业指导。

（三）提升城镇化发展质量

一是大中小城市、县城和城镇协调发展。甘肃城市发展不充分、不平衡问题较为突出，人口流出致使部分市（州）常住人口规模下降，对人口流出市（州）造成了人才、劳动力流失的困扰，区域性人口失衡对甘肃社会经济整体发展水平造成影响。这就需要全面促进区域协调发展，强化各类要素在城市之间的流动性，加大城市联动发展的制度供给，发挥大城市、中心城市对周边城市的辐射带动作用，缩小区域差距。对大城市、中心城市而言，要增强城市集聚高端要素资源的能力，提升城市综合竞争力；对中小城市而言，要夯实产业基础，提高城市品质；对县城而言，要在医疗、教育、市政设施、环境卫生等方面加大补短板的力度。

二是加快城市群和都市圈的一体化建设。兰西城市群是甘肃、青海两省人口、城镇、产业密集区，是城镇化的主体形式。打破兰西城市群行政壁垒的束缚，建立健全兰西城市群一体化协调发展机制，树立联动发展理念，制定行政合作制度，是引领区域高质量发展的根本。兰白都市圈是兰西城市群城镇化的核心载体，集聚着城市群内部高新、高端、高品质产业，在城市群建设中发挥着"鼎"的顶托作用。在实施兰西城市群发展规划的同时，要统筹兰白发展规划，针对兰州、白银城市特色，实施差异定位、错位发展的策略，实现兰白一体化发展的目标。

三是提升城市公共服务能力。城乡居民收入的差距是推动农业转移人口迁入城市的主要因素，但随着城乡收入差距的不断缩小、人民生活水平的不断提高，教育、医疗、住房等城市公共服务资源对流动人口的吸引力越来越显著。因此，要缩小城市间公共服务水平差距，加速区域间交通网体系建设，在大城市周边地区及中小城市配置优质的城市公共服务资源，吸引更多的人口在城市定居。一方面，疏解了大城市过密的人口分布，缓解了"城市病"问题；另一方面，可利用城市公共服务资源的空间再分布引导人口的转移。

参考文献

王金营等：《中国人口长期发展目标研究：基于增强经济实力的认识》，《人口研究》2022年第4期。

张车伟等：《人口与经济分布匹配视角下的中国区域均衡发展》，《人口研究》2013年第6期。

B.10
甘肃农村社会救助水平提升研究报告

魏 静*

摘　要： 近年来，甘肃农村社会救助伴随着各级政府政策举措的实施落地取得了较大的进步，表现为社会救助政策法规进一步健全、社会救助机制不断完善、救助保障水平不断提高等。与此同时，在农村社会救助过程中也存在一些不容忽视的突出问题，阻碍了社会救助的良性发展，表现为当前农村社会救助立法缺失、投入不足、管理机制落后、救助保障水平低、集中供养服务水平低、社会资本引入难等问题。应在完善立法、健全管理机制、构建城乡一体化救助体系、加大制度安排和公共投入、提升最低保障和救助水平、加大社会力量参与等方面进一步提升当前甘肃农村社会救助水平。

关键词： 农村社会救助　兜底保障　救助水平　甘肃省

一　农村社会救助现状及政策法规回顾

据国家民政部统计资料显示，截至2021年底，我国有农村低保对象1945.0万户、3474.5万人，全国农村低保人员年均收入水平为

---

* 魏静，甘肃省社会科学院丝绸之路研究所副研究员，主要研究方向为社会史。

6362.2元/人，较2020年增长6.7%。2021年度，全国共有农村特困人员437.3万人，年累计支出农村特困人员救助资金429.4亿元。2021年，全国临时救助1198.6万人次，其中非本地户籍对象6.2万人次，临时救助资金138.4亿元，人均1154.9元/人次。[①] 截至2022年第一季度，甘肃农村最低生活保障人数为152.6万人，最低生活保障户数为49.3万户，农村特困人员救助供养数为9.2万人，生活无着落流浪乞讨人员救助数为0.2万人次，临时救助23.2万人次，民政事业累计支出26.2亿元。[②]

我国社会救助政策法规体系包括三大部分：困难群众基本生活救助、专项救助、临时救助。1994年，我国颁布了《农村五保供养条例》，规定供养标准不得低于当地村民平均水平。2003年颁布了《关于实施农村医疗救助的意见》，救助对象为农村五保户、农村贫困户家庭成员，规定地方政府应资助救助对象缴纳个人应负担的全部或部分参保资金，参加合作医疗，享受合作医疗待遇。2014年，国务院公布了《社会救助暂行办法》，以法律法规形式对如何健全完善社会救助体系进行了详细表述，对依法治理社会救助起到了示范作用。2016年，国务院出台了《关于进一步健全特困人员救助供养制度的意见》，为地方实施社会救助提供了制度依据和实施参照。2020年，中共中央办公厅、国务院办公厅联合印发《关于改革完善社会救助制度的意见》，提出了分层分类、城乡统筹、具有中国特色的社会救助体系，将构建综合救助格局、打造多层次救助体系、统筹城乡发展、缩小城乡差距、创新救助方式等列入改革重点。

---

① 民政部：《2021年民政事业发展统计公报》，https://www.mca.gov.cn/article/sj/，最后检索时间：2022年10月25日。

② 甘肃省民政厅：《甘肃省2021年4季度民政事业统计数据》，http://mzt.gansu.gov.cn/mzt/c107772/xxgk_mzsj.shtml，最后检索时间：2022年10月25日。

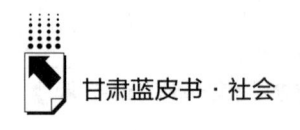

二 甘肃社会救助现状

（一）社会救助政策不断完善

2016年以来，甘肃省政府陆续出台了《甘肃省特困人员供养办法》《甘肃省人民政府关于进一步完善困难残疾人生活补贴和重度残疾人护理补贴制度的实施意见》《关于建立农村低保家庭困难状况评估指标体系的通知》《关于推行政府购买社会救助服务 加强基层经办服务能力的实施办法》《关于进一步加强事实无人抚养儿童保障工作的意见》《民政部关于加强分散供养特困人员照料服务的通知》《城市生活无着的流浪乞讨人员救助管理办法》《儿童福利机构社会工作服务规范》《甘肃省因病致贫重病患者认定办法（试行）》《甘肃省弃婴救助管理办法》等，这些政策举措和法规条例从不同层面不同实施路径对构建完善的社会救助治理体系发挥了重要作用，对促进甘肃社会救助事业的健康发展起到了积极意义。

2022年，甘肃出台《关于做好2022年全面推进乡村振兴重点工作的实施意见》，指出要完善监测帮扶机制，精准监测扶贫对象和返贫风险群体，落实医疗保障、社会救助等帮扶措施。《甘肃省"十四五"公共服务规划》指出要健全社会救助制度和完善社会救助格局，对符合条件的困难群众，应及时纳入保障范围，给予相应的救助措施。有效应对临时突发性公共事件，加大城乡临时救助力度。为困难群体提供无偿法律服务。加快社会福利服务设施和关爱服务体系建设，对有创业就业需求的残疾人提供就业培训服务。[1]

---

[1] 甘肃省政府办公厅：《甘肃省"十四五"公共服务规划》，http：//fgw.pingliang.gov.cn/ywgz/fzgh/art/2022/art_8a67e29c655f4499ae964977e72d1ed1.html，最后检索时间：2022年11月3日。

可以看出，乡村振兴战略和社会发展规划在服务农村社会救助方面也发挥着重要作用。

（二）社会救助机制不断健全

一是将建档立卡贫困人口中所有符合低保条件的全部纳入农村低保范围；二是通过开发监测预警系统建立动态管理监测预警机制，对城乡低保对象、返贫风险人口、困难人员等进行动态监测。截至2021年，预警系统针对困难群体共发出预警信息7万多条，将符合条件的3万多人纳入救助范围；三是推行"资金+物资+服务"社会救助模式；四是落实残疾人两项补贴制度；五是实行困难群体公益岗位托底安置制度；六是构建以基本救助+专项救助+急难救助为主体，社会力量补充参与的多层次救助体系；七是统筹城乡社会救助，推进救助服务均等化。

（三）依托乡村振兴多举措防止返贫

为巩固脱贫攻坚成果，确保不发生规模性返贫，2021年甘肃制定了防止返贫动态监测和帮扶工作机制。一是明确监测对象和范围。以家庭为单位，监测脱贫不稳定户、边缘易致贫户，以及因病因灾因意外事故等刚性支出较大或收入大幅缩减导致基本生活出现严重困难户。重点监测家庭收支状况、"两不愁三保障"及饮水安全状况等。重点关注农村大病重病患者、负担较重的慢性病患者、重度残疾人、留守儿童和困境儿童、失能特困老年人口等特殊群体。二是监测内容。以脱贫攻坚期国家扶贫标准的1.5倍（6000元）为底线，作为全省最低收入监测标准。2022年起，按照物价指数变化、农村人均可支配收入增幅、农村低保标准等因素，每年动态调整检测标准。三是严守底线防止规模性返贫。四是对丧失劳动能力的监测对象落实《关于改革完善社会救助制度的若干措施》相关要求，强化低保、医疗保险、养老保险和特困人员救助供养等综合性社会保障措施，确保应保尽保。对因病、因灾等意外变故产生返贫致贫风险的监测对象，及时落实健康帮扶、临时救助等政策。对面临因残返贫致贫风险的监测对象，先进行残疾鉴定，再根据政策准入条件纳入低保标准。

（四）社会救助兜底保障水平进一步提高

"十三五"期间，甘肃共投入救助资金534.5亿元，城乡低保和特困供养标准逐年提高（见表1），2017年超过国家扶贫标准线。"十三五"末，甘肃城乡低保标准分别达到年人均6924元、4428元，较"十二五"末分别增长38%和55%。城乡特困人员基本生活供养增加了"照料护理"补助，补助标准分别不低于10452元和7200元，较"十二五"末分别增长超过129%和83%。"十三五"时期，临时救助累计达592.2万人次，临时救助资金累计支出达65.49亿元。①

表1 2017~2021年甘肃农村低保和社会救助情况

年份	低保人数（万人）	低保户数（万户）	低保标准（元/人·年）	临时救助次数（万户）	特困供养（万户）	扶贫标准线（元）
2021	140.20	48.10	4536	82.40	9.10	—
2020	141.80	47.87	4428	180.33	9.06	4000
2019	138.95	46.18	4168	149.92	9.37	3800
2018	233.64	71.19	3979	151.64	10.06	3500
2017	299.38	95.56	3765	57.74	11.11	3000

资料来源：中华人民共和国民政部网站。

据甘肃省民政厅数据显示，截至2021年，甘肃农村一、二类低保补助水平由年人均4428元、4200元分别提高到年人均4788元、

---

① 《甘肃省出台措施改革完善社会救助制度》，http://gs.people.com.cn/n2/2021/0405/c183283-34658863.html，最后检索时间：2022年11月3日。

4536元；农村三、四类低保补助水平不变，分别为年人均1008元、696元。对于城乡特困人员，按照其基本生活标准不低于城乡低保标准的1.3倍原则，分别由年人均不低于9012元（城市）、5760元（农村）提高到年人均不低于9732元（城市）、6216元（农村）。城乡特困人员按照自理能力划分为三类，可获得部分护理费，其中具备生活自理能力的护理标准由年人均不低于1440元提高到1680元，丧失部分生活自理能力的护理标准由年人均不低于2640元提高到3360元，完全丧失生活自理能力的护理标准由年人均不低于3840元提高到4800元。对于困难残疾人员，生活补贴、重度残疾人护理补贴，提标后月人均补贴从60元到110元不等。[1]

（五）农村特困供养制度进一步健全

2019年，甘肃省民政厅推出了《关于进一步做好特困人员集中供养工作的通知》，对进一步健全农村特困人员集中供养发挥了积极作用。该通知要求各地首先要对城乡特困人员生活状况、失能状况、委托照料需求服务等进行全面调查评估，做到精准施策。其次，对全省城乡特困供养机构服务能力进行调查，掌握供养机构设施条件、供养能力、服务水平、经营情况等，综合评估现有供养机构服务能力，做到精准建设。最后，提升县级敬老机构照护功能和服务能力，清除特困供养机构安全隐患，推进特困供养机构硬件设施升级改造。鼓励地方政府合理设置供养服务购买项目，从而为供养机构提供资金保障和人力支持。特困人员救助标准包括基本生活标准和照料护理标准两部分。近年来，甘肃农村特困人员救助供养标准有了稳步提高，2021年甘肃城乡特困人员基本生活标准分别提高到年人均不低于9732元、

---

[1] 《2021年甘肃省提高城乡低保标准》，http://www.gscn.com.cn/gsnews/system/2021/03/26/012562696.shtml，最后检索时间：2022年10月25日。

6216元。城乡特困人员按具备生活自理能力、丧失部分生活自理能力、完全丧失生活自理能力三种情形，护理标准分别提高到年人均不低于1680元、3360元、4800元。① 目前，农村分散供养和集中供养人员基本生活都得到了一定的保障。

（六）医疗专项救助有保障

在托底生活保障的基础上，农村特困人员专项救助也得到了持续的巩固，实现了困难人员应保尽保。2022年甘肃省政府出台《关于健全重特大疾病医疗保险和救助制度的实施意见》，规定农村重特大疾病救助限额为年度8万元，特困人员（孤儿）按100%的比例实行救助。全额资助的包括特困人员（孤儿）；定额资助的包括农村低保对象、农村返贫致贫人口、过渡期内易返贫致贫人口。对特困人员、孤儿、低保对象、农村返贫致贫人口、过渡期内易返贫致贫人口等实行直接救助，不设年度起付标准，年度救助限额为5万元，重特大疾病年度救助限额为8万元。特困人员、孤儿个人负担部分按100%的比例进行救助，低保对象、农村返贫致贫人口个人负担部分按不低于70%的比例进行救助，过渡期内易返贫致贫人口和已脱贫人口个人负担部分按不低于60%的比例实行救助。②

（七）搭建社工服务站救助平台

2022年，甘肃设立了300个社工服务站，以城乡低保对象、特困供养人员、重度残疾患者、流浪乞讨者、孤儿、留守儿童等为重

---

① 《2021年甘肃省提高城乡低保标准》，http://www.gscn.com.cn/gsnews/system/2021/03/26/012562696.shtml，最后检索时间：2022年10月25日。
② 甘肃省政府办公厅：《关于健全重特大疾病医疗保险和救助制度的实施意见》，https://www.gswuwei.gov.cn/art/2022/3/9/art_1646_484398.html，最后检索时间：2022年11月3日。

点服务对象。社工服务站坚持"弱势优先，保障专业，服务民生"的服务原则，以专业化、多元化、精细化服务质量打造基层社会治理"最后一公里"，为提升完善社会治理效能发挥积极作用。社工服务站服务内容包括：一是开展社会救助服务，包括对城乡低保、临时救助及特困供养对象进行摸排，开展业务培训；二是开展养老救助服务，主要针对残疾、空巢独居及特困老年群体开展救助服务，包括健康管理、居家照料、社区照顾、邻里互助等服务内容，建立关爱老年群体、服务老年群体的社会支持网络，将养老服务融入社工服务中；三是开展儿童救助服务，主要对困境儿童开展走访、陪伴及素养提升等服务，同时对困境儿童、无人抚养儿童及孤儿收养等进行评估；四是开展社区治理服务，整合各方资源促进各种力量积极有序参与基层社区治理；五是开展乡村振兴服务，推进乡村移风易俗，积极参与易地扶贫搬迁集中安置社区治理工作；六是积极开展社工组织培育，使社工专业救助服务向农村倾斜，促进城乡救助服务均衡化发展；七是开展婚姻政策宣传、咨询、辅导等家庭社工服务。

三 甘肃农村社会救助存在的问题

（一）社会救助立法不健全

社会救助立法不健全主要表现为：目前的农村社会救助实施执行基本依靠行政法条和政策文件，迄今为止还没有一部社会救助的基本法，用以明确社会救助各方的权责关系。基本法缺失不利于对困难群众获得社会救助进行明确赋权，困难群众获得社会救助的法定权益难以得到保障，与此同时，立法缺失也不利于明晰政府应当承担的责任，不利于给整个社会提供可靠清晰的安全预期。

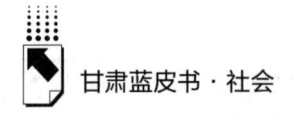

（二）救助管理机制不健全

首先，农村社会救助工作涉及民政、医保、教育等多个部门，目前的工作机制是各部门各自为政，缺乏信息共享和统一协调机制，造成政策执行既有交叉重复也覆盖不全，这种机制导致不能有效整合救助资源。其次，农村集中供养管理落后，制度不完善。一些敬老院财务不公开，来访不登记，环境卫生差，救助对象缺乏必要的文娱活动。救助服务质量差，救助服务人才建设滞后，一些敬老院服务人员素质低，服务不到位，缺乏必要的专业培训。最后，基层工作人员存在较大的缺口，工作力量不足，制约了基层民政工作的正常开展，各村（居）社会救助专员配备缺乏，基层业务能力不能适应工作要求。

（三）救助对象信息认定不精确

由于政府宣传不到位，群众掌握的信息与具体的实施政策存在偏差，相关部门在评估救助对象过程中信息掌握不准确，漏选、错评的现象时有发生。此外，动态信息跟踪系统建设滞后，救助对象情况发生新的变化时未能及时准确地把握全部信息，也会导致救助过程中漏选、错选的情况发生。

（四）救助保障水平低

截至2021年底，全国农村低保平均保障标准为年人均6362.2元，甘肃农村一、二类低保标准分别为年人均4788元、4536元；农村三、四类低保标准为年人均1008元、696元，和全国平均水平相比，甘肃还处于较低水平。2021年，全国集中供养平均标准是6385元/人·年，分散供养平均标准是4844元/人·年。截至2021年底，甘肃农村集中供养标准每人每年不低于5600元（467元/月），分散供养标准每人每年不低于4525元（377元/月）①，明显低于全国平均水平。

（五）救助资金不足

近年来，各级政府和公益慈善方面用于农村社会救助的资金虽逐年提升，但相对救助需求而言投入力度仍显不足。目前，农村社会救助资金主要来源于政府财政，社会筹资力量不足，社会化程度低，筹资渠道单一，救助资金少，救助标准低，救助范围窄，救助门槛高，城乡差距较大。

（六）集中供养场所建设滞后

农村救助资金数量有限，来源单一，导致敬老院和五保村难以发挥应有的作用。甘肃农村集中供养场所普遍存在基础设施建设薄弱的问题。以敬老院为例，多数运营单一、设施简陋、入住条件差，服务模式仍停留在提供简单生活照料层面上。多数农村养老场所缺乏专业的服务人员，服务意识差，服务水平低。

（七）社会资本引入困难

近年来，国家出台政策鼓励社会资本投入农村养老服务，效果不明显。究其原因，首先，农村经济水平低，特困集中救助属国家公益性政策，盈利空间小，很难吸引社会资本。其次，养老服务前期投入大，成本高，盈利周期长，降低了社会力量参与农村救助的积极性。最后，鼓励社会资本进入农村救助项目的扶持政策还不完善，一方面要制定土地、税收等优惠政策，另一方面要提高政府向社会资本的购买力。

---

① 《2021年甘肃低保标准有何调整？》，https：//m.shebao.southmoney.com/dongtai/202107/139083.html，最后检索时间：2022年11月3日。

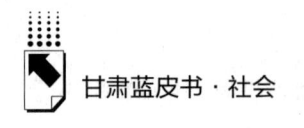

四 完善甘肃农村社会救助的对策建议

（一）进一步完善农村社会救助法律体系

社会救助是社会保障体系中兜底性制度安排，关系着城乡困难群体最基本的人权，通过立法明晰权责关系是社会救助制度的内在要求。2014年国家颁布实施了《社会救助暂行办法》，标志着社会救助制度框架已基本成型，如果社会救助立法能顺利完成，城乡社会救助将从依靠行政法规和政策性文件步入更成熟的立法体系，有了社会救助法，就能在法律层面赋予困难群体获得社会救助的权益，同时可以明确政府应当承担的责任。

（二）健全农村社会救助管理机制

建立各部门综合协调管理体制，统筹规划安排各职能部门救助工作与管理，使救助资源得到科学合理的使用，做好各项社会救助制度衔接，系统构建农村社会救助协调化、精确化和规范化管理体系，不断提升农村社会救助规范化管理水平。鼓励社会力量参与，破解农村社会救助资源匮乏的局面，加快实现各职能部门间的信息共享，健全审计检查制度，多渠道接受群众监督，提高社会救助规范化管理水平。加快"放管服"改革，健全城乡社会救助"一门受理、协同办理"工作机制。建立健全农村集中供养机构规范化管理机制，加大专业服务队伍建设，提升农村社会救助水平。

（三）加强农村救助对象精准认定

一是建立健全大数据信息共享机制，对农村低保、特困救助进行动态检测，全面核查收入、房产、车辆、公积金、社保、退休金等家庭经济状况，做到"应保尽保、应退尽退"。二是对新申请的农村社会救助对象进行全面核查，将符合条件的及时纳入救助范围。三是对有集中供养需求的对象进行及时排查，按照集中供养程序，尽快安排到集中供养机构入住。四是进一步完善农村社会救助信息数据，做到分类清晰、核查有据。

（四）进一步加大制度安排和公共投入

一是确保农村社会救助资金足额发放并逐步提升水平，健全医疗救助保险制度，持续扩大农村社会救助覆盖面和提高救助水平。采取以工代赈、就业救助等方式促进符合条件的贫困劳动力就业，这些制度安排能够有效减轻贫困人口的贫困程度。二是继续加大乡村振兴投入力度，进一步整合社会资源并及时向农村社会救助倾斜，探索将扶贫投入纳入社会救助体系，加快推进城乡基本公共服务均等化。三是重视实物救助，向农村特困家庭提供生活物资，可以从政府临时救助专项资金中列支，也可通过公益慈善以及社会捐赠。对散供养人员、疾重大病老人、孤儿、残疾人等进行重点跟踪管理，提供相应的帮扶照料。

（五）鼓励社会力量参与农村社会救助

鼓励调动社会力量参与农村社会救助，建立政府救助与社会力量资源相结合的救助模式，一方面通过公共资源支持公益慈善组织帮扶特困群体，另一方面以公益慈善资源强化政府救助的保障能力。政府部门和社会组织共同形成社会救助联动机制，统筹整合线上线下救助资源，构建立足基层社区的社会救助及相关服务网络，更好地服务困难群众。

（六）构建城乡统筹的社会救助体系

结合当前户籍管理制度改革和乡村振兴战略举措，持续推进城乡统筹的社会救助制度。健全社会救助动态预警监测体系，建立符合救助条件的农业转移人口社会救助帮扶机制，对持有居住证低收入和困难群体，可向居住地相关部门申请低保和社会救助，实现城乡基本民生一体化兜底保障。

（七）进一步完善最低生活和特困人员保障制度

健全城乡低保综合认定体系，适当扩大低保覆盖范围，对低保家庭刚性支出进行合理扣减，将符合条件的城乡困难群体及时纳入最低生活保障。完善农村低收入家庭认定和帮扶救助，对重度残疾、重度病患人员以及无法通过就业产业帮扶获得稳定收入的全部或部分丧失劳动能力对象，通过"单人户"政策及时纳入低保，予以保障。结合城乡人均消费支出及人均可支配收入等标准，综合物价上涨、地方财力、上级指导等因素，落实救助标准与物价上涨联动挂钩机制，合理制定低保涨幅标准。

（八）加强农村救助服务人才队伍建设

加强服务人才队伍建设是提升农村社会救助水平的重要方面，一是需要培育专业化、具有长期服务意识的人才，需要建立专业人才培养和长效激励机制。二是持续改善工作和生活环境，减少农村社会救助服务人才流失。三是通过政府买单的方式，向社会招聘农村救助机构工作和服务人员，加大农村社会救助服务人员培训力度，提升其专业服务技能。四是加强农村社会工作人才培养，建立专业人员下乡激励机制，发展和完善农村专业化社工组织，定期为困难村民提供服务。

参考文献

贾玉娇、杨佳:《农村社会救助制度实践的复杂性:事实逻辑与理论反思》,《中国农业大学学报》(哲学社会科学版)2021年第5期。

郑延瑾、李涛:《农村社会救助的瞄准偏差及其矫正策略》,《甘肃政协》2022年第2期。

黄婷:《农村社会救助中的服务救助不足及改进对策》,《海峡科技与产业》2021年第3期。

调查篇
Reports on Social Survey

B.11
甘肃城市社区治理创新调查报告

侯万锋*

摘　要： 近年来，甘肃坚持筑堡强基，党建引领社区治理功能显著增强；加强协同联动，社区共建治理机制不断健全；引导多方参与，社区共治格局逐步形成；突出民生服务，社区共享治理机制更加完善；聚焦疫情防控，社区合作治理效果较为明显。从问卷调查数据看，"社工委"机制的作用发挥较为充分，被访者的满意度较高。但基于新冠肺炎疫情常态化压力，当前社区治理机制与基层治理现代化目标不相适应，面临一系列问题。应从健全一核多元组织架构、凝聚多元主体共治力量、健全社区资源整合机制、强化城乡社区治理资源保障、加强社区治理队伍建设等方面入手，进一步创新城市社区治理新机制。

---

* 侯万锋，甘肃省社会科学院公共政策研究所所长、研究员，主要研究方向为政治学理论、公共管理、公共政策与基层治理。

关键词： 城市社区　社区工作委员会　社区治理　甘肃省

　　社区作为由社会个体组成的社会生活共同体，既是特定地域内社会个体生活的主要场所，也是创新基层社会治理的重要平台。自1986年民政部首次将"社区"引入城市社会管理以来，我国将街道辖区居委会作为城市社区的特定范围。城市社区治理是指在城市街道居委会所辖范围内，多元治理主体协同推动社区发展并提供公共服务的过程和状态。2017年，《中共中央 国务院关于加强和完善城乡社区治理的意见》进一步提出了社区治理创新工作的总体要求、主要原则、基本思路和具体方法，明确要求全面提升城乡社区治理法治化、科学化、精细化和组织化水平。近年来，甘肃借助党建引领、机制优化、技术更新和社会动员等举措，致力于城市社区治理机制创新，促使全省城市社区治理水平有较大提升。与此同时，在新发展阶段，特别是在新冠肺炎疫情常态化防控中，城市社区治理与城乡基层社会治理体系和治理能力现代化的目标要求还不相适应，甘肃城市社区治理还面临诸多新的问题和挑战。这些问题既需要学术界开展深入研究，也需要社区实务工作者在实践中探索创新。

　　本报告主要采用问卷调查、案例分析等方法，结合社区在新冠肺炎疫情常态化防控中的作用，以2020年甘肃确定的16个城乡社区治理创新实验区中的兰州市城关区、嘉峪关市钢城街道、张掖市甘州区、武威市凉州区、白银市平川区、平凉市崆峒区、庆阳市西峰区和陇南市武都区为重点，全面总结甘肃城市社区治理的创新举措及成效，重点分析省会兰州"社工委"机制促进社区治理良性运行状况，深入剖析当前甘肃城市社区治理存在的问题和不足，并提出创新城市社区治理的对策建议，以期对甘肃创新城市社区治理机制、推进城市社区治理体系和治理能力现代化有所裨益，提供一定的借鉴。

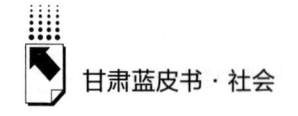

一 甘肃推进城市社区治理的创新实践及成效

近年来，甘肃各地不断加强和创新城市社区治理，特别是2020年甘肃确定的16个城乡社区治理创新实验区在全省城乡社区治理实践中发挥了重要的示范引领作用。各地在疫情常态化防控实践中，积极探索符合地方实际的城市社区治理新路子，全面提升了城市社区治理效能。

（一）坚持筑堡强基，党建引领治理功能显著增强

兰州市充分发挥党工委轴心作用，城关区各街道均成立工作专班和议事协调机构，特别是街道班子成员直接驻守一线，分片督抓社区"社工委"规范组建和系统运行。嘉峪关市强化街道"大工委"、社区"大党委"的政治引领功能，以党组织为核心，立足"小网格"、融入"微服务"、发挥"强作用"，探索推行了"党建+社会治理"模式，治理效果较为明显。张掖市甘州区加快彩虹城市建设，实施城市更新行动，建立街道社区联席会议提示、议题审核备案、议定事项督办等制度，规范了社区治理机制的运行。武威市凉州区通过与辖区机关企事业单位建立"共享资源、互补优势、互促共进、共同提高"工作机制，实现了社区事务共商、社区资源共享，基本达到社区家园共建的目标。白银市平川区成立综合治理领导小组，特别是明确了责任清单、明晰了重点任务，保障了城市社区治理的效能。平凉市崆峒区建立社区党组织领导，以社区居委会、社区工作站、业主委员会、物业站为主体的协同治理组织架构，为形成城市社区治理的共建共治共享格局提供有力的组织保障。庆阳市西峰区以社区党组织为核心，成立社区邻里党建的"共同体"，有机联结辖区内单位、行业及各领域党组织，共建组织、共管党员、

共商要事、共办活动、共抓服务、共享资源，共同服务社区。陇南市武都区强化党建引领，把选好、找准社区党组织带头人作为重要抓手，实施"两强两化"和带头人素质提升工程，确保社区治理有"中轴"，效果明显。各地坚持筑堡强基，使得城市社区治理实践中的党建引领功能显著增强。

（二）加强协同联动，社区共建治理机制不断健全

兰州市城关区注重网格化、智慧化联动，融合"三方协同"，即以三方联动为切入点，搭建以街道、社区、小区、楼栋为单位四级管理体系，零距离服务保障群众。嘉峪关钢城街道在部分社区建立"街道+社区+网格+楼栋长+单元长"纵向到底贯通链条，创新建立"网格责任共同体"，在社区治安、环境保护、就业援助、结对帮扶等方面建立协同联动治理机制，将社区服务提供在家门口。张掖市甘州区健全"一长四员"进楼栋工作制度，完善"网格发现、社区呼叫、分级响应、协同处置"的工作机制，培育扶持公益性、服务性、互助性社会组织参与社区自治共治。武威市凉州区注重在社区各类非公经济组织、社会组织等群体中拓展建立党支部，推动社区党委、业委会、物业公司、辖区单位共同参与社区治理，实现各方利益联结、资源整合和力量统筹。白银市平川区依托"互联网+便民服务"，加强部门信息共享，为社区居民提供不间断服务。平凉市崆峒区整合社区干部、民警、网格员三种力量，通过"网格化+信息化"工作机制，在小网格的基础上组建邻里网格，加强网格间的配合协作，打破社区条块分割、封闭运行的局面。庆阳市西峰区在具备条件的 11 个物业公司中成立党组织，推行社区党组织、业主委员会、物业公司、房产服务中心"四方协同、交叉任职"服务机制，共同守护居民幸福生活。陇南市武都区健全组织联动、党建联抓、党员联管、活动联办、资源联用、服务联做"六联机制"，明确共驻共建具体事项，助

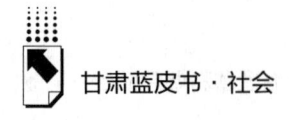

推城市社区治理从"独唱"变成"大合唱"。甘肃各地不断加强协同联动，社区共建机制不断健全。

（三）引导多方参与，社区共治格局逐步形成

近年来，甘肃各城市街道社区充分吸纳多元力量常态化参与社区治理，逐步形成了资源共享、优势互补的社区共治治理机制。兰州市城关区积极吸纳社区"两委"成员、"两代表一委员"、退役军人、社会组织负责人、热心居民等各领域人员进"社工委"，发挥各方力量；培育社区服务类、文体活动类、专业调处类、公益慈善类等社会组织，促进多方力量联动，调动社会组织参与社区治理的积极性；依托社区协商议事平台，畅通民意诉求表达通道，充分发挥在社区治理中居民的"主人翁"作用。

嘉峪关市钢城街道建成31个社区便民服务中心，统筹设置社保、医保、法律服务等10个服务窗口，实现现有数据互联互通。张掖市甘州区建立社会组织孵化培育机制，培育扶持公益性、服务性、互助性社会组织参与社区自治共治。武威市凉州区宣武街惠政社区以居民自治为载体，以困难户为中心开展党员、邻里、社区、辖区单位"1+4"的爱心结对帮扶活动。

（四）突出民生服务，社区共享治理机制更加完善

兰州市城关区各街道社区发挥"社工委"联系广泛的优势，引导各方力量服务群众，实现资源共享、共商共治。通过"社区+社会组织+居民志愿者"的方式，发挥各自优势，营造辖区先进文化，服务辖区群众。嘉峪关市钢城街道探索建立"睦邻和事驿站"，推动多方力量共同协商议事，实现了城市社区治理从"为民做主"向"由民做主"转变。张掖市甘州区开展"微治理微论坛，微心愿微服务"活动，举办邻里听、邻里学、邻里帮、邻里和、邻里安、邻里情等特

色活动，有效提升城市居民的获得感、幸福感。武威市凉州区宣武街惠政社区成立以小区党员、热爱公益事业的居民、开发商、业主委员会、物业公司工作人员为主的居民协商议事会，设立幸福家园居民议事厅，协商解决了社区居民房屋产权证办理、院内配套设施维护等关涉民生的突出问题。白银市平川区推行"掌上社区"平台，为社区居民提供在线服务，打造"掌上生活圈"。平凉市崆峒区通过党员干部民情日志制度，及时了解居民所需所求，及时反馈解决居民所难所愁。庆阳市西峰区成立由居民党员牵头的阳光议事厅、红茶议事会、三老调解会，搭建物业与居民交流新平台，做到了居民的事居民议、居民定和居民管。陇南市武都区各社区通过陇南民事直说"1234"工作法和"逢四说事"活动，解决了小区绿化、公共设施维护、道路破损等问题。甘肃各地从辖区居民看得见、摸得着的民生小事入手，将居民文化娱乐、居家养老、邻里互助、便民利民等方面资源共享，优化民生服务举措，社区共享机制更加完善。

（五）聚焦疫情防控，社区合作治理效果较为明显

自2021年10月以来，甘肃新冠肺炎疫情多地频发，各地城市街道社区高效开展疫情防控，建立社区问卷防疫邻里化互助机制，形成了凝聚同心战"疫"的强大合力。从甘肃城市社区疫情防控的问卷调查数据看，在1330份有效调查问卷中，就"您所在街道与社区、小区是否形成固定的合作组织体系和有效配合"调查事项看，如图1所示，1147位被访者认为，所在街道与社区、小区之间形成了固定的组织体系，做到有效配合，占86.24%；160位被访者表示"不清楚"，占12.03%；23位被访者认为，所在街道与社区、小区之间没有形成固定的合作组织体系，未做到有效配合，仅占1.73%。从图1可以看出，86.24%的被访者对所在街道与社区、小区之间的合作组织体系持肯定看法。

甘肃蓝皮书·社会

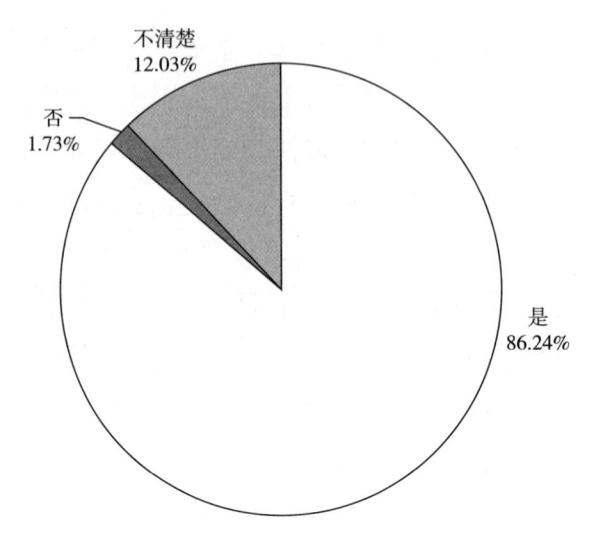

图 1　被访者对所在街道与社区、小区防疫合作组织体系的看法

资料来源：课题组根据问卷数据分析结果整理所得。

就"您对社区合作防疫工作的满意度"的调查数据看，如图 2 所示，797 位被访者表示"非常满意"，占 59.92%，448 位被访者表示"比较满意"，占 33.68%，67 位被访者表示"一般满意"，占 5.04%，15 位被访者表示"不太满意"，占 1.13%，3 位被访者表示"很不满意"，占 0.23%。不难看出，93.60%的被访者对社区合作防疫是满意的，满意度较高。

二　兰州市"社工委"机制助推城市社区治理的实践探索

在甘肃城市社区治理实践中，较为典型的是兰州市组建社区建设工作委员会（以下简称"社工委"），率先探索推行具有兰州特色、时代特征的社区治理的新路子。课题组采用随机抽样方法，以问卷星网络调查形式开展，调查范围为兰州市 8 个县区，调查对象仅为街道

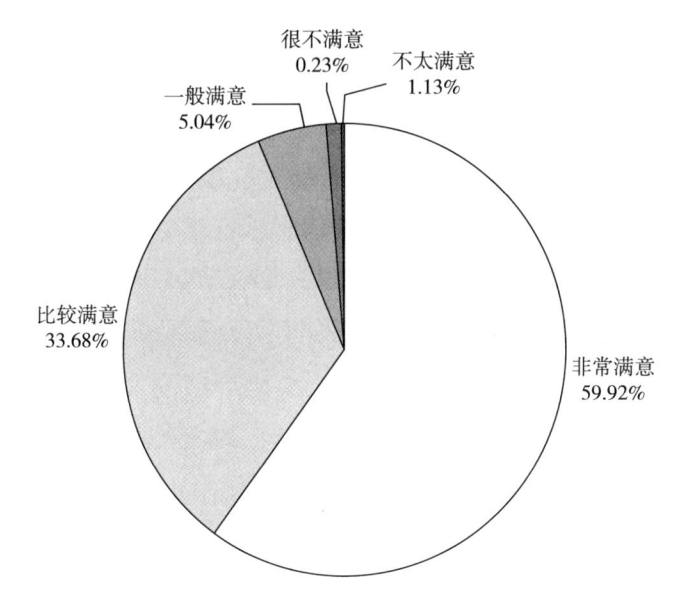

图 2　被访者对社区合作防疫工作的满意度

资料来源：课题组根据问卷数据分析结果整理所得。

社区干部和社工委委员。就 739 份有效问卷来看，城市社区受访者 667 人次，占到样本总量的 90.26%。通过样本数据分析，兰州城市社区"社工委"机制助推城市社区治理机制较为完善，城市社区治理效能有较大提升。

（一）"社工委"机制的作用发挥较为充分

如图 3 所示，受访者普遍认为"社工委"在城乡社区治理中有重要作用。认为"社工委"在城乡社区治理中有很大作用的占 54.27%，回答"有较大作用"的占 17.86%，这两项的合计比例达到 72.13%。数据表明，"社工委"机制较为有力地促进了城市社区治理实践。

统筹辖区资源方面。"社工委"作为整合各方力量的重要组织，在统筹辖区各类资源方面具有独特的优势。从图 4 可以看出，受访者中回答"社工委"在统筹辖区资源方面"有很大作用"的人数超过

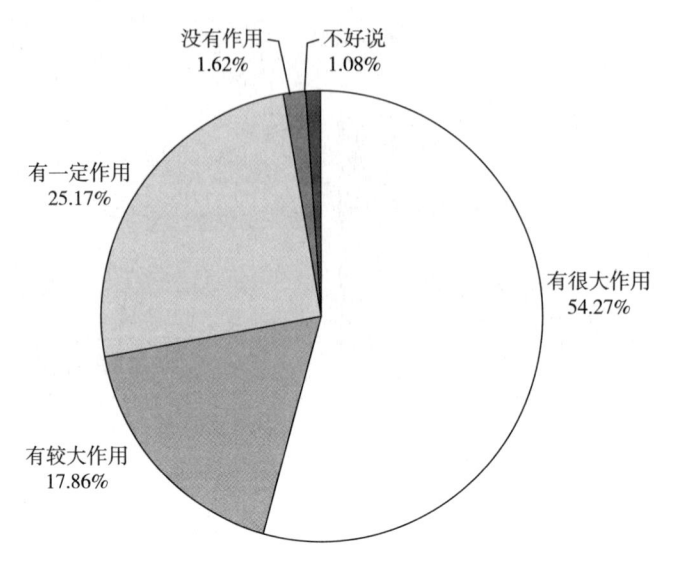

图 3 "社工委"在社区治理中的作用

了一半,占比为51.01%,回答"有较大作用"的占18.54%,回答"有一定作用"的占比为26.39%,这表明"社工委"在统筹辖区资源方面发挥了重要作用,但还有较大的提升空间。

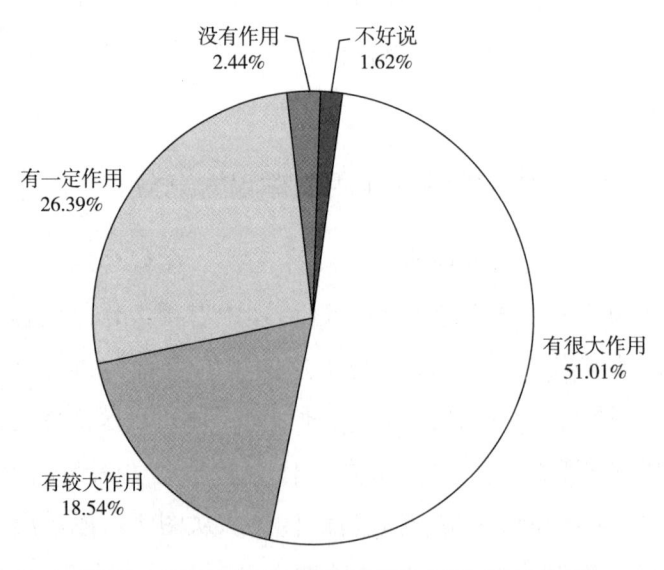

图 4 "社工委"统筹辖区资源方面的作用

政策宣传引导方面。从图5可以看出，有52.37%的被访者认为"社工委"在开展宣传引导方面有很大作用，有20.30%的被访者认为有较大作用，有24.22%的被访者认为有一定作用，这说明"社工委"在开展宣传引导、发挥舆论导向方面起到了一定作用。

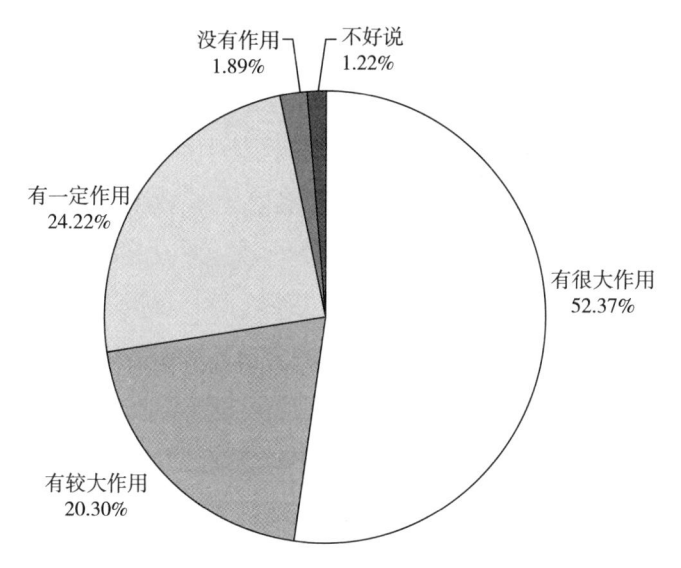

图5 "社工委"在开展宣传引导方面的作用

走访联系群众方面。如图6所示，受访者中回答"有很大作用"的占比为52.37%，回答"有较大作用"的占18.81%，回答"有一定作用"的占25.58%。数据表明，"社工委"是党和政府联系人民群众的桥梁和纽带，在走访联系群众方面发挥了应有的作用。

矛盾排查化解方面。从图7不难看出，受访者普遍认为"社工委"在矛盾排查化解方面有一定作用，其中回答"有很大作用"的占受访者总人数的49.80%，回答"有较大作用"的占比为18.40%，回答"有一定作用"的占比为27.60%。这表明"社工委"在维护社区安全稳定，营造平安和谐的社区环境等方面有积极的作用。

文明新风倡导方面。社区作为新时代文明实践的新阵地，如何在

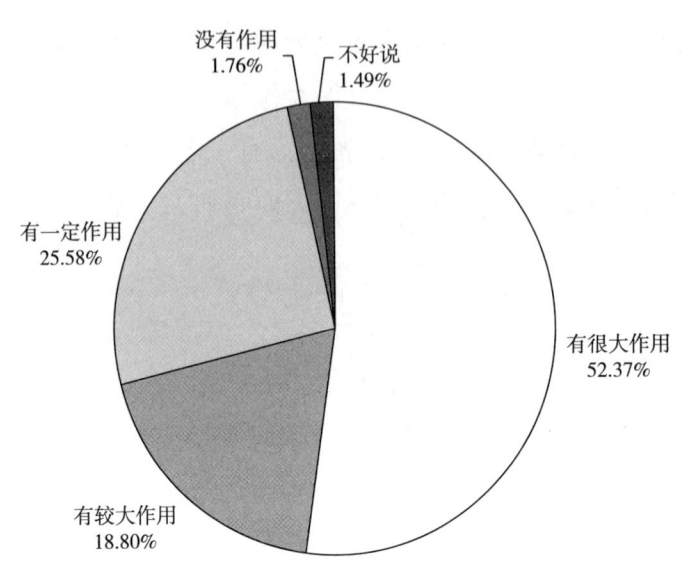

图 6 "社工委"在走访联系群众方面的作用

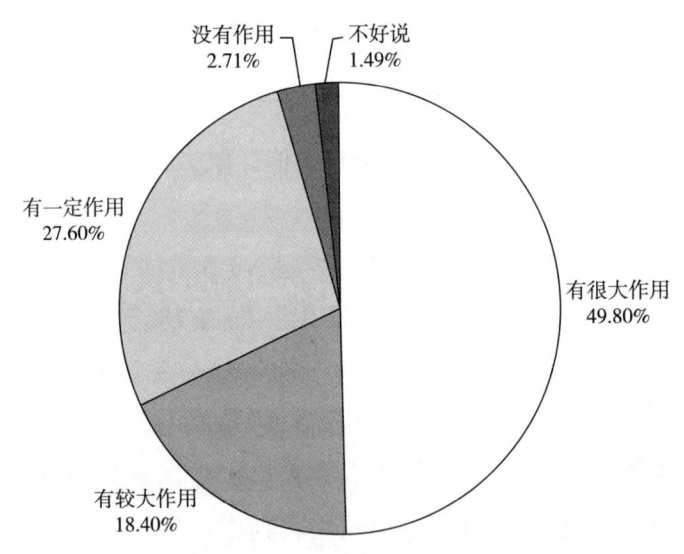

图 7 "社工委"在矛盾排查化解方面的作用

新阵地践行文明成果,成为"社工委"面临的重要问题,如图8所示,被访者认为"社工委"在文明新风倡导方面有很大作用的占

52.77%，认为有较大作用的占 17.86%，认为有一定作用的占 26.39%。数据表明"社工委"成为辖区内文明新风主要的倡导者。

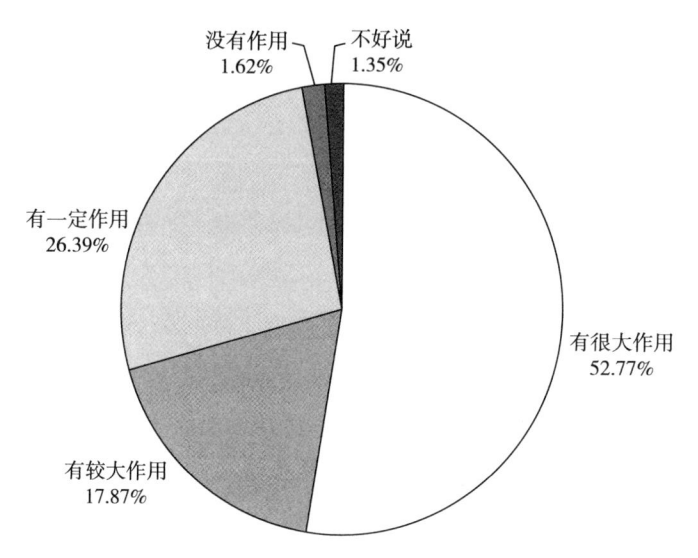

图 8 "社工委"在文明新风倡导方面的作用

公益服务供给方面。要推动基本公共服务资源向社区下沉，聚焦邻里共享，做好民生工作，充分发挥"社工委"公益服务供给者的作用。从图 9 可以看出，被访者中仅有 3.79% 的人认为"社工委"在公益服务供给方面的作用不是很大，有 96.21% 的受访者认为"社工委"在公益服务供给方面有积极作用，"社工委"成为辖区内公益服务的主要供给者。

调动参与联防联控方面。调动多方力量参与联防联控工作是"社工委"的重要功能，也是"社工委"运行效能的重要检验。从图10 中可以看出，认为"社工委"对调动参与联防联控有很大作用的受访者占比为 56.29%，认为有较大作用的占比为 17.05%，这两项占比合计为 73.34%，这说明"社工委"在调动参与联防联控方面的作用较为明显。

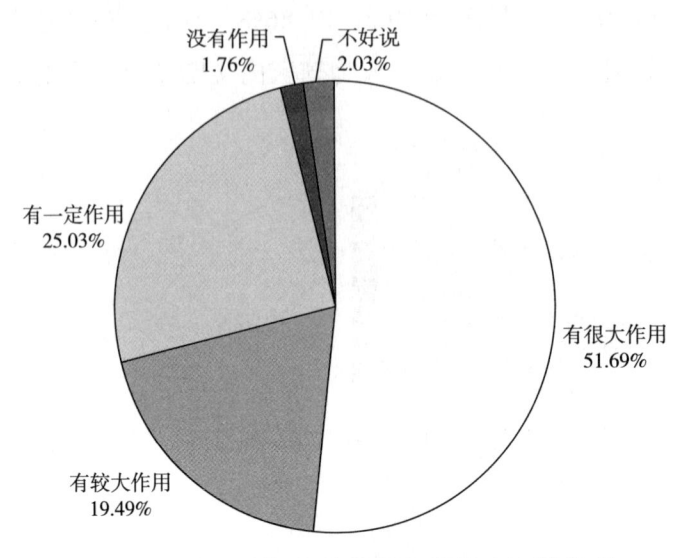

图 9　"社工委"在公益服务供给方面的作用

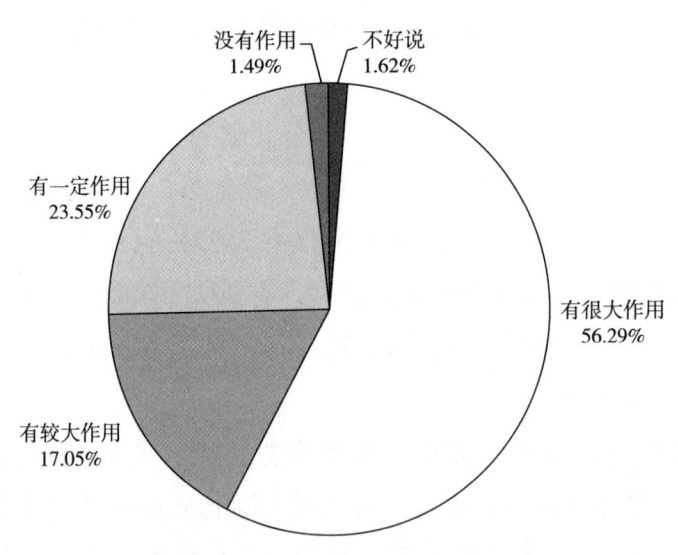

有很大作用 51.69%
有较大作用 19.49%
有一定作用 25.03%
没有作用 1.76%
不好说 2.03%

图 10　"社工委"在调动参与联防联控方面的作用

有很大作用 56.29%
有较大作用 17.05%
有一定作用 23.55%
没有作用 1.49%
不好说 1.62%

协同区域治理方面。从图11中可以看出，被访者在问到"社工委"在协同区域治理方面的作用时，有50.34%的人认为有很大作用，有18.94%的人认为有较大作用，有26.66%的人认为有一定作用，仅有4.06%的人认为"没有作用"和"不好说"，可以认为"社工委"在协同区域治理方面起到了一定作用，但还需要加强区域间联系，提升协同治理效能。

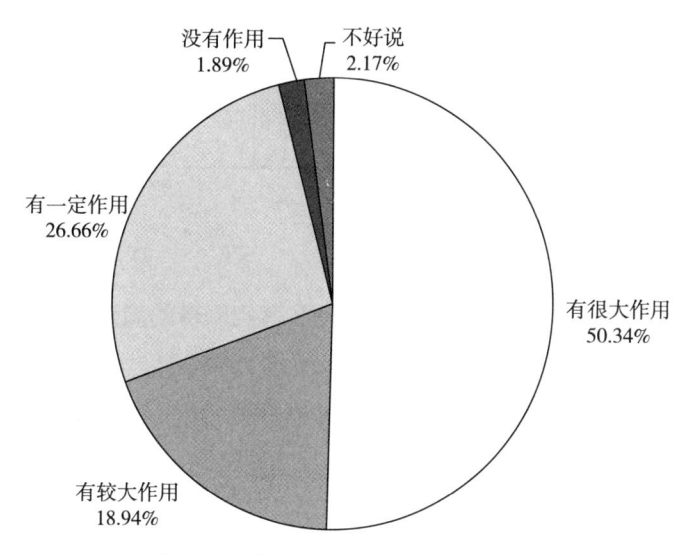

图11 "社工委"在协同区域治理方面的作用

（二）被访者对"社工委"机制运作的满意度较高

"社工委"落实职责的满意度。"社工委"工作职责较多，如图12所示，在调查中发现，受访者对"社工委"政策法规宣传、文明新风倡导、整合共建资源的工作满意度较高，占比分别高达83.90%、73.75%、70.37%。数据表明，兰州市自成立"社工委"以来，较好地履行了这三项职责。

"社工委"履行职能情况的满意度。从图13中可以看出，受访者在回答"社工委"哪些职能落实较好的问题时，满意度排名前三的分别为开展宣教宣传、参与联防联控、走访联系群众，分别占

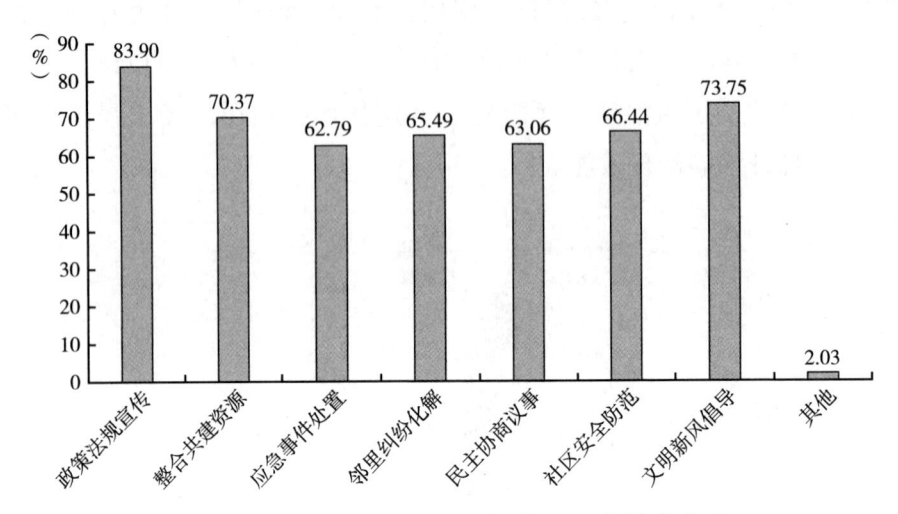

图 12　被访者对"社工委"落实职责的满意度

82.95%、73.88%、72.12%。可以推断出"社工委"这三项职能在辖区内得到了较好的落实。

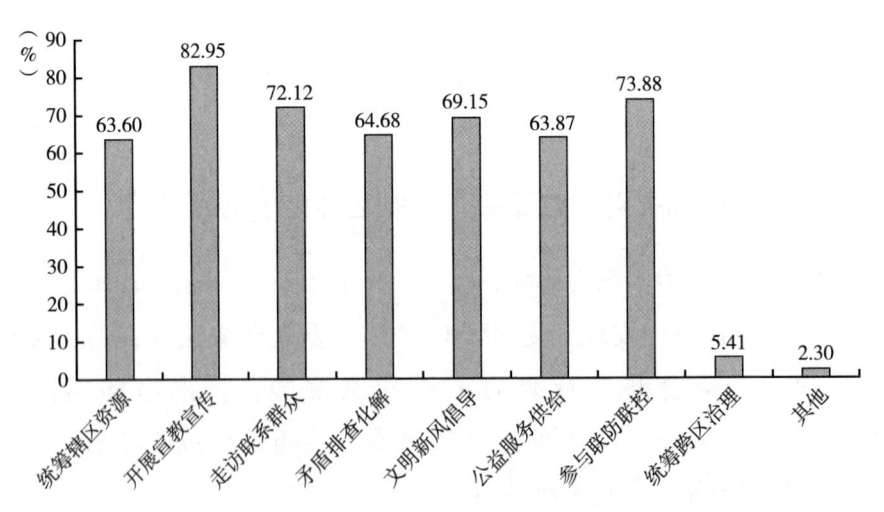

图 13　被访者对"社工委"履行职能的满意度

三 甘肃城市社区治理面临的问题与挑战

当前建立在常态社会运行基础上的社区治理模式和工作机制与基层治理体系和治理能力现代化的目标要求不相适应、与常态化疫情防控要求还有差距，甘肃城市社区治理仍然面临不少问题与挑战。

（一）社区科层化特征明显

在多年的实际运转过程中，社区的运行机制和组织逻辑仍是一套科层制和以行政化为主导的工作模式，并且成为党委、政府在基层的行政末梢，社会公众对社区的认识也依然将其视作"一级政府"。调研发现，社区工作成绩由政府统一指导与考核，许多社区自主安排的工作有限，无法彰显其能动性。此外，城市社区居委会的工作范围较广，既要负责街道办事处下派的工作，也要安排上级其他部门部署的任务。诸多行政性任务已经超出了社区居委会的工作范围，导致社区无法从行政事务中抽离出来，因此不能更好地为民间组织的发展提供有力支撑。

（二）社区资源整合难度较大

总体上看，当前社区治理仍面临资源不足、链接不足、共享不够的困境。城市化进程不断加速，城市治理已经从以往的注重数量、规模等"物的城镇化"粗放型发展模式转向了注重质量和效能的"人的城镇化"的高质量发展阶段，这对社区治理工作提出了越来越高的要求。各种治理任务不断下沉，但相应的"资源下基层"严重滞后。调研发现，在街道社区，上级资源的配置基本上按照"项目制"方式运作，资源的分配必然包含着用途限制、进度要求、规范标准、监督考核等各种限制性要求，而社区事务又在很大程度上具有时间紧、任务重、灵活性高和变化性大的内在特点，以致多个社区普遍面临"钱不好要，也不够用，还不好花"的现实难题。以兰州市"社工委"机制运行为例，被访者认为"社工委"工作运行中存在问题和不足的占比超过40%，认为"调动单位、企业和社会组织参与的工作有待加强""调动社区居民参与的作用发挥不充分"，这表明"社工委"工作运行中在动员多元力量参与社区治理方面明显不足。

（三）社区治理力量严重不足

各地城市社区干部的大量工作是应对各类检查、督查和评估，主要精力放在统计汇报各种重复性表格上。同时，社区承担着管理、服务、保障等多种职责和职能，工作处于超负荷状态。以疫情防控为例，社区成为联防联治的前沿阵地，社区干部成为防范疫情的核心队伍，既要承担宣传、防治、排查等许多工作，同时兼任联络员、警卫员、心理疏导员等。以兰州市"社工委"运行为例，从问卷调查数据看，被访者认为"动员企业参与的作用发挥不充分"的占54.94%，认为"组织赋能方面的作用亟须加强"的占49.39%，认为"调动社区居民参与的作用发挥不充分"的占45.33%，认为"动员辖区单位参与的作用发挥不充分"的占42.22%，这从侧面反映出社区在动员辖区内各企事业单位、社区居民方面能力有待加强。

（四）社区服务供需矛盾较为突出

受资金投入、社区服务覆盖面持续扩大等客观因素影响，城乡社区基础设施薄弱、服务手段不配套、工作经费不足等问题依然突出。目前，下辖的基层社区每年工作经费仅为财政拨款，诸如老旧小区治理难、部分辖区儿童上下学接送难、高龄独居老人照管难、残障人士生活难等问题，各社区配套了日间照料室、文体活动室、图书阅览室、慈善超市、心理咨询室、健身康复室等公益项目，但现有工作经费难以维持各类公益项目正常运转，群众对公益服务的需求与资金投入保障的差距日益增大。同样，尽管通过一系列城乡社区治理项目和基础设施建设项目的实施，全市标准化党群活动中心已基本实现全覆盖，城乡社区基础设施得到较大改善，但随着群众生活水平的提高，城乡社区公共服务设施配置不均衡，公共服务设施需求与供给差距加大的问题日益突出。

（五）社区队伍建设力度有待加大

随着社会管理创新的深入推进，各个条线的工作纷纷"落户"社区，但是并没有"权随责走、费随事转"，城乡社区既要完成政府延伸交办的任务，又要满足群众需求，还要设法争取资源兴办实事，任务十分繁重，而人员数量和工作经费却未曾调整。特别是城市社区治理队伍的工作范围和工作强度也与日俱增，与城乡社区居民利益密切相关的劳动就业、社会保障、卫生教育、公共服务、社会救助、住房保障、文体服务、惠民政策等公共服务事项都需要社区工作者去落实，社区工作力量显得极为不足。由于社区工作人员工资待遇低，文化程度较高且有技术特长的年轻人不愿在社区工作，社区工作人员整体素质不高的状况短期内难以得到改变。

四 进一步创新城市社区治理的对策建议

城市社区治理虽然有来自上级政府在政治、制度和组织上的支持，自身也拥有提供多元化服务的内在优势，但社区治理面临诸多新问题和新挑战。适应基层治理现代化的目标要求，需要进一步健全和创新社区治理机制，不断完善城市和城乡基层治理体系，逐步探索城乡社区现代化治理的新路子。

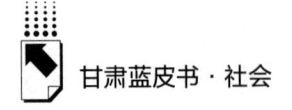

（一）健全一核多元的组织架构

党的基层组织建设是我们党区别于其他政党的显著优势。要将党的领导贯穿于城乡社区治理全过程各领域，健全社区党组织领导下的基层群众自治机制，推动全面从严治党向城市社区下沉、延伸。一是要建立以社区党组织为核心的组织架构，探索党建工作网格化，在纵向上形成街道工委、社区党委、居民党支部、党小组、党员五级的责任链条，在横向上把党支部建在社区治理网格上。二是通过选派党员干部下沉街道社区，把红色基因注入各类社区基层组织，推动单独或联合建立党组织，建强战斗堡垒。三是街道社区要细化制定具体举措，遴选能力强、素质高的社区"两委"班子成员、业主党员、双报到党员进入社区基层组织，推荐社区基层组织中的党员或负责人担任社区党组织、居委会兼职委员，构建覆盖广、效率高、同向发力的社区组织网络。

（二）凝聚多元主体共治力量

社区治理必须尊重社区多元主体地位，找准多方力量的结合点，构建联合作战、整体建设、系统集成的社区治理格局。一是要以行业、领域主管单位党组织为抓手，充分调动街道社区内各种市场经营主体和社会服务主体力量，同时发挥退役军人事务、宣传、住建、公安等部门优势，动员驻守干部、社区民警、退役军人、志愿者等更多力量参与社区治理。二是要以社区党建工作协调委员会、党政群共商共治会、居民议事厅等平台为依托，把业主委员会、物业服务企业、驻区两新组织、社区自治组织等主体纳入其中，有效整合资源力量，形成同频共振、同向发力的工作体系。三是要建立社区治理力量和资源库，定期跟踪维护更新，形成常态化联系沟通、融合共建，有效补足街道社区工作人员力量不足及专业化水平不高的短板，提高城市社区治理能力。

（三）健全社区资源整合机制

一是社区要通过走动式工作法、网络问政等方式，广泛征集居民意见建议，培养熟悉情况、了解需求、服务专业的自育社会组织。大力发展在城乡社区开展纠纷调解、公益慈善、邻里互助等服务活动的其他社会组织。积极推进社区、社会组织、社会工作"三社联动"，引导专业社会工作团队参与社区工作，支持建立社区老年协会，鼓励老年人参与社区治理。二是要充分发挥警官、法官、检察官等法律服务工作者作用，深入开展法律进社区活动，逐步构建覆盖城乡社区的法律服务体系。目前涉及物业服务管理的有关法律法规没有明确物业服务人员与社区党组织、社区居委会的法律关系。因此，要构建党建引领社区治理框架下的物业管理体系，将业主委员会、物业服务人员纳入社区治理体系，为社区党组织依法履职奠定基础。

（四）强化城乡社区治理资源保障

一是将社区服务设施、信息化建设、培训经费等纳入财政预算，统筹安排到位资金，提高资金使用效率。鼓励企事业单位、社会组织、个人等以社区共建、投资入股、合作经营等形式投资，拓宽资金来源，为社区建设提供资金保障。二是坚持市场化运作。鼓励各类社会化投资主体，以居民需求为导向，大力发展社区经济合作组织、公益性社会组织和中介服务组织等社会组织，不断拓展社区服务边界，获得社会效益和经济效益。三是建立共建共享机制。积极引导驻社区机关、企事业单位、市场主体等参与社区治理，开展社区与驻社区单位双向服务活动，引导驻社区单位逐步将文化、教育、体育等活动设施向社区居民开放，实现资源共享。四是完善综合服务设施建设。将社区综合服务设施建设纳入省市和县（区）发展规划，不断推进综合服务设施建设，满足社区居民实际需求。

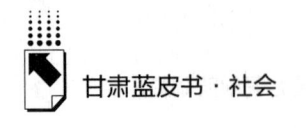

（五）加强社区治理队伍建设

坚持社区党组织、基层群众性自治组织以及社区专职工作人员实行统一管理，建设一支专业化的社区工作队伍。一是制定专项规划和管理办法，将社区工作者纳入地方人才发展规划，引导社区工作者参加社区换届选举，提高干部队伍的稳定性。二是建立健全社区干部管理机制，任命优秀的党组织书记担任重要领导岗位或基层群众性自治组织负责人，促进社区人才合理流动。三是建立辖区内机关干部到社区挂职锻炼制度。定期安排党政机关和事业单位工作人员到社区挂职锻炼，为社区建设注入新的力量。四是充分发挥社区骨干力量在调动资源、政策宣传、走访群众等方面的作用，及时了解居民诉求，增强居民对社区的认同感和归属感。

参考文献

张永理：《社区治理》，北京大学出版社，2014。

田毅鹏：《"单位共同体"的变迁与城市社区重建》，中央编译出版社，2014。

尹浩：《碎片整合：社区整体性治理之道》，社会科学文献出版社，2019。

潘小娟：《中国基层社会重构——社区治理研究》，中国法制出版社，2004。

严志兰、邓伟志：《中国城市社区治理面临的挑战与路径创新探析》，《上海行政学院学报》2014年第4期。

李静：《城市社区网络治理结构的构建——结构功能主义的视角》，《东北大学学报》（社会科学版）2016年第6期。

李文静：《社会工作在社区治理创新中的作用研究》，《华东理工大学学报》（社会科学版）2014年第4期。

文军：《直面新冠肺炎：风险社会的社区治理及其疫情防控》，《杭州师范大学学报》（社会科学版）2020年第2期。

B.12
甘肃基层党建引领农村社会治理调查报告

邓慧君*

摘 要： 基层党建标准化建设以来，随着基层党组织的建立，基层党组织工作逐步展开。各村基层党组织结合党建工作积极探索乡村社会治理的路径，形成了党建引领促发展的乡村治理格局，农村社会治理取得了初步成效。目前，甘肃各地基层党组织紧跟农村改革深化的步伐，利用信息网络技术，结合农村自治、德治、法治要求，本着建设美丽乡村的目标，继续探索农村社会治理的有效路径和办法，以助推乡村振兴战略的实施。

关键词： 党建引领 基层党组织 农村社会治理 甘肃省

一 甘肃基层党建引领农村社会治理成效显著

（一）稳步推进乡村党组织标准化建设

1. 全面推进农村党支部标准化建设

持续稳步推进农村党支部标准化建设，根据2018年开展农村基层党支部标准化建设的新要求，甘肃省委组织部从六方面编制《农

---

* 邓慧君，甘肃省社会科学院马克思主义研究所研究员，主要研究方向为西北史、党史党建、改革与发展。

村党支部建设标准化手册》，具体列出42个标准①，发布各地，遵照执行。各地按照42个标准，查漏补缺，对照整改，目前，全省自然行政村均建立起村党支部。各行政村设立支部活动室，配备办公设施，制订支部组织生活会计划，基层党建平台逐步搭建。2019年开发建成"甘肃党建"信息化平台。

各地配合省市各包村单位入村工作队，推进党组织标准化建设，制定党支部选举换届、组织生活会、发展新党员、村流动党员档案管理等细则；村支部工作形成周例会、月总结、季座谈的常态机制；建立县乡党组织联系机制，及时汇报工作。基层党组织标准化工作逐步展开，基层党支部软弱涣散的状况得到改善。同时，在各村建立党群服务中心，统筹设置党员活动室、会议室、图书室、党务村务公开栏和室外活动广场等。

2. 村党支部队伍建设年轻化知识化

实施村党支部书记和村委会主任专职化，实行带薪制。2021年以来，甘肃将村干部报酬从人均1.8万元提高到2.4万元，以后将根据物价涨幅相应调整。村党支部书记和村委会主任专职化，极大地调动了村两委的工作积极性，解决了他们的后顾之忧。一方面提高待遇，另一方面严格选拔，按照村党支部标准化建设的指导意见选拔干部，干部选用采取组织选派、公开考聘、"两推一选"等办法，从转业军人、回乡大学生、致富能手、乡贤通达的人员中选拔村干部，提高选拔的公开透明和民主流程，做到了人员公开、程序公开、结果公开的三公开。

严把年龄、学历关，将年轻且受教育程度高的人优先选用。2021年3月，全省通过村"两委"换届，实现了村党支部书记年轻化，

---

① 杨俊、林华维：《甘肃推行农村党支部标准化建设》，《乡村干部报》2019年7月26日。

平均年龄下降到38.4岁，较换届前降低8.4岁；受教育程度大大提升，高中及以上学历占98.2%，较换届前提高29.2%，其中大专以上学历占65.1%，较换届前提高29.9个百分点；村党支部书记、村委会主任"一肩挑"比例达到91.2%，实现了素质明显提升、年龄大幅下降、能力显著增强的目标。[1] 各地把村党支部书记选拔作为标准化建设的核心，选好"领头羊"，带领村民谋发展，2022年崇信县通过考录，配备村党支部书记18名，全县79个村考聘了大学生村文书。[2] 村党支部书记年轻化和受教育程度的提升，为村党建引领基层治理注入了新的活力。

（二）重视干部队伍建设

1. 灵活多样的干部队伍建设

党建引领关键靠人，基层党组织是否有能力担当基层工作重任，是否适应现代农村发展需要，是党建引领的关键。2020年以来，甘肃省委组织部制定实施乡村党支部书记省级轮训三年计划，由省党员教育中心承担培训任务，对乡村党支部书记开展轮训。截至2022年6月，共举办乡（镇）、村两级党支部书记培训班67期，完成了全省1229个乡镇的党委书记轮训，1.6万名村党支部书记已轮训1.37万名。这次轮训对全省农村基层党组织的思想和能力提升起到助推作用。[3]

---

[1] 吴叶柳：《选好领头雁　不愁没发展——甘肃临泽县村（社区）"两委"换届观察》，《中国组织人事报》2021年3月29日。
[2] 《崇信县："四个注重"建强乡村振兴"主力军"》，甘肃组工网，http://www.gszg.gov.cn/2022-08/16/c_ 1128919661.htm，最后检索时间：2022年11月4日。
[3] 《甘肃深入实施乡村党组织书记轮训三年计划》，共产党员网，https://www.12371.cn/2022/08/10/ARTI1660118863881395.shtml，最后检索时间：2022年11月4日。

除了对农村基层党组织书记进行有计划的培训外，近两年，通渭县充分发挥驻村工作队的人才优势，让国家部委和省市县各级单位选派594名干部，组织198个驻村工作队，到198个村任第一书记兼驻村工作队队长。①

金塔县针对村"两委"人才短缺、后备力量不足等问题，在优秀党员、转业军人、致富带头人、返乡技术人员、现任优秀村干部、外出务工能人、高校毕业生中选拔任用，把其中188名年轻人才纳入村级后备干部库。择优推荐236名包村干部、老书记与后备干部结对子，发挥传帮带作用，在思想、能力、工作作风等各方面予以指导和传授。②

2. 做好村干部管理

根据村党支部书记和村委会专职化要求，甘肃省委组织部制定《甘肃省村级干部管理办法》《甘肃省专职化村党组织书记管理办法（试行）》。一些县结合实际，进一步补充管理办法，如崇信县出台《崇信县村干部任职资格联审办法》《崇信县专职化村干部日常管理办法》《关于进一步加强大学生村文书管理工作的通知》等"2+N"村干部管理制度体系，开展村干部队伍整体优化提升行动。渭源县对村干部实行"月提醒、季评比、年考核"的管理机制，把工作报酬与考核结果挂钩，用制度监管村干部履职尽责，激励村干部做好工作。

同时各级党组织支持村党支部工作，增加村级办公经费，加大对

---

① 《通渭县：建强"四支队伍"提升基层党组织活力》，全国党建网站联盟通渭组工，http：//www.twdjw.gov.cn/htm/20228/47_11203.htm，最后检索时间：2022年11月4日。

② 《酒泉市金塔县：实施"三雁"工程为乡村振兴聚才发力》，全国党建网站联盟金塔组工，http：//www.jtzgw.gov.cn/DocHtml/1/22/08/00027240.html，最后检索时间：2022年11月4日。

村集体经济扶持力度,继续扩大扶持范围,鼓励和支持村级党组织创办农民合作社,发展集体经济,让村党组织有能力、有资源服务群众,更好地带领群众脱贫致富。

(三)完善村民自治体系

1. 健全村民自治体系

村民自治是基层民主的体现,也是基层党建的有力臂膀。各地探索制定村委会议事制度,形成常态化的村委会工作机制。2022年前半年,靖远县出实招健全机制,落实村委员会规范化建设指导意见,在全县177个村健全村民自治委员会。规范落实"四议两公开"制度,严格执行党务、财务、政务、事务、服务的"五公开"规定。

村民自治体系与村民事务联系在一起,各地就关系村民切身利益的帮扶措施、困难户评议、建档立卡户审核等征求村民意见,充分发扬民主,经过村民提议评议后及时上报保障部门和民政救济部门,及时予以困难家庭补助和救济。充分发挥了村民议事制度的民主作用。

各地村级党群服务中心,把原来由县、乡两级办理的劳保、医保、低保、惠农服务、综治司法等事项下移至村组,村内办理,大大节约了办事成本,提高了办事效率。例如,自2019年以来,陇西县马河镇杨营村发挥驻村干部懂政策的优势,由驻村干部担任各类事项服务员,集中收集材料,统一到镇上办理。

2. 鼓励村民参与村级事务

党建引领,重在群众参与。各地探索村民参与村事务的办法,鼓励村民积极参与村事务讨论和谋划。礼县在568个建制村建立"民事直说委员会",制定"说、议、办、督、评"各环节流程。同时,对村组实行网格化管理,精细化服务,村"两委"班子和驻村帮扶工作队联合乡贤和致富能人针对个别问题上门开展工作,集中解决群众难题。乡村干部制定《民事直说委员会议事规则》,推行陇南市采用的民事直说"1234"工作法流程，采取"线上""线下"双管齐下，对村民热议话题和问题分类收集整理，或者集中办理，或者个别办理。乡镇党委、政府定期对事项办结跟踪督办，确保办理精准有效。①

金塔县全面推进"四议两公开"，融合政协协商向基层延伸，探索推行村级协商民主"411"议事法，引导群众行使当家做主权利，参与村集体事项决策，切实保障群众知情权、参与权、监督权，实现"自己的事情自己办、自己的权自己使、自己的利自己享"的心愿。

（四）发展集体经济和合作经济

集体经济和合作经济是乡村党组织带领本村致富的切入点，乡村党组织标准化建设工作自开展以来，不少地方党组织从集体经济入手，带领村民发展集体经济，增加农民收入。针对农村土地撂荒严重、四角边落土地无人过问现象，各地党组织整合土地资源，采取承包入股等办法，发展集体经济，向土地要效益。秦安县各村集中清理登记村级集体资产和空闲资源，改造闲置校舍、集体房屋等，出租经营；将村集体资产、资源等入股企业或农民专业合作社。通过代耕代种、土地托管、土地流转等方式，建立专业合作社，签订合作协议，订单种植，保证土地合理利用。

探索农村集体产权改革，以党组织作引领，推行"党支部+"的模式，渭源县有"龙头企业+党支部+合作社+基地+农户"，嘉峪关有"村党组织+村股份经济合作社+龙头企业+农户"，陇西有"党建+集体经济"等模式。

在发展集体经济的同时，也鼓励土地多样化经营，探索自主经

---

① 《礼县：全面推行民事直说"1234"工作法》，甘肃组工网，http：//www.gszg.gov.cn/2022-08/19/c_1128927873.htm，最后检索时间：2022年11月4日。

营、委托经营、合作经营、投资入股等方式，盘活土地资源，充分利用土地，增加农民收入。2022年9月，渭源县推荐112名村党组织书记依法兼任村集体经济组织负责人，组建股份经济合作社218个。围绕部分村资源整合不到位、"三资"管理不规范、项目缺乏支撑等问题，鼓励村党支部建立台账、摸清家底，探索开展特色种植、特色养殖等传统产业，多向发力，持续拓宽收入来源渠道，打造年收入45万元以上集体经济示范村33个。[1]

以特色产业带动乡村致富，按照"一村一策""一村一品"的思路，采取"政府主导、村社联动、群众参与、多元合作"方式，共商共建，精准施策，探索村集体经济发展路径。提高农业科学技术水平，根据产业发展，与县农技站合作，开展农业技术培训，培训科目有日光温室瓜菜种植、病虫害防治等。2022年，党建引领集体经济和合作经营发展，甘肃将近1/3的行政村实现了村集体经济5万元的收入。

（五）创新网格化治理模式

把基层党组织建在网格上，让党建引领乡村治理现代化。2021年以来，许多村以村民小组或自然村组为单元设置小网格，推行"支部建在网格上"，网格内党员人数3人以上的全部建立党小组，实现党组织网格全覆盖，这使得农村基层党组织治理触角延伸到每个党员。

按照"县级总网格长+乡镇网格长+村级网格员+党员中心户"架构模式，配强网格力量，乡村两委兼任村级网格员，同时培育网络后备力量，发掘年轻人潜力，在返乡大学生、退伍军人、村医中推选党

---

[1] 《渭源县：机制创新护航集体经济消薄倍增》，甘肃组工网，http://www.gszg.gov.cn/2022-09/01/c_1128966464.htm，最后检索时间：2022年11月4日。

员网格员。网格管理实现了逐级定期汇报、责任清单、日记录、月报告的制度，网格员通过网络发现问题，做到及时处理，现代网格系统得到有效利用，简捷透明的作用得到充分发挥。

（六）构建法制、德治互补互联的治理体系

农村基层党组织将法治建设作为乡村治理的重要依托，开展法制体系建设，通过在村内开展法治宣传、建立法律援助站、聘请法律明白人等活动，对维护农民权益、化解农村矛盾等事项进行法治宣传和讲解。靖远县在18个乡镇建立法律援助工作站，在全县192个村（社区）普遍建立了法律援助联络点，覆盖城乡的法律援助体系基本形成。①

针对农村高价彩礼、庸俗风气，大力开展移风易俗、创建文明乡风的活动。各县开展各种形式的移风易俗宣传活动，出台了整治高价彩礼的实施方案，制定婚嫁彩礼、礼金、宴席"限高"标准。各村党支部、村委会身体力行，带头示范，遏制高价彩礼和攀比之风，逐步形成了弘扬新风正气、倡导乡风文明的良好风尚。同时，大力提倡孝老养老风尚，开展五好家庭、孝顺儿媳评选活动，弘扬中华民族敬老养老的传统优良风尚。

二 农村基层党建引领社会治理存在的问题

（一）农村空心化制约乡村社会治理

农村改革推进过程中，普遍存在的问题是农村空心化和土地承包

---

① 《靖远县：深化"五治融合"推进基层治理现代化》，甘肃组工网，http://www.gszg.gov.cn/2022-06/23/c_1128766474.htm，最后检索时间：2022年11月4日。

权的隐形转移，如何解决农村空心化和土地权益转让等问题在全国普遍存在，是乡村治理的根本问题。目前农村空心化继续加剧，土地撂荒严重。尤其是人均占有土地不到一亩的乡村，进城打工是农民生存的唯一出路，原来传统意义上的村落日渐萎缩荒芜。乡村治理陷入人口少、规模经营难度大、村落整合迁移代价大等进退两难的境地。村落青壮年人口缺乏，基层党组织工作难以开展。

（二）农村多元共治发展缓慢

多元共治是传统乡村治理经验与现代化乡村管理模式的深度融合，多元共治的村民自治模式已经成为农村化解矛盾和促进和谐发展的有效手段，为乡村振兴发展赋予新动能。当前，部分村民依赖性强，习惯按指令行事，再加上村两委干部能力有限，制约了村民自治和多元共治的形成。另外村民受教育程度低，看重亲缘、血缘关系，对公共事务缺乏关注和热情，参与村落事务的能力不足。最后，农民不仅仅从事农业生产，还兼顾其他工作，人员流动性大，对村内事务不熟悉，甚至陌生，参与自治受到客观条件的限制。部分村两委领导下的能人、乡贤共治也存在脱离实际、工作方式行政化以及彼此难以黏合的情形。一些地方村民共治成为个别人联合捞取利益的借口，一些上级项目以及优惠政策被拦路拿走，谋取利益，农民对此反响强烈。

（三）基层干部能力跟不上乡村现代化发展需要

当下的乡村已经不是传统意义上的乡村，人员流动频繁、职业构成多元化、经营形式多样化等，基层党组织需要认识到乡村社会的变化，根据变化完善治理措施。但是，一些基层组织行政化严重，只完成上级行政部门安排的任务和一些政策的传达，为村民服务的意识不强。个别基层干部缺乏为百姓干事的热情和能力，对政策理解不到

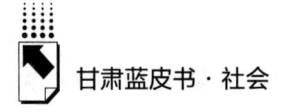

位，工作动力不强。另外，基层党组织干部专职化以后，虽然干部逐步年轻化，受教育程度大大提升，但存在不熟悉农村工作、不扎根农村生活的问题。

（四）基层党组织工作任务繁重

部分上级单位从部门利益出发，各自为政，让基层处于疲惫的迎检状态。部分乡镇党政办反映，一项工作填报不同的报表，撰写不同的报告，反复提供，耗费精力。督查检查反馈问题动辄要求整改报告，基层始终难以"松绑"。一些基层干部反映，部门事务繁杂而疲于应付，或因专业水平有限而有心无力。部分基层干部反映，上级不同部门安排的工作任务常常挤在一起，还硬性要求在相近日期内完成，这更造成基层工作人员分身乏术、疲于应付。

（五）通过实地调研了解到的问题

从实地调研来看，大部分农民对村两委充满期待，愿意参加村事务决策，只是打工流动频繁，没有机会参与村事务管理。大多数农民愿意参加新的农村合作组织。但是，在共同购买共有机械上，对自己出资购买大家共同使用，表现得不积极；如果村集体购买，共同管理使用，积极性还是挺高的。从对村两委乡村治理发挥的作用来看，近一半的被调查者认为发挥作用不够。村民普遍认为，乡村治理面临农村空心化、社会保障水平偏低、治理能力跟不上现代社会发展需要等问题。

三 基层党建引领农村社会治理的对策和建议

（一）继续规范党组织标准化建设

根据农村空心化严重现实，制定建立党组织标准化的等级，全省统筹考量,根据人口规模和党员人数,进行符合各地实际的党组织标准化建设。村党组织人选最好在本村产生。继续加强对基层党组织干部的培训,保证基层干部在组织上和思想上入党,能够树立担一方责任、为一方服务的意识。同时,要在能力上达标,符合担当重任的干部要求,做好对农村的管理和服务,真正体现现代化的政党治理特点。

加强组织建设,党支部要严格党员学习规矩,强化党员身份意识,落实月学习、季总结的党员工作机制。严格政治标准,锻造思想政治素质,既注重道德品行修养,也注重能力提升。在工作上,党支部要着力规范村级事务,实行村级事务清单制。将村内事务分为常规事务和特殊事务,村党支部和村委会制定村内常规事务清单,做到常规事务不推卸、特殊事务不耽搁。县、乡两级党委要改变检查和监督方式,建立符合实际的村支部和村委会工作考核机制。规范村级各种工作台账和各类盖章证明事项,凡涉及项目落实和公共政策范围内的事项,一律公开透明。逐步推行村级综合管理服务信息化,镇、村党组织要提升为农服务水平,利用互联网信息技术,推进村级综合服务设施建设,为农民提供"一站式"服务,逐步形成完善的镇村便民服务体系。

(二)基层党组织要因地制宜地开展乡村治理

从实际出发,因地制宜,是农村基层党组织工作的出发点。针对村落空心化现实,做好留守家属和老人的各类保障,及时将各类保障和政策措施传达通知到人。及时了解本村村民中符合优惠保障措施的人选,及时向社会保障机构提交大病患者和贫困户的材料。针对农村老龄化问题,做好老龄人口服务工作,监督相关养老机构工作。将政府优惠项目和扶持措施及时告知农民,协调各类关系,保证政府优惠项目惠及农民。

有条件发展集体经济的地方，可探索多种形式的集体经济发展方式，有效利用集体用地，开发当地农产品，就地用工，增加农民收入。积极创新思维，招商引资，吸引外部资金开发本地资源。在集体经济少或者没有集体经济的乡村，做好当地致富能人的工作，鼓励他们致力乡村振兴，投资本乡经济发展，热心本乡公益事业，激发他们的爱乡热情。面对分散的个体经济，基层党组织要尊重农民的自主权，同时为经济合作组织创造条件，牵线搭桥。

基层党组织要依托乡村振兴战略，落实好上级党委的各项决策，稳步推进乡村有效治理，以乡村变社区的理念治理乡村，教育农民适应现代社会发展的要求，成为益农、益工、益商的社会人。

根据"放管服"改革，在管理和服务上寻找适合农村实际的办法。树立现代社会公共意识，明白公共管理和服务有哪些内容，如何服务。敢于创新，实事求是，探索符合实际的创新方案和办法。

（三）落实党建引领下的村民自治和多元共治

坚持和完善村党组织领导下的充满活力的村民自治机制，健全村民（代表）会议制度，落实民主协商，村内事务做到公开透明。基层党组织要清醒地认识到，村民自治是基层党组织引领乡村治理的群众基础，要善于集合村内各类力量，吸收村内能人、贤人、高人进入村民自治委员会，发挥村落内能人发财致富的本领、贤人开明通达的智慧，形成多元共治的乡村自治委员会。村民自治委员会的产生要充分尊重村民民主推荐、基层党组织集中决策的作用，让村民自治委员会成为农民表达诉求的场所。村民自治委员会要建立固定的一月一议事制度，村干部要虚心听取各方意见和建议，以解决具体问题为事例，引导群众，让群众真正体会到村民自治和多元共治的作用。

（四）基层党组织要鼓励村民探索新的村民互助合作模式

针对农村分散的一家一户经济，探索建立新型的互助合作模式，成为乡村振兴必须探索的一条路子，即由农村基层党组织牵头，村民委员会协商，农民自愿参与的互助合作模式。所谓新兴的村落互助合作模式，就是鉴于一些农机和农具一年使用次数有限，不可能家家置备，应该村落合资购买，共同拥有，建立共有共享的农具和机械使用制度。农具和机械归集体所有，专人负责。这样既减轻了农民财务负担，又合理使用了机械。从经济联系上实现了乡村社会的和谐团结。购买公益性农具费用可集体筹资，也可从一些建设经费中提留，实现公益用具的互助共享，达到经济上的互助共治。村内修建专门放置公益农具的仓库，分门别类，整齐放置，安排专人负责领取和回收。公益性互助合作关系的建立，可节省开支，方便群众，真正实现乡村社会的和谐共生。基层党组织要发挥组织协调作用，充分听取村民意见和建议，制定互助合作的基本制度，签订相关协议，使互助合作顺利进行。

（五）基层党组织要积极推动村规民约与普法宣传和道德建设的结合

传统村规民约是规范村民行为、维护村落秩序的具有法律和道德双重作用的规制。农村基层党组织要对传统村规民约赋予时代内容，让村民自我约束与法律监督相结合，以达到维护村落秩序的目的。保留村规民约中的优秀成分，如孝敬老人、互帮互助、诚实守信等，根据时代需要添加适应现代社会价值的新型社区内容，如契约意识、法律意识、社会意识等。建立健全村规民约监督和奖惩机制，运用现代知识促进村规民约的革新和提升。针对落后封建思想以及不良习俗等问题，开展现代社会风尚宣传，提倡积极、健康、文明的生活方式；

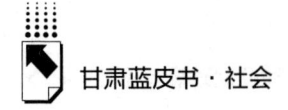

保持邻里之间互助互帮的传统醇厚人际关系，继承民族优秀品德。开展法治宣传，适时组织开展普法讲座，及时提供法律援助信息，向村民讲解基本法律知识，比如，女儿也有财产继承权、女儿也有赡养父母的法律义务等。通过宣传教育，改变落后思想认识，接受现代思想意识。

（六）基层党组织要善于引导社会性事务的文明和规范

村民社会性事务是村民生活的内容，显示着乡村风气和村民精神面貌，诸如婚丧嫁娶、村民聚会、年节活动等事务和习俗。乡村基层党组织要重视对村民社会性事务的引导和治理，在具体事务中尽管理职责，及时化解改革发展中出现的乡村社会问题。全面推行移风易俗，整治农村婚丧大操大办、高额彩礼、铺张浪费等不良风气。开展文明村镇、文明家庭、好子女好儿媳、最美邻居、身边好人等评选活动，通过访谈、介绍、板报、信息制作等形式将好人好事宣传出去。开展自我乡风评议，采取灵活多样的形式，弘扬道德新风。针对农村近几年十分盛行的修庙烧香、庙会、山会、宗族活动，开展新风尚建设，树立现代公益意识，热爱公益事业，提倡组织开展帮助同村家庭急难险重问题的义举事项，对表现突出的及时表彰，并给予奖励。

参考文献

赵守飞：《农村基层治理：问题、原因及对策》，《兰州学刊》2010年第3期。

邓军彪：《农村基层治理的困境与对策分析》，《人民论坛》2021年第10期。

刘振杰：《党建引领基层社会治理的历程与思考》，《社会治理》2021年第8期。

陈东冬：《党建引领基层社会治理的思考》，《福州党校学报》2021年第3期。

王洪树、张茂一：《政治资源禀赋视角下新时代基层民主政治发展探析》，《河南社会科学》2019年第3期。

胡洪彬：《党建智库建设：功能、评价与完善》，《中国特色社会主义研究》2022年第4期。

韩鹏云：《农村基层党组织带头人队伍建设》，《中国特色社会主义研究》2017年第2期。

包世琦：《以农村基层党组织带头人建设引领乡村治理》，《人民论坛》2020年第15期。

方世友：《党建引领乡村治理是实现乡村振兴的关键》，《特区经济》2022年第9期。

陈嘉鹏、王南南：《推动党建引领优势转化为乡村治理效能问题研究——以河南省安阳市为例》，《农村·农业·农民》2022年第15期。

杨根乔：《充分发挥农村基层党组织带头人在乡村振兴中的作用》，《中州学刊》2019年第3期。

周笑梅、胡嘉慧、张露文：《改革开放以来我国农村基层党组织建设的历程、成就与基本经验研究》，《农业经济》2022年第6期。

李忠、何子轩：《乡村振兴视域下农村基层党组织建设面临的问题及对策研究》，《经济师》2022年第2期。

邵文英：《着力提升农村基层党组织的组织力》，《党史博采（下）》2022年第4期。

B.13
甘肃"双减"政策实施效果调查报告

吴绍珍 杨雅玲*

摘　要： "双减"政策实施一年多来，甘肃各级教育行政部门、各个学校在省委、省政府的统一安排部署下迅速行动，聚焦"双减"目标，回应社会关切，着力发展高质量教育，强化校外治理与校内减负提质联动、家校社合力攻坚，"双减"各项任务得到有效落实。但是甘肃"双减"政策落实仍然面临课堂教学效率和课后服务质量还需提升、作业设计能力亟待提高等一些困难。建议从扎实推进义务教育优质均衡发展、深化高效课堂建设及创建多方协同育人环境等方面着手，深入推动"双减"政策落地生根，共促义务教育高质量发展。

关键词： "双减"政策　教育均衡　教学改革　甘肃省

为进一步落实减轻义务教育阶段学生作业负担和校外培训负担，促进学生健康成长和全面发展，2021年7月，中共中央办公厅、国务院办公厅印发了《关于进一步减轻义务教育阶段学生作业负担和校外培训负担的意见》（以下简称"双减"政策），提出建设高质量教育体系，采取严格治理措施解决学生过重作业负担和校外培训负担

---

* 吴绍珍，甘肃省社会科学院社会学研究所副研究员，主要研究方向为教育社会学；杨雅玲，兰州交通大学附属小学高级教师。

问题，以及由此造成的家庭额外经济负担和家长过重精力负担①。

"双减"政策的出台是从建设人民满意的教育和中国特色社会主义可持续发展角度作出的重大安排，是新发展阶段助力义务教育优质均衡发展、提升教育质量、促进教育公平、培养社会主义合格人才的教育新政和长远之举。本课题坚持以人民为中心的教育理念，立足"双减"政策的高效落实，深入一线与部分地区的教育主管部门工作人员、学校校长、教师、学生、家长及一些教育培训机构的人员进行交谈，问卷调查学生和家长，结合相关资料，准确掌握"双减"政策落实的基本情况，总结"双减"政策出台后甘肃义务教育阶段学校的主要做法和取得的成就，分析"双减"政策实施面临的困难，提出"双减"政策高质量落实的对策建议，以期实现义务教育高质量发展。

一 "双减"政策的内涵

"双减"政策是党中央立足实现中华民族伟大复兴的战略全局作出的重要决策部署，具有鲜明的政治导向和广泛的民生背景，不仅对学生减负、家长减压提出要求，更是对教育格局、教育观念和教育发展做出整体大变革。"双减"政策关系"培养什么人、怎样培养人、为谁培养人"这一关键的根本性问题。对"双减"政策内涵的深刻理解，有利于"双减"政策的有效推进。

"双减"政策明确提出："坚持以习近平新时代中国特色社会主义思想为指导，全面贯彻党的教育方针，落实立德树人根本任务，着

---

① 中共中央办公厅、国务院办公厅：《关于进一步减轻义务教育阶段学生作业负担和校外培训负担的意见》，http://www.xinhuanet.com/2021-07/24/c_1127691094.htm，最后检索时间：2021年7月24日。

眼建设高质量教育体系，强化学校教育主阵地作用，深化校外培训机构治理，坚决防止侵害群众利益行为，构建教育良好生态，有效缓解家长焦虑情绪，促进学生全面发展、健康成长"[1]。从上述要求可以看出，该政策关心学生身心健康，回应社会关切，以校内校外双管齐下为思路，通过综合治理中小学阶段学生的课业负担和校外培训负担，为学生校内作业、考试及校外学科培训等做减法，让教育的主阵地从社会回归校园，促使学校实施"五育并举"教育方略，尊重和关爱学生的生命本性，全面实施素质教育，着力构建全员育人、全过程育人、全方位育人的工作体系，全面培育学生的综合素质、健全人格、创造精神、实践能力和独特活力的个性，让学生德智体美劳全面发展。"双减"政策兼具公平追求和高质量发展的双重价值诉求。

第一，公平的价值追求。教育公平是衡量一个国家文明进步的根本尺度，是人类追求的永恒目标。让每个孩子享有更好更公平的教育，是党和国家办好人民满意教育的初心和使命。义务教育阶段校外培训机构过度资本化，不同社会阶层的孩子参与校外培训机会不平等，影响到教育公平性。"双减"政策更多关照学生内部的弱势群体和我国义务教育阶段切实推行素质教育的要求，全面整治校外培训机构扰乱甚至替代学校本体价值的行为，弥合教育的不公平，让政府、学校、家长和社会把更多的注意力放在学校教育教学质量提高上，均衡配置教育资源，积极实施学区化、集团化办学，稳步推进城乡义务教育一体化进程，提升学校整体办学水平，缩小城乡、区域、学校之间的教育差距，使更多家庭以相对低的成本、相对平和的心态让孩子接受更民主、更公平、更均衡、更高质量的教育，为更多的学生创造人生出彩的机会。

---

[1] 中共中央办公厅、国务院办公厅：《关于进一步减轻义务教育阶段学生作业负担和校外培训负担的意见》，http://www.xinhuanet.com/2021-07/24/c_1127691094.htm，最后检索时间：2021年7月24日。

第二，高质量发展的价值指向。"双减"既是一种政策规导，又是一种促进义务教育高质量发展的有益实践。高质量发展指以德树人、育人为本的教育实践，坚持为党育人、为国育才的初心使命，有效推进义务教育优质均衡发展和人的全面发展，培养担当民族复兴大任的建设人才。其核心是建设中国特色世界先进水平的高质量教育体系，使教育回归"育人为本"，引导中小学生以整体、系统的观念处理好学科成绩和课外活动、知识点和求知欲、学习时间和学习效果、知识积累和核心素养的关系，为学生自主发展、个性发展、全面发展、自由发展构筑新的意义时空。"双减"作为一种教育大革新，减轻机械重复式的繁重课业负担，有效释放被"填鸭战术""题海战术"所挤压的时间，阻止校外培训机构利用高薪挖抢公办学校优秀在职校长和教师的手段，矫正变相拉低学校教育教学质量的不良行为，使教师和校长专注于本职工作岗位安心工作，使育人方向复位为学生的健康素质和兴趣特长，推动教育观念、教育体系、育人方式和教育评价等多方面的深刻变革，让更加精准的教育评价破除唯分数、唯升学、唯学历的短视化和功利化的教育困局，提高课堂教学效率、加强作业统筹、提供个性化课后服务、规范校外培训、强化家校共育，实现教育从数量走向质量、从效率走向效益、从分数走向素养、从外在走向内涵的突破，缓解中小学生过早面临的教育焦虑，让学生有意愿、有时间、有空间自主发展和个性化成长，成为德智体美劳全面发展的社会主义现代化建设人才。

二　甘肃"双减"政策实施的主要做法和成效

（一）强化组织领导，做细做实工作部署

甘肃省委、省政府高度重视"双减"工作，召开专题会议研究

部署各项"双减"工作任务，建立省级"双减"工作定期通报、协调调度、督导检查机制，实现"双减"督导检查全覆盖；印发了《关于进一步减轻义务教育阶段学生作业负担和校外培训负担的若干措施》《甘肃省校外培训机构专项治理实施方案》等文件。甘肃省教育厅党组把落实"双减"工作列为厅党组的"一号工程"，进一步强化学校教育的主阵地作用，省"双减"协调机制成员单位、各市州和各县区党委、政府对标对表中央和省委、省政府有关"双减"工作安排，校外治理与校内提质联动，凝聚工作合力，出台了相应的工作方案措施，明确了义务教育阶段学校作业管理的育人功能、作业总量、作业类型等规定，支持具备条件的市县在课后服务经费保障、师资配置、校外培训机构监管等方面开展试点，基本形成党政主抓、部门协调、家校配合、协同发力的稳扎稳打工作格局，确保了"双减"政策的落地生根。"双减"任务平稳推进且走在全国前列，6项课后服务核心指标均达到100%的落实率，学校和学生参加率均高于全国平均水平。

（二）实施多项措施办学，提升城乡义务教育质量

甘肃多地学校以"名校+"模式全面提高义务教育质量，如兰州市采取了"名校办分校""名校+薄校""名校+新校"等多项措施，通过新建、改扩建、资源整合等方式增补主城区学位。实行学区长负责、集团化专家管理等制度，开展新一轮城乡学校结对帮扶工作，截至2020年底，近郊四区共有各类办学体78个，覆盖193所学校；2021年底，组建63个办学体，覆盖学校228所；8个县区、190余所学校结成对子；实施初中学校强基提质计划，首批确定30所实验学校。兰州市七里河区以"集团化办学"着力推进义务教育优质均衡发展，集中分流26所中小学、教学点学生就近就读于4所学校或城区学校。将辖区中小学组建小学教育集团7个和中学教育集团3个。利用闲置的农村学校校产建成校外学生教育实践基地4个，形成全域义务教育学校无差别覆盖、城乡深度融合、实践基地强力支撑的集团化办学模式，有效提升了义务教育整体办学水平。全省中小学校班额56人以上的占比下降到0.03%，全部消除了66人以上超大班额，在公办学校就读的进城务工人员随迁子女的占比达99%以上，全省所有县（市、区）进入义务教育优质均衡发展新阶段，为所有学生能够在家门口上优质学校奠定了扎实的基础。

（三）深化教学改革，提高课堂教学质量

全省教育行政部门要求各个学校在提高教师教书育人能力、提高课堂教学效率、提高全学科教学质量、提高教育教学管理水平上下功夫，各个学校紧紧围绕"减负提质"目标要求，以实施课堂教学深化改革为抓手，综合课中课后、线上线下、校内校外等资源，引领教师研究课堂教学，积极开展基于情境、问题导向的启发式、探究式、互动式课堂教学，引导学生自主探究、主动思考、积极提问，精心抓实备课、上课和课后反思等教学环节，力促课堂教学提质增效。加强考试管理，成绩通过等级形式呈现。各个学校普遍建立学习困难学生帮扶制度，大部分教师参与了辅导答疑，努力做到让学生学足学好。坚持思政课程主阵地，落实学校党组织书记进思政课堂听课调研、开展座谈，将课程思政理念纳入优质课竞赛评价指标。出台改进学校体育、美育和劳动教育的"三个若干措施"，全面推进体教融合、美育浸润行动。开展交流帮扶、送教下乡、高效课堂大教研活动，因地制宜举办课堂教学和课堂案例创新大赛，组织片区优质课评选、校本教研等教学大比武，形成具有代表性的课改模式；加大"名校网络课堂""名师课堂"等辐射带动作用，提升农村学校教学质量。

（四）课后服务普遍推开，培养学生核心素养

甘肃着眼于学校放学后部分家长接学生难、学生无人看管等问

题，在全省中小学全面推广课后服务。各级教育行政部门在充分调研的基础上，深化课后服务供给侧改革，要求各中小学坚持五育并举，推行"5+2"服务模式，采用"一校一策"精心安排了丰富多样的课后延时服务。各校充分利用资源优势，创新开展课后服务活动，丰富中小学课后服务活动内容，在优先完成作业指导、答疑解惑的基础上，通过艺术审美、科技制作、阅读指导、劳动实践、体育运动等形式，增强学生身体素质、提升学生学科素养、丰富学生课余生活、满足学生个性化学习需要，对有需要的初中学校探索开设晚自习。陇西县教育局依托县博物馆、陇右工委纪念馆、青少年校外活动中心等，精心打造了红色教育、科技教育、绿色生态教育等实践基地，全力构建"一校一特色"育人新模式。全省实现义务教育学校课后服务全覆盖和有需要学生全覆盖。问卷调查显示，受访家长对学校的课后服务很满意、满意、比较满意的占比合计高达90.95%（见图1）。

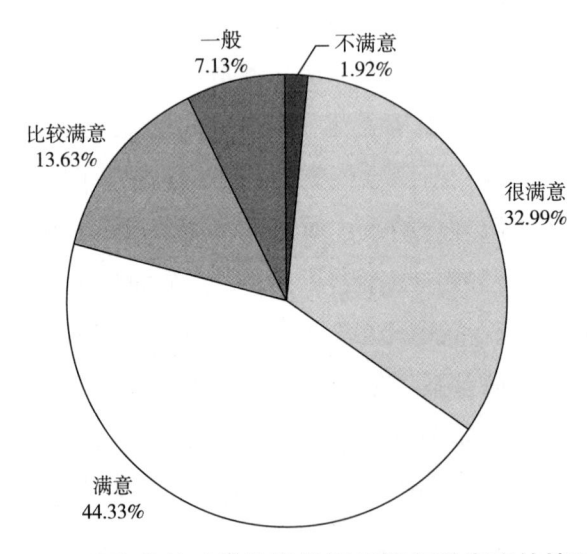

图1 受访家长对学校提供课后服务满意度的情况

资料来源：根据问卷调查数据整理所得，下图同。

（五）强化作业优化设计，狠抓减量提质成效

减少作业是要求科学、合理地优化作业设计，要减去不必要、不合理的机械刷题、超前超标培训等造成的过重负担。甘肃华亭市东华小学为了科学合理安排各科作业任务量和有效减轻学生作业负担，围绕作业"压总量、控时间"广泛倾听老师们的良好建议，严格执行一、二年级不布置书面家庭作业、三至六年级家庭作业总量不超过60分钟、初中家庭作业总量不超过90分钟的规定。兰州市出台学生作业管理十项规定，研发了作业设计十项原则、作业批改十条建议和优秀作业十项标准，要求严格控制作业总量、控制作业难度，持续做好优化作业设计、优化作业布置，坚决严禁给家长布置作业、让学生批改作业。调查显示，79.87%的受访家长认为孩子的作业量与之前相比减少了（见图2）；88.79%的家长认为孩子从来没有，几乎没有、偶尔有一两次有重复性或惩罚性作业（见图3），在学校基本能完成书面作业或完成大部分书面作业的学生占比为85.73%，88.67%的受访家长表示自"双减"政策实施后老师没有给家长布置作业或要求家长批改作业。

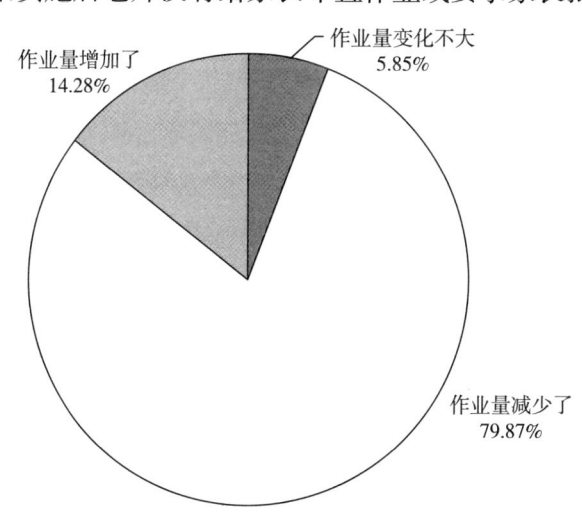

图2 受访家长认为孩子的作业量与之前相比是否有所减少的情况

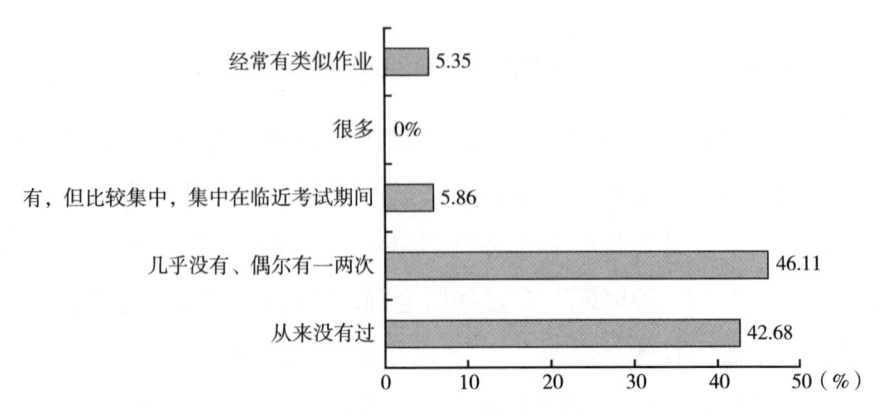

```
经常有类似作业        5.35
很多   0%
有，但比较集中，集中在临近考试期间   5.86
几乎没有、偶尔有一两次             46.11
从来没有过                       42.68
        0   10   20   30   40   50（%）
```

图3　受访家长认为孩子有没有重复性或惩罚性作业的情况

（六）压减机构数量，规范培训行为

一是健全机制严格管理。各地区制定了《校外培训机构专项治理实施方案》等规范性文件，成立了校外培训机构专项治理工作领导小组，建立了校外培训机构监管工作联席会议制度和校外培训机构"黑白名单"管理制度，公布了各市（州）校外培训机构"黑白名单"网址，实现了管理责任链条闭环化和日常管理监督立体化。二是规范培训行为。教育行政部门会同省市（州）县（市、区）民政局、检察院、市场监督管理局等多部门全面、彻底摸排校外培训机构，对已审批的所有培训机构进行逐一登记造册、建立档案，采取定期检查、随机抽查、综合监督等方式集中开展校外培训机构专项整治工作，强制关停非法学科培训机构，强力整治校外培训各种乱象。三是强化宣传引导。推行校外培训信息强制公开制度，通过网络等平台适时公布机构资格、资质队伍、培训内容、年检结果和社会评价等信息。公示举报电话和专用邮箱，向社会征集违规办学线索，形成全社会共管共建共治的良好局面。调查显示，认为孩子拓展兴趣和休息的时间多了的受访家长占75.92%。未参加校外培训的受访学生占

59.36%（见图4）。可见，参加校外培训的学生明显减少，极大地减轻了学生校外培训负担。

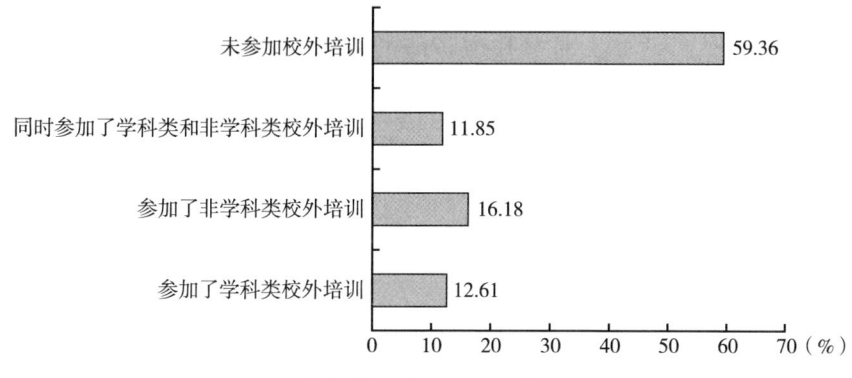

图4 受访学生参加校外培训的情况

（七）实施教师素质提升计划，为"双减"工作提供智力支持

一是提高教师落实"双减"政策的自觉性。全省各学校多层次组织"双减"政策专项解读和学习推进会，加深教师对"双减"政策的理解，提高教师落实"双减"政策的自觉性。二是加强师德师风建设。将师德师风建设抓在教育教学全过程，把教学研究的用心付出、教学过程的用情投入、教学态度的务实严谨、教学效果的优质高效，作为师德师风建设考核的重要内容，引导广大教师进德修业，全面提升"双减"主力军的内核动力。三是提升教师专业素质。实施教师素质提升行动计划、新教师全员跟进培训行动计划、研训指导团队培育行动计划、教师信息技术能力提升工程。首次实施国家和地方优师计划、小学教育专业学生定向培养计划。国培省培、教师能力提升等项目培训教师11.8万人次，特岗、"三区"专项和银龄讲学计划选派6000多名师生支教70个县区的中小学。举办教师讲坛、音体

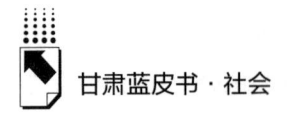

美教师技能过关考核、命题作业设计大赛、教师"三字一话"基本功竞赛等。四是为教师合理减负。一些学校实行"弹性上下班",减少非必要的社会性事务,聘任具备资质的社会专业人员、退休教师、志愿者参与课后服务,通过管理效能的提升让教师有时间、有精力来提高课堂及课后服务质量。

三 "双减"政策落实面临的困难

(一)义务教育发展不平衡不充分依然明显

首先,义务教育区域发展仍然存在差距。甘肃的张掖、金昌等河西地区和兰州市的义务教育优质均衡发展,比其他市州强,兰州市内各县(区)中的义务教育优质均衡之间差距较大,兰州市城市四区中城关区、安宁区和西固区的优质教育资源占多数,七里河区的优质教育资源明显不足。其次,义务教育城乡发展不均衡。农村中小学教育仍然是甘肃义务教育的短板和弱项,城市学校的教育水平普遍高于农村学校,很多农村学生为上优质学校涌入城镇,造成义务教育"城镇挤、农村弱"的现象。再次,义务教育校级间发展不均衡。我国从新中国成立到现在实行的是重点学校制度,有限的教育资源倾向于城市优质学校,造成城市优质学校与薄弱学校、农村学校之间差距较大。最后,义务教育中德智体美劳五育融合不够,素质教育实施不充分,全面育人机制不健全,各个学校教育内涵品质发展亟待加强。

(二)课堂教学效率、课后服务质量及作业管理实效还需提升

首先,课堂教学效率还需提升。有些教师对"双减"政策领会

不到位，在教学过程中教学目标和教学方向不明确，造成课堂教学处于低效状态；有些教师仍然采用一刀切的教学方式，没有做到因材施教，出现一些学生"吃不好""吃不饱"情况；有的教师教学信息化与教学内容融合不够，线上优质教学资源和多媒体设备利用不充分。其次，课后服务质量还需提高。当前部分学校课后服务存在服务行为变形走样、服务机制不健全的问题，还没有达到高质量做好课后服务的要求。在与一些家长和学生的谈话中可知，有的老师利用课后服务时间讲新课或集体补课；学校课后服务特色课程较为单一，不能按照学生的兴趣爱好和能力水平安排学生参与课后服务；部分学校课后服务经费保障仍未完全到位，一些教师参与积极性不高。调查可知，25.23%的受访学生对学校提供的课后服务不满意，54.77%的受访学生希望丰富活动内容和形式，提高服务质量。最后，作业管理实效仍需加强。一些老师布置作业没有达到难易适中、分量适度、形式多样、题目要求明确等要求。一些家长为了提高考试成绩仍然要求老师多布置作业或者在家里让孩子做课外辅导习题。

（三）教师队伍建设仍需加强

首先，教师工作压力和负担大幅增加。随着课后服务的全覆盖，教师上班时长增加，再加上教师结构性短缺，无形之中增加了教师的工作量，出现教师工作压力大、教学弄虚作假、职业倦怠加剧等问题。其次，教师面临着综合能力提升的迫切要求。"双减"政策下，教师需要具备更强的专业教学能力，但是教师队伍建设存在教研职能弱化、教研员数量不足、教研方式创新不够、教师队伍管理不严格、教师整体的综合能力水平亟待提高等问题。最后，音体美师资力量不足。乡村学校音体美等专业教师欠缺，配备的音体美教学相关设施利用不充分，教学设施不能物尽其用。一些学校不重视

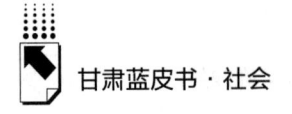

音体美课程的发展，对于音体美教师工作认可度比较低，音体美教师的成就感不强。

（四）校外培训机构违规行为尚未得到根治

目前，校外违规培训加重中小学生负担的问题依然存在，无资质培训机构擅自开展学科类培训、推送学科类培训家教广告等；个别线上培训机构受暑期利益诱惑，不断变换花招、铤而走险，违规运营；部分学科类培训机构转入地下进行违规培训，有的非学科类培训机构以"作业培训""研学活动"等名义变相违规开展学科培训。据一位家长说："'双减'政策实施以来虽然校外培训机构少了，但是一些孩子一年花几万元参加教师一对一或者由辅导教师组织的地下辅导班学习，收费通过微信、支付宝等转入私人账户，且预收费多、退费难，机构一旦跑路，家长维权难。"可见，深化校外培训治理丝毫不能放松。

（五）家长教育存在焦虑心态，教育观念亟待转变

"双减"政策在缓解家长们原有焦虑的同时，也给家长们带来了新的焦虑点。面对多元素质教育资源的缺位，一些家长的焦虑并未随着政策的出台而减轻，他们担心学校考试和书面作业少了，孩子学习不够扎实、基础知识不能完全掌握会耽误孩子；也有家长担忧不上校外培训班，自己辅导不了孩子功课，孩子学习会变差，害怕考不上好高中和好大学；更有家长担心考试不公开不排名，不了解孩子的学习状况，孩子会输在起跑线上。可见，部分家长的教育观念还没有扭转过来，"学校减负，家长'增负'"现象依然存在。问卷调查显示，受访家长对孩子的学习成效表示比较焦虑和非常焦虑的合计占23.44%（见图5）。

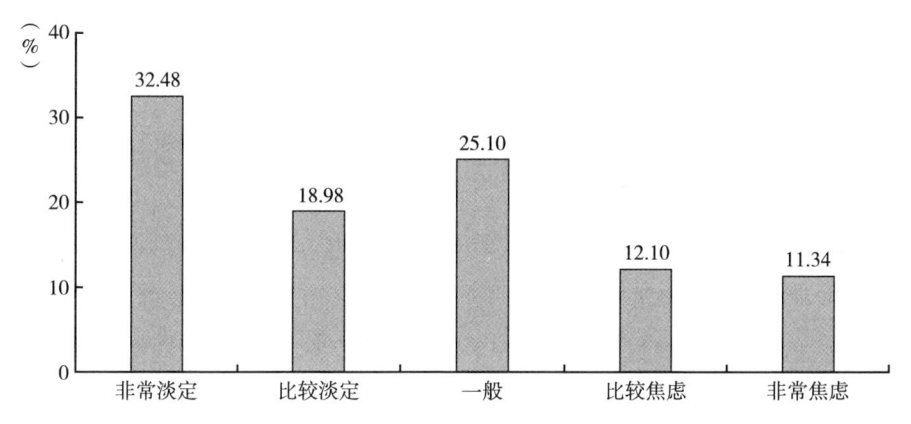

图5 "双减"政策实施以来受访家长对孩子学习成效的反应情况

四 甘肃"双减"政策深入推进的路径选择

(一)科学统筹谋划,实现"五育"融合新发展

"双减"政策是党和国家对义务教育进行的顶层设计,需要持续推进落实。各级党委、政府、相关部门和每个学校要毫不动摇地坚持和加强党对教育工作的全面领导,理解吃透"双减"政策规定,回应党中央和人民群众的期待,落实党组织领导下的校长负责制,持续做好"双减"政策的宣传和解读,强化教育部门、学校、家庭、社会等主体协调作用,提升学校的规划能力、治理能力、教师素质和教育质量,确保对"双减"政策的贯彻执行不偏向、不变通、不走样。坚持大中小一体化教育的思想,全面贯彻党的教育方针,遵循教育规律和学生身心发展规律,完善德智体美劳全面培养的教育评价体系,完善高中阶段学校考试招生制度改革,强化落实立德树人根本任务和学生综合素质评价结果应用。深入推进思政教育一体化高质量发展,全面加强德育体育美育劳动教育、健康教育、青少年法制教育和国防教育。扎实推动"五项管理",消除各种违

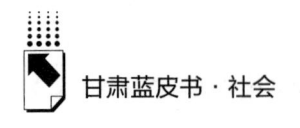

法违规行为，全面提升学生道德品质、健康素质、公民意识、创新精神和实践能力。

（二）扎实推进义务教育优质均衡发展，缩小城乡教育差距

坚持"公平和效率并重""均衡与优质协同"两大原则，以县域为基本盘，围绕全省"强县域"行动，巩固拓展义务教育基本均衡成果，完善基础教育保障体系，积极开展义务教育优质均衡县（市、区）创建工作，全力推进县域内义务教育优质均衡发展。实施义务教育学校扩容增位工程，科学规划义务教育学校布局，新建、改扩建必要的义务教育学校，有序扩大城镇学位。深入推进义务教育薄弱环节改善与能力提升工作，继续改善乡镇寄宿制学校、偏远学校和教学点等基本办学条件。深化信息技术与教育教学融合，各级政府要强化教育信息化公共服务供给，推进"双减"工作监管与课后服务平台建设，推动普及智慧教室和智慧课堂，提高智慧校园建设水平。健全城乡学校协同发展机制，持续推广"名校+"教育联合体模式，通过实施集团化办学、学校联盟、学区化管理、结对帮扶等优教行动，打造一批有影响力的优质中小学校。健全教育联合体共同考核机制，创新教育联合体合作教学、教研方式，切实在办学条件、教师发展、学校管理、教育教学等方面对薄弱学校、乡村学校开展精准帮扶，稳步推进义务教育优质均衡发展取得新成效，以义务教育学校整体提质加快满足学生"上好学"的愿望。

（三）深化教学改革，提高课堂教学质量

课堂教学是"双减"政策取得实效的主旋律，是学生素质教育的主阵地，落实"双减"政策就要全面提高课堂教学实施水平。各个学校要依法严格执行国家课程方案和课程标准，优化教育资源配置和教学过程管理，健全教学管理的各项制度，狠抓备课和讲课两

个教学环节，积极开设拓展型、探究型课程，打造趣味课堂、推行智慧课堂，围绕优化课程体系、深化课堂教学改革、创建高效课堂活动、完善教育评价机制等内容对教师教学能力进行评估，以同课异构、集体备课和赛课活动为抓手，充分利用大数据、智能化等技术手段，指导教师采用基于情境、问题导向的互动式、启发式、探究式、体验式课堂教学上好每一堂课。大力加强线上优质教育教学资源建设，引导广大教师、学生和家长用好国家中小学网络云平台和甘肃智慧教育云平台等免费线上教学课程。持续推进城乡同步课堂建设，将城镇优秀教师的课堂教学同步到乡村学校，使城乡学生同步上课、同步作业、同步接受辅导。建立教学诊断与改进、教学成果评选、教师教学效果评述、课题评选和教学质量监测等制度，对学校教师备、讲、练、批、评等各教学环节进行质量检测，以科学有效的课堂教学进一步缩小城乡办学差距。

（四）合理设计作业量，深入落实减量增质目标

甘肃中小学校要持续紧扣课堂教学目标，建立"一科一案、级内同质、组间协调"的作业管理机制，教师对作业设计要进一步向"发展、严谨、整合、增值"转变，教师培训部门和各级教研部门把为学生"量身打造"有效作业纳入教师培训、教研范围，从作业设计的基础性、针对性、层次性、综合性、自主性、探究性、趣味性、实践性、开放性出发，在随堂作业设计、单元作业设计、分层作业设计、作业质量评价与调整等方面开展精准化研训，全方位思考作业目标、作业类型、作业差异性、作业时间等各相关要素的情况，提高作业设计的正确性、选择性、适切性，确保作业设计的有效性。各学科教师布置作业一定要做到"精选、精练、精批、精讲"，严控书面作业总量和时长。持续做好困难学生的辅导答疑、学有余力学生的拓展学习。建立学生课外作业监测和定期公示制度，坚决杜绝重复性、惩

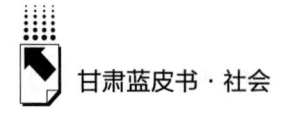

罚性无效作业，严禁给家长布置作业或要求家长批改作业，确保学生有充裕的时间高质量完成作业、有充分的睡眠时间保证身体健康。

（五）开展多元化的课后服务，不断吸引学生回归校园

学校要坚持自愿参加、素质优先、经费分担和普惠非营利的原则，健全课后服务资源供给机制，从实际出发多渠道深挖、整合教育资源，继续推行课后服务"5+2"模式，根据每个学生的兴趣爱好、个性特征完善课后服务具体实施方案，努力促进课后服务的内容和形式优化升级，为学生提供"学业支持+多元供给"的订单式校内课后服务，在普遍安排作业辅导、文体活动、自主阅读和兴趣小组等项目的基础上，针对学生的不同需求增加机器人搭建、陶艺、蜡染、拓展训练、科技创新及社团活动等项目。建立课程动态评估调整机制，让每个学生都能在校内的课后服务中找到自己感兴趣的课程。对有需要的初中学生在学校开设晚自习，晚自习时间不得晚于21：00。利用节假日和寒暑假期，充分发挥甘肃智慧教育云平台优势，集中全省优秀师资力量，免费对学生开展远程课后辅导答疑。教师参加课后服务的表现应作为其年度考核、绩效工资分配、表彰奖励和职称评聘的重要参考。教师不得利用课后服务时间讲新课、不得私自组织学生有偿补课，严禁强制学生参加课后服务。

（六）优化师资配置，建立高素质创新型教师队伍

首先，配齐配强教师岗位。完善中小学教师准入和招聘制度，探索实行动态核编教师管理机制，统筹调配编制内教师资源，配齐配强教师岗位。探索教师"省管县用""省管校用"对口帮扶机制，全面推进中小学教师"县管校聘"和校长职级制管理改革，落实职级薪酬并纳入同级财政预算，聘请退休教师和校外专业人员参与支教工作。其次，全面加强师德师风建设。坚持师德师风第一标准，完善师

德评价标准和考核体系，持续深化师德师风教育，定期组织教职工学习习近平新时代中国特色社会主义思想、习近平总书记关于教育的重要论述及教育法律法规，开展"学思想担使命立师德"专题研讨、"学准则守底线严师行"专项活动等，持续开展师德师风日常监督和评议工作。再次，不断提升教师专业素质。持续做好卓越型校长、专家型校长、骨干教师及普通教师的分层、分级、分类精准培训工作。坚持教研员专业标准和准入制度，常态化组织教育教学研究、专题教研和观摩课等教研质量提升工程，引导教师形成更强的教学研究能力、语言沟通能力、多元评价能力、心理分析能力、组织教育活动能力和家校共育指导能力。持续开展城乡中小学校长教师交流活动，不断增强教师育德、课堂教学、考试命题、作业设计、课后服务和家庭教育指导等教育教学水平。最后，完善配套政策。落实教师"弹性上下班制"，健全课后服务经费保障机制，进一步明确规定教师每节课时补助标准的区间范围，按照多劳多得、优绩优酬发放补助。继续实施教师职称评审向农村学校倾斜激励措施，依法落实教师政策性待遇，保障教师合法权益和职业尊严。

（七）深化督导监管工作，切实让教育回归校园

首先，加大督导工作力度。省教育厅、省政府教育督导委员会、市（州）县（市、区）教育督导组要细化"双减"政策督导工作机制，完善城乡学校质量监管办法，形成督政、督学、评估监测"三位一体"教育督导体系。以学期或学年为考评时间段，建立教育质量考核制度，设置动态奖惩激励制度，完善落实问责制，开展义务教育质量、优质均衡发展监测，扎实开展"双减"政策落实常态化督导工作，及时向社会、学校公布督导评估结果，规范教材、教辅和教学资源审核选用，不断促进学校教学工作管理规范化、精细化。其次，全力整治校外培训违规行为。落实校外培训机构"黑

白名单"公示制度,完善校外培训市场准入制度,健全校外培训的监管机制,各地要联合公安、市场监管等部门全面依法依规常态化开展联合执法,明察暗访,在寒暑假、法定节假日、休息日重点围绕办学资质、办学场地、收费制度、疫情防控等方面对机构开展常态巡查,着力巩固校外培训机构压减成果,把好校外培训机构入口关,坚决做好防反弹、防变异工作。建设校外培训机构资金监管平台,做到"无资金监管,不能获得审批"。加强对校外培训治理的舆论宣传引导,鼓励学生、家长、社会积极举报培训机构"搞变通"、"穿马甲"和在职教师以课后服务为名乱收费等行为,切实让教育回归校园。

(八) 畅通家校社沟通渠道,创建多方协同育人环境

首先,转变家长教育观念。各学校要发挥在家庭教育指导中的价值引领作用,持续通过家长委员会、家长会、网络平台等形式,准确宣传、解读"双减"政策的总体目标、基本内涵、实施路径等相关内容,及时反馈学生的学业情况,利用家长开放日邀请家长"进校园""进课堂",适时适地参与学校管理、课后服务等工作,指导家长树立科学育儿观、质量观、人才观和"双减"观,引导他们主动适应新政策,有力缓解家长的教育焦虑。其次,引导家长积极履行教育职责。广大家长要积极履行家长教育职责,主动改进教育方法,抽出时间陪孩子参观博物馆、艺术馆、科技馆等,开展适宜的体育锻炼、阅读活动和文艺活动;正确引导孩子使用电子产品和网络,限制使用时长,防止沉迷网络和游戏,保护视力健康。尊重孩子的爱好兴趣,关心孩子心理健康,激发孩子的自信心和创造力,培养孩子良好的学习生活习惯。最后,引导社区及其他社会组织参与孩子教育活动。学校主动协助社区建设家庭教育指导中心和社区学生服务站点,积极开展高质量的家庭教育讲座,宣传科学育人方法,促进家庭教育

科学化。社区要为学生开展课外或课后实践活动提供必要场所，开展红色教育、诚信教育、安全教育、劳动教育等，发挥其独特的实践性的教育价值。各校要积极做好与周边公益组织、博物馆、科技馆、青少年校外活动中心等各类机构的协调工作，为学生构建趣味盎然的校外教育内容和形式。政府充分发掘当地自然生态、历史文化、乡土民俗、革命传统等教育资源，进一步加强中小学校科普教育基地、科技创新基地、实践教育基地和研学旅行教育基地建设，为孩子规划适合的成才道路。

参考文献

杨雅玲、吴绍珍、潘裕：《兰州市义务教育优质均衡发展调查研究》，《甘肃教育》2022年第19期。

南战军：《兰州："双减"赋能教育高质量发展》，《中国教育报》2022年6月25日。

颉满斌：《绚烂的教育之花在中西部绽放》，《科技日报》2022年3月10日。

B.14 甘肃城市青年生育观调查报告

——基于兰州的个案研究

吕思聪*

摘　要： 生育问题既是人口问题也是社会问题，在人口转变背景下关注生育问题意义重大。生育观是个人对待生育的态度和看法，能够反映出社会经济、文化、教育等全方位的发展水平。通过对甘肃青年群体调查发现，青年生育观呈现选择更加多元、态度更加包容、不受困于传统观念等特点。生育观受经济压力、社会环境和互联网信息传播影响较大。为进一步建立积极的生育观，要培育友好型生育文化，完善降低生育成本的配套政策。

关键词： 生育观　生育文化　生育成本　城市青年　甘肃省

一　引言

人口问题乃国之大者。近年来我国人口发展呈现出生人口走低、总人口增长明显减弱、老龄化程度不断加深的态势。2021年中国出生人口1062万人，人口出生率为7.52‰；死亡人口1014万人，人口

---

* 吕思聪，甘肃省社会科学院公共政策研究所助理研究员，主要研究方向为城市社区治理。

死亡率为7.18‰；人口自然增长率为0.34‰[1]。第七次全国人口普查数据显示，育龄妇女总和生育率为1.3，表明我国已经进入了低出生时代。低生育率水平已成为我国一个严重的社会问题。2021年6月，中共中央、国务院印发《关于优化生育政策促进人口长期均衡发展的决定》，实施三孩生育政策和配套支持措施。"三孩"政策的影响并不能在短期内显现，人口生育率的提高，除了与供给层面的生育政策放松有关外，还与需求层面的生育意愿紧密相连[2]。

2021年，甘肃出生人口为24.16万人，人口出生率为9.68‰，2010年人口出生率为12.05‰[3]。与第六次全国人口普查相比，甘肃省第七次全国人口普查数据显示，当前甘肃人口正呈现以下四个特点，一是老龄化加重，二是人口外流问题逐步加重，三是少儿人口占比加大，四是城镇人口比重上升。面对人口新的变化特点，政府需要积极采取措施应对，把挑战转化为机遇，推动人口高质量发展稳步前行。在此背景下，本报告就选定青年群体的生育观采用深度访谈的方式作以调查，浅析青年生育观的现状及特点，尝试找出影响生育观的突出因素，探寻生育观与生育行为之间的联系。

二 甘肃青年生育观的调查情况

（一）调查对象基本情况

生育意愿是指关于生育的态度和看法，即为什么要两性结合、为

---

[1] 国家统计局：《中华人民共和国2021年国民经济和社会发展统计公报》，http://www.stats.gov.cn/tjsj/zxfb/202202/t20220227_1827960.html，最后检索时间：2022年2月28日。

[2] 李子联：《收入与生育：中国生育率变动的解释》，《经济学动态》2016年第5期。

[3] 甘肃省统计局：《甘肃发展年鉴2011》，https://tjj.gansu.gov.cn/tjnj/2011/table/02/02.html，最后检索时间：2022年11月3日。

什么要生育子女等，就现代社会生活而言，生育观涵盖的范围更加宽泛，包括在家庭生活中的分工、对子女的成长期待、养育子女的个人责任和家庭责任、生育行为与生育意愿的关系等。

本报告运用个案研究的方法，通过深度访谈，共调查了25名城市青年。被访谈者年龄在25~35岁，全部生活在兰州市内。其中男性8人，女性17人。博士研究生学历1人，硕士研究生学历9人，本科学历15人。未婚未育17人，已婚未育4人，已婚已育4人。月收入5000元及以下7人，月收入5000元以上18人（见表1）。总体来看，被访者均接受过高等教育，普遍受教育程度较高，有稳定的经济来源，生活压力相对较小。访谈围绕生育意愿、影响生育热情的因素、关于生育成本的看法以及对非传统生育方式的态度展开。

表1　被访者类别及相应人数

类别		人数
性别	男	8
	女	17
婚育状况	未婚未育	17
	已婚未育	4
	已婚已育	4
受教育程度	本科	15
	硕士研究生	9
	博士研究生	1
月收入情况	≤5000元	7
	>5000元	18
职业情况	公务员、机关事业单位、央企	17
	私营企业	1
	自由职业	1
	无业	6

（二）甘肃青年生育观现状

1. 生育意愿富有个性并呈现多元化趋势

生育意愿是对生育行为的态度和看法，直接影响生育行为，主要包括三个方面：一是生育目的，二是理想生育数量，三是子女的性别。被访者中2人表示无生育意愿，其余被访者均表示愿意生育且会选择生育儿女，即"想生且会生"。无生育意愿的两位被访者均是女性，目前都处于未婚恋爱状态，均在国企单位就业。两位被访者的相同之处在于一是性格独立有个性，暂时无结婚打算，且有一定的职业压力，对生养子女的经济压力表示担忧；二是对生育过程中可能出现的女性身体健康问题存在担忧，且本身对养育子女的家庭生活模式无向往。

其余表示有生育意愿的被访者关于生育目的的回答可以总结为两类，一是共性认识，生育是婚姻生活的一部分，是大部分人都要遵循的基本规律。同时被访者基本同意"有孩子的家庭才是完整的"。二是从个人角度出发，生育行为是个人意愿的体现，遵从内心的选择。被访者均表示生育行为是自愿的，不会受家庭和社会的强迫而违背个人意愿做出选择，不会为了生育而生育。可见，生育行为逐渐不再被大多数年轻人定义为应尽义务，尤其是相对社会责任而言。随着社会开放度和包容度的提升，年轻人有更大的自由选择自己想要的生活方式，婚姻、家庭、生养儿女不再是自我价值实现和获得幸福的仅有选项。

表2 被访者提及最多的生育目的（按照提及次数排列）

生育目的	
	传宗接代,养儿防老
	责任和义务
	结婚后的自然结果
	喜欢小朋友

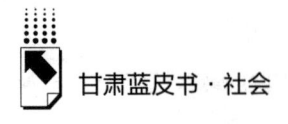

续表

生育目的	体验做母亲
	稳定家庭
	爱情的"结晶"
	普遍生活的规律,不能违背

2. 性别偏好逐渐淡化,"儿女双全"最为理想

访谈中发现,年轻人对子女性别无绝对偏好,不再"重男轻女",大多数被访者的理想子女数是两个,希望能够生育一儿一女,在互相陪伴的同时一定程度上缓解承受的社会压力和家庭责任。不同性别的子女或给家庭带来不同形式的体验和快乐。有别于旧观念,男孩不再是家庭财产的唯一继承者,女孩也不再是"泼出去的水",无论男女都会得到来自父母平等的爱。被访者几乎都为独生子女,没有因为父母有性别偏好而受到歧视或不公平的社会待遇,是家庭中所有爱的关注点,在享有独一性条件的同时会因没有兄弟姐妹的陪伴而感到孤单。同时被访者均认为,除了情感上的需求外,独生子女也将面临更大的家庭责任和压力,因此希望多个儿女能够互相分担。

3. 养育成本太高成为"不敢生"的首要原因

虽然绝大多数被访者都有比较强烈的生育意愿,但是在经过现实考量后,均表示即便目前政策允许,也不会选择生育三胎。被访者表示,现代社会的竞争压力让生育成本大大增加,多一个孩子意味着女性要付出身体健康的代价,再经历一次生产过程,而家庭其他成员也要投入相应的精力,最重要也是投入最大的被认为是养育过程中所需要的父母的机会成本及子女的教育成本,而所有被访者都提及并认为最重要的影响因素就是经济条件。需要有足够的支撑家庭维持满意的生活条件、不因多生一个孩子而降低生活水平的经济能力。调查中还发现，家庭成员尤其是配偶的责任心和家庭分工是女性受访者较为在意的因素。女性受访者均表示或多或少感受到职场对女性的更大压力和社会生育环境的不友好，女性可能要付出多于男性的时间和精力，女性的付出大部分是日常的、琐碎的且无法量化的重复性劳动，一旦有需要，女性会被默认为应该做出牺牲的一方。而女性面临的社会压力会集中表现到家庭分工中。

4."成长快乐"是对下一代最多的期待

被访者中无论是已孕还是未孕，有生育意愿的均明确表示对子女的首要期待就是能够快乐地长大，成长过程中能够少些压力，尽量感受自然和社会的美好。养育教育过程中，父母要付出毕生心血，作为承受者来说，孩子的压力实则并不小于父母。从孕育过程开始，就被动地接受"优生优育"的筛选。同样作为父母也是矛盾的，希望孩子快乐的同时也会不由自主地看向"别人家的孩子"，不愿让孩子输在起跑线上的家长很难真正做到心态平和不比较。对比的过程既是鞭策孩子的过程，也是自我提醒或自我满足的过程。在尽量创造更优条件的同时也将压力传导给了孩子。尽管有不同程度的期许，但被访者仍然希望子女（未来的子女）首先能够"成长快乐"。

5.尊重并接纳非传统生育观念

调查中，关于对未婚先孕、非婚生子女、丁克的看法，被访者均表示能够理解，并且表示尊重。在无生育能力的态度上，被访者表示会选择积极应对，承担相应后果，不因此就彻底否定个人。对生育的包容和接纳不应该以具备相应能力为假设前提，而是接纳其作为一种非主观选择的存在。情感的价值判断不以此为衡量标准。在保证能够对行为后果负责的前提下，是可以接受的，但尽量或者避免出现这样的状况。个性化时代里，社会对个体的包容程度更高，个人有充分的自由做出生育行为的选择并且应该受到尊重。大家认为，不选择婚姻形式或者说在独身的情况下，如果想独自抚养一个孩子，也可以被整个社会环境所接纳。生育行为和婚姻不再是绑定关系，或者说有必然因果关系。是否选择生育仅仅是个人在独立事件里做出的判断和选择，并非个人的全部价值判断。受制于传统认知，未婚和未育的受访者均表示不会选择此类行为。尽管持尊重别人的态度，但是舆论环境可能并不友好，会因此承受来自多方面的压力。

（三）影响青年生育观的因素

从微观角度出发，青年生育观影响个人人生选择，宏观地看，青年群体的生育观关乎着社会发展。讨论青年生育观，找出价值导向的关联因素对分析制约青年群体生育率提升的因素有积极作用。影响青年生育观的因素是多样而综合的，通过调查，本文找出了一些影响被访群体生育观的相同因素。

1. 过高的生养成本大大降低了生育意愿

实际生育率并不是完全由个体生育意愿主导，而是个体在生育意愿的基础上综合外部的生育文化、社会环境和条件等诸多方面因素共同影响的结果。整个生育决策的内在逻辑是：社会的生养条件—家庭的生育意愿—夫妇的生育行为。换言之，条件生育率决定了意愿生育率，意愿生育率决定了实际生育率。改革开放40多年来，经济和工业化快速发展，中国出现了前所未有的经济增长和社会变化。随着中国的工业化进程开始加速，收入和生活成本都有了大幅增长，经济考虑对个人生育决策的权重显著增加。

可以说，社会经济因素对个人生育决策的影响越来越重要，社会经济的变化对生育率的影响非常显著。与短缺经济对应的粗放生养时代存在的是高生育现象，如今的精养模式对应的必然是以孩子的质量换数量的低生育和晚生少育模式。生养孩子"压力山大"几乎是所有家庭共同的感受①。在调查过程中，被访谈者对生养成本的担忧成为普遍共识。无论现有经济条件如何，都表示希望能够给子女（未来的子女）更好的物质条件。而实际生活中无论是职业压力还是其他方面的生活压力，都给被访谈者带来了对生育成本的"未雨绸缪"和"现实困境"。被访谈者均表示生育成本是必须要考虑的主要因素。

生育和育儿都有直接和间接的成本。直接成本包括生育期间的保健方面的金钱支出，以及儿童在一定年龄之前的生活成本，例如，食物、衣服、保健、教育和其他额外的家庭用品。间接成本一般是指生育和育儿的"机会成本"，主要包括因花在生育和育儿上而放弃的社会参与。除衣、食、住、行等日常开销外，激烈的升学竞争使许多家庭还需额外承担补习班、兴趣班的高额费用，父母还要付出更大的机会成本，如因生育失去优质岗位、失去个人职位晋升的机会等，这些都无法用金钱来衡量②。高养育成本成为减少生育信心和热情的首要因素。"生得起、养不起"是导致低生育意愿的普遍原因。

2. 多元的生育文化更替了传统生育观念

被访谈者均属于"80后""90后"，从其所生长的时代背景来看，科学技术发达，经济社会发展迅速，社会文明程度高。被访谈者都普遍接受了良好的高等教育，思想开放，对新理念、新事物的接受程度快且高，具备对多元文化和价值的判断能力，少数被访谈者还有海外留学经历。被访谈者对上一辈甚至更上一辈的生育观念不再是固化接受的态度，而是有了个性化的判断。随着个人内化新的社会制度和文化模式的价值观，获得技能和行为规范，青年人能够采取不同于

---

① 穆光宗：《三孩政策与中国人口生育的优化：背景、前景和愿景》，《扬州大学学报》（人文社会科学版）2021年第4期。
② 谭惠平：《"少子化"背景下城市青年生育观及其原因考察》，《劳动保障世界》2020年第18期。

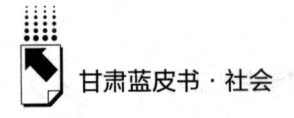

前几代人的新做法。

从历史上看，中国的生育率一直非常高。中国传统的生育态度和行为在很大程度上借鉴了儒家哲学的生殖意识形态和祖先崇拜。在中国传统文化中生育被定义为代际义务，生孩子的一个重要原因是尽孝，包括三个主要职责：抚养父母、尊重父母和继承家族血统。传统意义上的生育态度和行为受儒家孝道的传统文化价值观影响甚大。对许多中国夫妇来说，生育是表达对家庭支持和感激的一种方式。这些传统价值观在现代社会依然持续发挥影响作用，随着生育政策的逐渐放松，个人生育意愿在决定其生育行为方面的作用越来越突出。个人的情感满足排在养儿防老、传宗接代的传统观念之前。

3. 女性社会职能的扩大

对于女性尤其是中国女性来说，生育仍然是受人尊敬的女性身份认同的核心组成部分之一，生育也是通过女性和母亲的可互换概念实现个人发展的一个重要部分。调查过程中，被访谈者无论性别，对女性肩负的生育责任都表示了认可，同时也对职业给女性带来的越来越大的压力表示了认同。工业化带来的社会经济发展使妇女拥有更优受教育程度和更多就业机会，并获得更高的社会地位，从而使得男女之间建立了更加平等的动态关系。随着公私领域分离趋势的加剧，女性也获得了更多的社会角色，并逐渐脱离了束缚。

随着妇女在现代生育话语中的角色和态度的变化，女性的生育意愿需要得到进一步关注。换言之，为女性构建提升内生生育意愿的社会环境愈加重要。女性不再依附于他人获得经济来源，通过职业或更多方式实现经济独立，生育不再是女性对家庭的"讨好"行为。随着全面参与社会发展，女性的社会职能和家庭职能不免发生冲突。平衡多个角色及其关系带来的责任是越来越多青年女性群体面临的难题。作为生育的母体，女性所承担的责任必须要通过身体和心理的付出而实现。从经济学角度看，衡量付出与子女效用也会对女性生育意愿有所影响。

4.信息技术的发展培育多元生育文化

自20世纪90年代以来,信息传播技术发展迅速,基于互联网的新媒体是社会变革的重要因素,也是重构个人行为的重要变革力量。在新媒体构建的中介社会中,人们获得了不同类型的信息,新媒体平台为人们提供了阅读、讨论和表达的空间。被访谈者无论是育龄女性还是作为育龄女性的伴侣,都是在当前时间和空间条件下对生育意愿进行深入思考。而今,自媒体的盛行不断传导更加多元的价值判断,庞杂多样的信息更迭不断扩大认知范围,社会文化在打破传统观念的基础上不断刷新重塑。媒体信息和网络交流对生育意愿的影响可能是巨大的。公众有更多渠道获取与生育有关的专业知识、政策宣传。

除了正向的舆论引导外,各种各样的负面社会新闻也会被放大,从而影响社会信任。海量的信息包罗万象,诸如代孕、生育市场化等在传统媒体时代有所避讳的话题,可以在新媒体平台上展开讨论。媒体平台还会通过调节社会角色认知和性别态度等来影响生育意愿。例如,近两年,"中华田园女权"在网络环境中迅速蔓延,"田园女权"的制造和流行是在网络平台中形成的对女权主义者的负面评价和污名化。在婚育观念上,"田园女权"提倡不婚不育,将婚姻和生育当作女性获得利益的筹码,"田园女权"的蔓延损害了我国男女平等的性别观,并对某些个体的生育观念和生育意愿造成了负面影响[1]。

三 构建积极生育观的对策

中国低生育率在某种意义上应理解为高生育成本约束下的"假

---

[1] 赵霞:《三孩生育政策背景下青年生育观的现状及对策》,《北京青年研究》2022年第2期。

性低生育",国人的理想子女数和发达国家一样接近2,也就是所谓的合适之家,但实际生育率却低于1.5,说明我国面临的是"痛苦生育率",而非"幸福生育率"。访谈中发现,对生育成本的普遍担忧已经成为青年生育选择的重要考量。除了生养子女付出的直接成本外,对未来面临的家庭赡养责任有担忧。被访谈者认为,"双职工"的青年家庭在家庭照料中很大可能需要父母的帮助,为此可能需要提供更好的空间和物质条件来满足。尤其是作为独生子女的青年组成家庭后,享受父母集中资源的同时,也要独自承担家庭养老责任。这些都是不可忽视的现实。访谈中被访谈者大多数都有此考虑。根据影响生育意愿因素的调查结果看,从调动生育意愿的角度出发,那就意味着帮助年轻家庭减负或让父母从生育中有利可图,让生育成为幸福的选择,这样就可能重新激发出家庭的生育热情,建立生育信心,促使生育文化的回归①。

1. 完善降低生育成本的配套政策

切实降低生育养育的成本,有助于减轻经济负担,提升生育意愿。要按区划发展、人口分布等实际需求合理设置托育机构数量和规模,统筹规划社区的医疗、卫生、文化、体育等资源,健全社区婴幼儿照护设施,支持有条件的幼儿园延伸开展或转型发展托育服务,扶持有育儿经验和相关资质的家政机构和个人提供家庭互助式托育服务。发展民办公助、企业自办、社区托育、邻里帮托等不同类型的婴幼儿照护服务模式,实现社区托育服务内循环,加大托育服务从业人员在职培训力度,提升托育服务质量。

2. 加强养老服务体系建设

目前,生育主力人口已经逐渐演进到"90后"独生子女群体,

---

① 穆光宗:《三孩政策与中国人口生育的优化:背景、前景和愿景》,《扬州大学学报》(人文社会科学版)2021年第4期。

家庭结构普遍为"四二一",赡养老人成为家庭生育决策的重要影响因素。因此,要加快养老服务体系建设,开发人口二次红利,缓解青年群体的家庭养老负担,减轻青年群体的生育成本,提高生育意愿。合理开发老龄化人口资源,释放老龄人口红利巨大潜力,改变提供传统"被养老"的服务模式,关注老年人对美好生活的需求。开发老年教育资源,发展老年教育行业,鼓励社会团体参与教育养老服务。加快与社会经济发展匹配的"田园养老"服务体系建设,充分利用城镇周边的资源和环境优势,建立田园居住环境、农事生活体验、乡村休闲旅游、医养康复等综合性的养老服务场所。

3. 降低女性在生养过程中的机会成本

充分维护育龄女性在职场的合法权益,保障女性在生育阶段前后的就业待遇和职业发展。建立倡导男性参与生育保障的男性陪产假、育儿假制度,合理制定男性育儿补贴政策,形成男女平等的家庭育儿分工舆论导向。

4. 培育生育友好型文化

生育友好最核心的价值取向应为尊重和保护。生育友好包含了国家、政府与社会对生育的积极态度和行为取向,包括了生育的价值与权利认同,体现生命至上、权利至上和健康至上三大理念,重视母婴生命权、生存权和健康权[1]。生育友好体现了全社会对生育正向的价值取向、服务取向和福利取向。古今中外,生育本质上都是一种文化现象。构建生育友好型社会,必须在生育文化这个"根本"上做好文章。应该把热爱生命、以人为本、修身齐家、重生重教、孝老慈幼的优秀传统文化继承和发扬好,积极营造新型生育文化,进而开创人口长期均衡发展的美好未来。

---

[1] 穆光宗:《在低生育时代构建生育友好型社会》,《团结》2021年第6期。

B.15
甘肃社会工作推进城市低保家庭社会支持网络调查报告

——以兰州 L 小区为例

郑 苗*

摘　要： 近年来，甘肃社会工作在推进城市低保家庭社会支持网络方面成效显著。但是也存在帮扶方式比较单一、忽略家庭内部差异、缺乏人文关怀等不足。本报告认为社会工作介入城市低保家庭社会支持网络构建不仅必要，而且可行。建议在政府、社会组织等正式社会支持层面，以及激发内生动力、亲属、邻里等非正式社会支持层面，构建完善的城市低保家庭社会支持网络。

关键词： 城市低保　社会支持网络　社会工作　甘肃省

社会支持是个人通过有效的社会关系互动获取存在于社会网络中的社会资源而得到物质、情感及其他工具性的支持或帮助，社会支持网络是各种社会支持行为组合形成的系统。对于低保对象来说，他们对社会支持的识别能力和获取能力都很有限，需要有一个介体来帮助他们收集社会支持的信息，并且协助联络这些提供支持的社会支持网络，通过促进低保对象和支持网络的互动来获取社会支持。

＊ 郑苗，甘肃省社会科学院社会学研究所助理研究员，主要研究方向为社会工作。

在社会工作介入低保家庭进行社会支持建设的过程中,社会工作者便充当着提供媒介支持的角色。社会工作者不仅能提供媒介支持,帮助低保家庭将社会支持网络与缺失的社会支持做全面的对接,用社会支持网络介入模式来解决问题,而且还可以直接向案主提供物质、资金、信息和工具性支持以及心理精神支持。可以说社工支持是一种较全面的支持,它比较强调个人与社会环境之间的联系与互动,如个人的感受、与环境的协调性以及对于环境资源的利用等,[1] 是一种全面的、贴心的、专业的支持,是对低保家庭进行社会支持建设不可或缺的力量。

一 城市低保家庭社会现状

本研究以兰州市 L 社区的低保人群为例,以 50 户低保家庭为样本,以问卷调研和半结构式访谈的方式开展整体调查,了解兰州市低保家庭的社会支持现状,探讨当前城市低保家庭社会支持网络基于社会工作专业中的问题,并思考解决的对策。

(一)兰州市低保家庭现状

1. L 社区基本情况

L 社区建于 1998 年,建筑面积 11184 平方米,容积率 2.05,总户数 1500 户,人口密度稍大。小区中大多数是厂里退休的老年人,再者就是外来务工人员,小区楼龄较老,居住环境一般。

2. L 社区低保家庭基本情况

本研究抽取兰州市 L 小区中的 50 户低保家庭为样本,开展整体调研,基本情况如表 1 所示。

---

[1] 闫菲、陈岱云:《流动人口融入城市的社会支持状况研究——以济南市为例》,《山东经济战略研究》2011 年第 10 期。

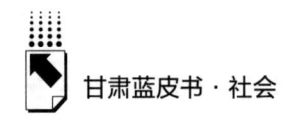

表1 低保家庭基本特征

单位：户，%

变量	指标	户数	百分比	户数总计
家庭结构类型	核心家庭	30	60	50
	单亲家庭	5	10	
	联合家庭	6	12	
	隔代家庭	9	18	
收入来源	工资收入	15	30	50
	低保救济	20	40	
	退休金	13	26	
	其他	2	4	
家庭相处氛围	非常融洽	30	60	50
	融洽	10	20	
	紧张	7	14	
	非常紧张	3	6	

资料来源：兰州L小区低保家庭调查问卷。

在被调查的50户家庭中，以核心家庭为主，占60%，隔代家庭次之，占18%，联合家庭和单亲家庭分别占12%和10%。家庭的主要收入来源有低保救济、工资收入、退休金等，其中低保救济占40%。家庭相处融洽和非常融洽的占80%，有20%的家庭关系紧张或非常紧张。另外，32户家庭有患病成员，占比64%，20户家庭有子女在上学，占比40%。从这组数据得出，因病致贫是大多数低保家庭的主要因素。因病丧失劳动能力导致收入减少，还要担负子女教育的费用，出现了综合性的贫困。

（二）低保家庭社会支持网络状况分析

正式与非正式是构建社会支持网络的两种方式，其中正式社会支持网络包括政府、社会组织机构以及社区的各类支持，非正式社会支持网络包括朋友亲戚、邻居同事、家庭成员等的支持。

1. 正式社会支持现状分析

低保政策的实行对于低保家庭确实起到了非常重要的作用，主要是在经济和物质层面上给予了支持。低保对象普遍文化程度比较低，又由于身体和年龄等各方面的制约找工作比较难，没有经济来源，生活困难。在访谈中得知，低保对象认为政府对他们的帮助最大，其日常的衣、食、住、行都靠政府救济，虽然生活还是很艰难，但至少可以勉强维持基本的生活开支。虽然对低保家庭在物质和经济上进行支持，但是政府在低保家庭的精神支持和情绪疏导方面的救助还相对欠缺。

社区是与低保家庭关系最为密切的群众性自治组织。社区为有劳动力的失业人群创造就业机会，帮助其二次就业或者在社区内创业。同时，社区作为政府救助政策之外的补充，可以与社会资源衔接建立救助体系，对不能享受低保的边缘人群给予临时性的救助。尽管社区十分重视低保工作并发挥了重要的作用，但是经过调研发现，社区对低保家庭的功能并没有完全发挥。据低保家庭反映，社区逢年过节会为他们发放米、面、油等生活用品，但这些只能临时性解决低保家庭的需求，久而久之会产生依赖性，并不能使之彻底脱离低保。另外，社区在就业方面的帮助很有限，在为救助者提供信息、情感支持和就业培训方面还有欠缺。

社会组织作为非政府性、非营利性和公益性的组织，是政府的补充力量，是连接政府和人民群众，促进干群关系和谐的重要纽带，在社会治理、保障民生、救助弱势群体中发挥着重要的作用。一方面，政府救助体制机制可以通过社会组织得到补充，社会组织可以向低保群体提供免费的技能培训和咨询服务；另一方面，低保群体可以将自己的诉求通过免费咨询服务传达给相关社会组织机构，并达到自我增能的目的。但是，在调研中发现，大部分低保家庭对社会组织了解甚少，普遍表示在遇到困难时，不会相信社会组织的帮助。这为救助工作带来了很大的困难，如何让大众认可并接受社会组织是目前急需解决的问题。

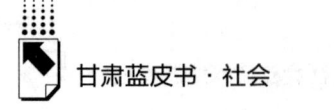

2. 非正式社会支持现状分析

中国传统的社会关系是以亲子、夫妻、兄弟姐妹等为基础的关系格局，家庭作为社会结构的中心，对个人的影响远超其他社会关系。在当今城市中，邻里之间的关系不像以前那么亲密，家庭规模也逐渐小型化，这种情况致使家庭成员间彼此的依赖性更大。调研发现，一部分低保家庭面临生活的种种困难和压力时，消极的情绪往往会导致家庭成员之间不能以正确的方式沟通，使整个家庭陷入紧张的氛围，导致家庭支持功能严重缺失。同时，因为家族的同质性，城市低保家庭的父母和兄弟姐妹自身的社会资源也不雄厚，家庭经济状况与低保家庭趋同，因此也不能向贫困家庭提供帮助。

在社会关系中，亲朋好友和邻居也是低保家庭重要的支持力量。但是在实际生活中，有很多因素导致这一社会支持网络根本起不了作用，一是因为作为低保家庭，自身会有自卑倾向，会主动减少与外界的联系；二是亲朋好友对低保家庭持续提供帮助有压力，大多会选择避而远之；三是自身社会关系的同质性，自身资源缺乏导致想帮也没能力帮。

二 城市低保家庭社会支持的成效与不足

（一）当前城市低保家庭社会支持的成效

随着社会救助体系的不断完善，兰州市的民生保障水平持续提高，2015年兰州市最低生活保障人数为6.28万人，2021年减少至2.75万人，比2015年减少了56.21%（见图1）。城市最低生活保障平均标准由2015年的515元提高到2021年的846元，比2015年提高了64.27%（见图2）。2021年兰州市获得政府资助且参加医疗保险的人数高达25.62万人，其中获得医保救助的人数高达10.75万人次；全市设有各类服务组织机构共计462个，其中包含53个社区服务中心与409个社区服务站等①。共收到社会各界捐款1242万元，捐赠物资价值51万元；助困、助学、助医、助孤、助残、助老、赈灾、扶贫、基金等方面共计支出善款1389万元，物资支出51万元。

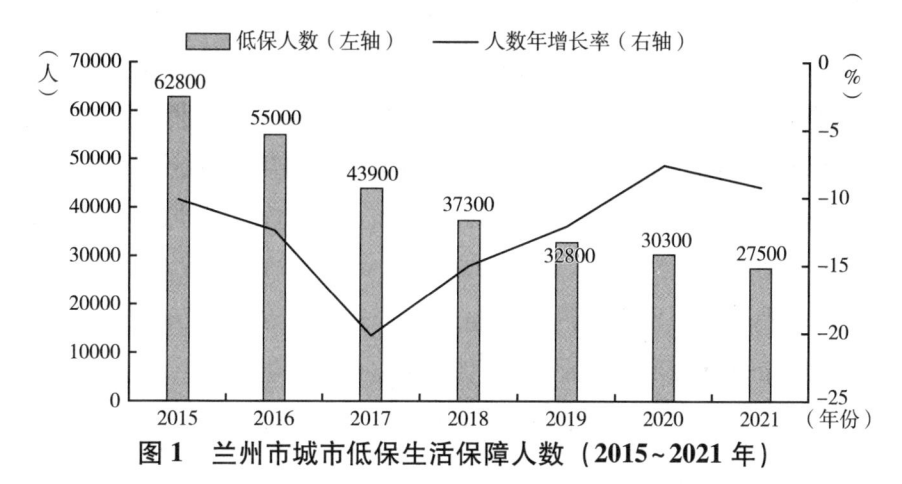

图1　兰州市城市低保生活保障人数（2015~2021年）

资料来源：2015~2021年《甘肃省国民经济和社会发展统计公报》。

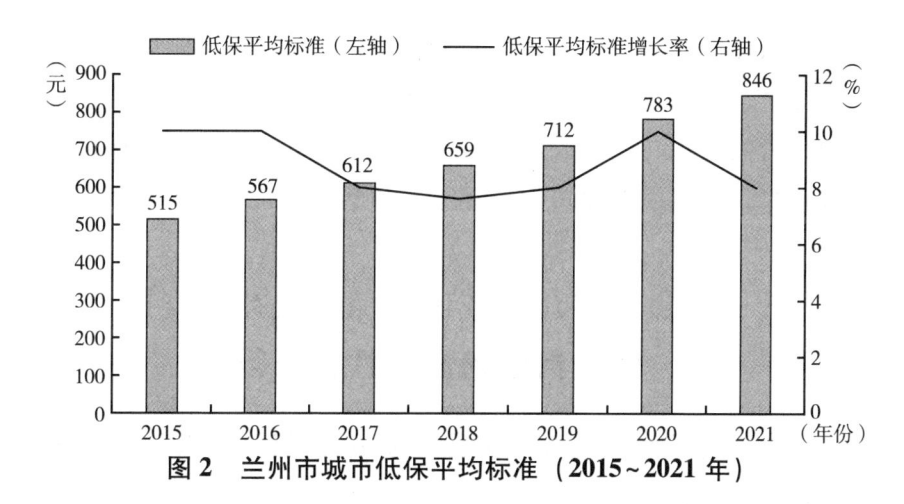

图2　兰州市城市低保平均标准（2015~2021年）

资料来源：2015~2021年《甘肃省国民经济和社会发展统计公报》。

---

① 甘肃省统计局、国家统计局甘肃调查总队：《2021年甘肃省国民经济和社会发展统计公报》，http://tjj.gansu.gov.cn/tjj/c109457/202203/2000738.shtml，最后检索时间：2022年10月2日。

（二）当前城市低保家庭社会支持的不足

1. 低保群体的帮扶方式较为单一

对于城市低保群体的帮扶方式较为单一是当前制约兰州市低保家庭社会支持网络构建的主要因素之一。政府大多以物质帮扶为主，对于低保家庭精神层面的帮扶较为薄弱。目前城市中有些低保家庭在心理方面存在不同程度的问题，但自身条件的限制导致社会资源匮乏，政府对这类人群的心理疏导做得不够，还应加大对于低保群体帮扶手段的投资力度。

2. 忽视城市低保家庭的内部差异

在城市低保家庭中有各种类型的家庭成员，如老年人、病患、学生、残疾人等，不同类型的家庭成员有各自不同的需求。因此，单一的物质帮扶只是治标不治本[①]。

3. 缺乏对低保群体的人文关怀

在对低保群体提供社会帮扶的过程中，政府与社会组织机构都处于主导地位，低保家庭被动地接收救助，使得低保群体的主观能动性无法得到有效发挥，工作人员更多地关注工作的结果而对低保户的人文关怀较少，忽略了低保户的心理需求和感受。

三 社会工作介入城市低保家庭社会支持网络构建的必要性和可行性

（一）社会工作介入城市低保家庭社会支持网络构建的必要性

1. 充分发挥个人与社会之间的桥梁作用

社会工作者通过对城市低保群体中不同层次的家庭成员需求进行

---

① 王希娟：《城市低保户精准帮扶工作中存在的问题及对策研究》，《黄河水利职业技术学院学报》2017年第2期。

归纳、汇总、分析,再将社会中可利用的资源进行统筹规划,通过社会工作专业的方法,为他们构建较为全面、正式的社会支持网络,并为城市低保群体平衡个人与社会、周围环境之间的关系。除此之外,社会工作者还可以与当地政府部门携手,对有残疾人、老人的低保家庭施以援手,找寻养老助残资源;为失业人员提供免费的职业技能培训;为心理存在问题的低保群体提供心理咨询服务;等等。如此一来,社会工作的介入弥补了政府对城市低保家庭人文关怀和精神支持的缺失。

2. 社会工作帮助方式具有可接受性

对城市低保群体的心理层面关注较少、缺乏人文关怀是正式社会支持存在的问题。而社会工作的出现则充分展现了对于低保群体在物质与精神层面的尊重与关怀。因此,社会工作者在为低保群体搜寻帮扶资源的同时,还注重对于低保群体心理层面的服务,通过运用低保群体可接受的方式及时发现并对其进行安抚与疏导,提供相关帮助与服务,从而弥补正式社会支持中的不足。

3. 加强城市低保家庭的非正式社会支持网络

亲友、邻居等非正式社会支持网络是低保群体赖以生存与发展的重要精神支柱,但受制于低保家庭的社会交际较少且亲友之间的同质性,低保群体的非正式社会支持网络十分脆弱。而社会工作者可以利用社区相关活动,拉近社区居民之间的距离,促进社区居民之间的感情升温,为低保家庭的社会交际增添渠道;同时,通过小区活动还能加强低保群体之间的联系,由于他们之间存在同质性,所以更能理解彼此、关心彼此,形成低保群体之间互帮互助、团结友爱的氛围。

(二)社会工作介入城市低保家庭社会支持网络构建的可行性

1. 双方的发展目标要保持高度一致

弱势群体是社会工作的主要服务对象,因此,授人以渔、助人自助是其主要价值观念所在，其服务宗旨是帮助弱势群体切实解决困难。扶贫帮困是社会工作的发展起源，因此，其工作价值在为弱势群体服务中充分展现出来。社会工作者秉持助人自助的价值理念，帮助弱势群体解决困难，增强和恢复弱势群体正常的社会功能，帮助弱势群体实现自我救助[1]。低保群体属于目前社会中的弱势群体之一，因此帮助城市低保群体、改善其家庭生活环境、提升其家庭生活质量对于体现社会工作的价值观念有着极为重要的意义。

2. 有利于构建城市低保家庭社会支持网络

个别案例、小组活动、社区帮助是社会工作的主要帮扶形式，社会工作者可以根据低保群体的实际情况选择不同的方法为其提供专业的服务与帮助，提升低保群体的社会归属感，实现低保群体人员的个体发展。在制定城市反贫困政策和实施城市反贫困的具体行动中，运用社会工作的方法，可以使城市反贫困政策更加全面、更具可操作性，能够有效地提高城市反贫困的工作效率[2]。社会工作为服务对象提供工具性或表达性援助，社会工作者可以利用专业的方式在低保群体与社会、政府等之间打造沟通交流的桥梁，同时为低保群体搜寻社会可利用资源，加强低保群体与邻居、朋友、亲戚之间的联系互动，为构建有效的低保群体社会支持网络提供一臂之力[3]。

---

[1] 罗竖元：《专业社会工作介入贫困救助领域实践中的制约因素研究——以深圳、长沙、贵阳的社会工作试点地区为例》，《广西社会科学》2010年第2期。

[2] 李红波：《当前社会工作介入我国反贫困的必要性分析》，《贵州社会科学》2011年第12期。

[3] 周湘斌、常英：《社会支持网络理论在社会工作实践中的应用性探讨》，《中国农业大学学报》（社会科学版）2005年第2期。

四 低保家庭社会支持不足的原因分析

（一）主观因素

首先，受"家丑不可外扬"等中国传统观念的影响，大多数低保群体对自身的困难有着自卑心理，不愿为外人所知晓，拒绝与外界的正常沟通和交往，导致社会支持网络的阻断。其次，因为政府在经济和物质上的援助，一部分贫困家庭产生依赖性，认为能满足基本的生活需求就可以了，想要彻底改变的意愿和积极性不够。再次，生活上的困难导致心理上有巨大压力，因此而产生的负面情绪影响与家人的正常沟通，从而导致家庭内部支持缺失。最后，贫困家庭很少与亲朋、社区邻居联系互动，社交范围窄，获取信息和资源的渠道不畅通，缺乏对国家政策的了解，不懂得如何利用资源和机会为自己争取利益。

（二）客观因素

一是帮扶形式较为单一。政府主要以物质帮扶为主，利用排查、走访等形式，了解各低保群体的基本情况，并定期向这些家庭发放低保金，节假日赠送米、面、油等生活必需品，由此可见，社区组织机构、政府等对于低保群体的帮扶方式有限，对于这个群体的心理疏导、精神支持等方面关注较少。

二是低保保障水平不高。兰州市五区的低保最低标准从2021年的每人每月846元提高到2022年不低于914元，有些家庭的收入虽然高于最低标准（914元），但因家庭成员患病或子女上学等原因花销非常大，生活依旧困难。从目前的情况来看，低保制度还需进一步提高保障水平，扩大覆盖面，惠及更多需要救助的贫困家庭。

三是城市低保家庭成员能力有限。文化水平普遍较低以及存在患病、残疾等问题是造成城市低保群体的主要因素，他们普遍从事体力劳动且薪酬不高，再加上家庭成员身体原因，使得这个群体收入水平不高，却在医疗方面的开销很大。

五 完善社会工作构建城市低保家庭社会支持网络的路径

（一）社会工作介入的思考

1. 获取低保群体的信任与接纳

目前低保家庭对社会工作的了解很少，在社会工作者介入初期，受助者有很强的防备心理，大部分都很怀疑和抵触，当得知没有资金支持时更是态度冷漠，不接受帮助更不愿意签订服务协议。对于这种普遍存在的现象，社工首先应该有专业的工作精神，主动积极地关注受助者，以真诚的态度耐心地与受助者沟通，取得他们的信任和接纳；其次，要有同理心，能够站在受助者的角度去理解和体会对方所处的环境、心理状态、面临的问题及其对问题的看法，针对不同的个体和情况寻找问题突破口和适宜的救助方式；最后，要帮助受助者调适社会关系，积极建立和完善良性互动的社会支持网络，在连接有效社会资源的同时帮助受助者增强自我意志力和自决能力，充分发挥自己的潜能。

2. 与社区加强沟通

据部分社工反映，在介入工作初期，有些社区持怀疑和不支持的态度。在对低保家庭上门服务时，社区工作人员态度不是很好，一方面社区也是出于关心，担心社工会给居民造成困扰，另一方面是担心居民说出不合适的话影响社区工作。因此，在将来的介入工作中，要提前与社区负责人沟通好，向社区说明介入的动机、目的、服务内容和工作方法。因受助者长期与社区居委会接触，对其是十分信任的，受助者可以通过社区了解社会工作者的基本情况从而放下芥蒂，为后续的社会工作开展铺垫基石；同时，社区也应该协助社工，提供受助者的家庭背景、生活环境、面临的问题等基本资料，联络有关团体和社会资源、协助分析问题、提出问题解决方案。

3. 社会支持网络具有长期性、持续性

低保群体中往往有着不同需求的成员类型，如一些家庭中存在老弱病残、问题少年、精神病患者等，其家庭问题错综复杂，使得社会工作的难度增加。低保群体的问题有着复杂多样的特点，因此，社会工作是一项长期且烦琐的服务工作，社会工作者需要有较强的耐心与毅力，以及制定相关持续、有效的项目巩固工作成果，如此才能使工作的量变转换成质变，构建出稳固、有效的社会支持网络[①]。

（二）完善社会工作构建城市低保家庭社会支持网络的路径

1. 正式社会支持层面

（1）政府层面。低保政策对扶持低保家庭最低生活保障起到了很大的成效，但相关政策依然需要进一步完善。要充分考虑复杂的情况，努力完善各项制度，保证充足的资金供社会工作机构运转，为社会工作的顺利开展提供有力的支持。政府需降低城市低保家庭在教育、医疗、住房等方面的花销，从而使低保群体的子女享有平等的受教育机会，并减少开支、缓解住房压力等，最大限度地满足低保群体不同类型家庭成员的需求。

首先，不能简单地以收入水平和当下的生活状态为标准来判定低

[①] 陈洪涛主编《社会工作介入社会救助——以七彩昀"低保"家庭社会支持网络构建项目为例》，中国社会出版社，2015。

保对象，要全方位多角度地了解申请者家庭的实际情况以及生活的动态变化，这样才能把资金用到该用的地方，有效使用政府资金；其次，要做到对帮扶对象的定期检查，将已经脱离低保标准家庭的帮扶资金及时停止，对于情况特别困难的家庭酌情提升帮扶资金，使得帮扶救助充满人情味，使得每一笔政府帮扶资金用得恰到好处；再次，要加大低保救助政策的宣传力度。低保家庭获取信息的渠道不够畅通，在政策传递的时候会出现偏差。因此，要利用网络、电视等媒体在群众中的影响力宣传社会政策，同时可以发挥社区的作用，由社区人员上门讲解；最后，每个家庭需求是不一样的，所以救助政策应该全方位多层次地覆盖每个低保家庭，根据不同的家庭结构设置不同的标准，确保资金的充分利用。

（2）社会组织层面。虽然政府在帮扶低保群体中起着主导作用，但某些相关的政策制定仍需要社会组织机构的参与。社会组织机构凭借其独特的非营利性、民间性和志愿性等优势，成为城市低保救助体系中不可或缺的重要组成部分。自20世纪90年代以来，我国许多社会组织机构，如中国扶贫基金会、中华慈善总会等帮助了许多低保群体摆脱贫困，在城市反贫困工作中贡献了重要的力量。在建立并完善城市低保群体的社会支持网络中，社会组织机构有着以下几方面的优势。

首先，机构因其民间性和非营利性与普通老百姓打交道时会更加便捷有效，社会组织要继续贴近基层群众，了解低保家庭真正所缺所想，取信于民，服务于民。其次，要加强与政府部门的合作，积极配合政府部门制定扶贫政策、筹集和运用资金、评估后期成效。最后，社会组织要充分搭建好政府和低保群体之间的沟通桥梁，在秉持公平公正公开、维护低保群体权益的基础上，及时准确地传递政府的政策，代表低保群体发声，提升低保群体主动参与到社会事务中的能力和信心。

（3）社区层面。社区是社会和百姓之间的桥梁，与百姓的连接最为紧密，也最能理解低保家庭的处境，在为低保群体提供帮扶力量方面有着不可小觑的作用。因此，社区应当为相关家庭积极地提供最直接的帮助。首先，社区应该激活低保家庭参与社区日常事务的意愿和主动性，帮助低保家庭融入社区，使低保家庭建立起社区的主人翁意识，帮助低保家庭充分利用社区资源，同时大力宣传国家针对低保群体的相关政策，使低保家庭能够享受国家的政策支持。其次，低保家庭的文化层次不高，社区应设置阅览室供居民阅读，除此之外还可以联系各行业的能手为低保家庭教授生活知识和工作技能，也可以对感兴趣的低保户开展一对一的帮扶，为其再就业打下基础。再次，社区应为低保户提供就业机会，在社区内增设一些工作岗位，如保安、维修工、家政服务、钟点工等。最后，社区还应为低保家庭提供一些免费服务，如免费理发、上门维修等，联系物业公司为其争取物业费减免，逢年过节时应多举办联欢会，鼓励低保家庭走出来融入社区这个温暖和谐的大家庭，建立良好的邻里支持网络。

（4）社会工作层面。社会支持网络是城市低保群体最为重要的支撑与依靠，但其构建发展进度较为漫长，成效体现又较为缓慢，因自身条件有限，导致其社会支持网络辐射面积小、制度体系不够完善、人文关怀缺乏，因此针对城市低保群体的问题亟须社会工作者的介入[1]。而社会工作的开展进度与帮扶对象的变化是一个漫长的过程，需要花费大量人力与物力。因此，应当与社会组织机构树立长期合作的意识，使得低保群体中的社会工作成为常态化，充分发挥社会工作者在低保群体与社会、政府等之间的媒介作用，为社会支持网络的行稳致远奠定坚实的基础。同时社会工作者还应与各类社会力量相

---

[1] 吴金凤、杨健：《社会支持网络在社会工作中的运用——以老年个案为例》，《吉林省教育学院学报》2014年第1期。

结合，如公益组织、残联、妇联等，充分挖掘救助资源，通过专业的社会工作方法，体现对城市低保家庭的人文关怀，在为低保群体提供物质救助的同时提供精神救助，为低保群体建立并完善社会支持网络体系。除此之外，社会工作者在为低保群体搜寻救助资源的同时，还要将社会工作的价值观念渗透进去，激发低保人员的主观能动性，挖掘其潜能，帮助其重拾对生活的信心。

另外，还要注重低保群体的个性化需求。城市低保家庭成员有其多样性，有老年人、残疾人、失业者、儿童青少年等，社会工作者在开展服务时应根据低保家庭不同成员的需求与问题，制定不同的服务计划，如生活照顾、医疗、康复、教育、就业等方面的服务[1]。在对低保群体进行个案服务时，社会工作者应时刻观察他们的精神状态与心理状态，给予及时安抚与疏导；由于低保群体之间的同质性，他们更加容易理解彼此、尊重彼此，因此社会工作者可以利用这一点开展小组工作，引导低保群体之间互帮互助；社会工作者在开展工作时，还应注重增加低保群体与社区居民之间的联系与互动，增强低保群体的归属感，提高邻里之间互帮互助的意识。

2. 非正式社会支持层面

（1）服务对象自身层面。社会上对贫困者一贯的看法，是认为其能力不足，没有主观积极性只能被动地依靠政府。不论贫困家庭是因病致贫还是别的原因，贫困并非与生俱来也不是无法改变的，仅仅是因为当下的某些困难阻碍了其发展。社会工作要以优势视角去看待贫困者，不论能力大小，他们都有公民最基本的权利，都应该积极地参与到社区事务中并为自己发声。低保群体往往比别人更顽强更隐忍，应该挖掘他们的优势并鼓励他们积极地面对生活，克服自己的非

---

[1] 林闽钢、马艳燕：《为城市低保贫困家庭提供社会救助服务》，《中国社会科学报》2013年8月30日。

理性情绪，以积极的心态融入社会。

（2）亲属层面。低保家庭最需要的帮助就是现金资助，而政府的低保金额有限，不足以担负日常生活、医疗费用、子女教育费用等。亲属作为每个家庭最重要的社会网络资源之一，他们在经济方面的支持对于低保家庭来说是最直接有效的，最重要的是，亲属能为低保家庭提供情感支持。因此社会工作者要鼓励低保家庭加强与亲属间的联系，完善低保家庭的亲属支持网络。

（3）邻里层面。人们常说的"远亲不如近邻"并非一句空话。因为地缘关系，邻居是离低保家庭最近也是交往最多的人群，尤其是在一些修建年份比较早的小区，邻里之间彼此熟识，社工要鼓励受助者与邻居建立联系，形成互帮互助的氛围，例如可以临时帮助照看老人或患病家属、监督邻居家孩子写作业等一些力所能及的小事。和睦的邻里关系会使人精神愉悦，对低保家庭来说这也是一种正向的情感支持。

社会科学文献出版社

皮 书
智库成果出版与传播平台

❖ 皮书定义 ❖

皮书是对中国与世界发展状况和热点问题进行年度监测,以专业的角度、专家的视野和实证研究方法,针对某一领域或区域现状与发展态势展开分析和预测,具备前沿性、原创性、实证性、连续性、时效性等特点的公开出版物,由一系列权威研究报告组成。

❖ 皮书作者 ❖

皮书系列报告作者以国内外一流研究机构、知名高校等重点智库的研究人员为主,多为相关领域一流专家学者,他们的观点代表了当下学界对中国与世界的现实和未来最高水平的解读与分析。截至2022年底,皮书研创机构逾千家,报告作者累计超过10万人。

❖ 皮书荣誉 ❖

皮书作为中国社会科学院基础理论研究与应用对策研究融合发展的代表性成果,不仅是哲学社会科学工作者服务中国特色社会主义现代化建设的重要成果,更是助力中国特色新型智库建设、构建中国特色哲学社会科学"三大体系"的重要平台。皮书系列先后被列入"十二五""十三五""十四五"时期国家重点出版物出版专项规划项目;2013~2023年,重点皮书列入中国社会科学院国家哲学社会科学创新工程项目。

权威报告·连续出版·独家资源

皮书数据库
ANNUAL REPORT(YEARBOOK) DATABASE

分析解读当下中国发展变迁的高端智库平台

所获荣誉

- 2020年，入选全国新闻出版深度融合发展创新案例
- 2019年，入选国家新闻出版署数字出版精品遴选推荐计划
- 2016年，入选"十三五"国家重点电子出版物出版规划骨干工程
- 2013年，荣获"中国出版政府奖·网络出版物奖"提名奖
- 连续多年荣获中国数字出版博览会"数字出版·优秀品牌"奖

皮书数据库　　"社科数托邦"微信公众号

成为用户

登录网址www.pishu.com.cn访问皮书数据库网站或下载皮书数据库APP，通过手机号码验证或邮箱验证即可成为皮书数据库用户。

用户福利

- 已注册用户购书后可免费获赠100元皮书数据库充值卡。刮开充值卡涂层获取充值密码，登录并进入"会员中心"—"在线充值"—"充值卡充值"，充值成功即可购买和查看数据库内容。
- 用户福利最终解释权归社会科学文献出版社所有。

数据库服务热线：400-008-6695
数据库服务QQ：2475522410
数据库服务邮箱：database@ssap.cn
图书销售热线：010-59367070/7028
图书服务QQ：1265056568
图书服务邮箱：duzhe@ssap.cn

社会科学文献出版社 皮书系列
SOCIAL SCIENCES ACADEMIC PRESS (CHINA)
卡号：554383237861
密码：

S 基本子库
SUB DATABASE

中国社会发展数据库（下设 12 个专题子库）

紧扣人口、政治、外交、法律、教育、医疗卫生、资源环境等 12 个社会发展领域的前沿和热点，全面整合专业著作、智库报告、学术资讯、调研数据等类型资源，帮助用户追踪中国社会发展动态、研究社会发展战略与政策、了解社会热点问题、分析社会发展趋势。

中国经济发展数据库（下设 12 专题子库）

内容涵盖宏观经济、产业经济、工业经济、农业经济、财政金融、房地产经济、城市经济、商业贸易等 12 个重点经济领域，为把握经济运行态势、洞察经济发展规律、研判经济发展趋势、进行经济调控决策提供参考和依据。

中国行业发展数据库（下设 17 个专题子库）

以中国国民经济行业分类为依据，覆盖金融业、旅游业、交通运输业、能源矿产业、制造业等 100 多个行业，跟踪分析国民经济相关行业市场运行状况和政策导向，汇集行业发展前沿资讯，为投资、从业及各种经济决策提供理论支撑和实践指导。

中国区域发展数据库（下设 4 个专题子库）

对中国特定区域内的经济、社会、文化等领域现状与发展情况进行深度分析和预测，涉及省级行政区、城市群、城市、农村等不同维度，研究层级至县及县以下行政区，为学者研究地方经济社会宏观态势、经验模式、发展案例提供支撑，为地方政府决策提供参考。

中国文化传媒数据库（下设 18 个专题子库）

内容覆盖文化产业、新闻传播、电影娱乐、文学艺术、群众文化、图书情报等 18 个重点研究领域，聚焦文化传媒领域发展前沿、热点话题、行业实践，服务用户的教学科研、文化投资、企业规划等需要。

世界经济与国际关系数据库（下设 6 个专题子库）

整合世界经济、国际政治、世界文化与科技、全球性问题、国际组织与国际法、区域研究 6 大领域研究成果，对世界经济形势、国际形势进行连续性深度分析，对年度热点问题进行专题解读，为研判全球发展趋势提供事实和数据支持。

法律声明

"皮书系列"（含蓝皮书、绿皮书、黄皮书）之品牌由社会科学文献出版社最早使用并持续至今，现已被中国图书行业所熟知。"皮书系列"的相关商标已在国家商标管理部门商标局注册，包括但不限于LOGO（ ）、皮书、Pishu、经济蓝皮书、社会蓝皮书等。"皮书系列"图书的注册商标专用权及封面设计、版式设计的著作权均为社会科学文献出版社所有。未经社会科学文献出版社书面授权许可，任何使用与"皮书系列"图书注册商标、封面设计、版式设计相同或者近似的文字、图形或其组合的行为均系侵权行为。

经作者授权，本书的专有出版权及信息网络传播权等为社会科学文献出版社享有。未经社会科学文献出版社书面授权许可，任何就本书内容的复制、发行或以数字形式进行网络传播的行为均系侵权行为。

社会科学文献出版社将通过法律途径追究上述侵权行为的法律责任，维护自身合法权益。

欢迎社会各界人士对侵犯社会科学文献出版社上述权利的侵权行为进行举报。电话：010-59367121，电子邮箱：fawubu@ssap.cn。

社会科学文献出版社